LA CRISE DE LA « COVID-19 » ET LES NOUVELLES MUTATIONS DE L'ÉCONOMIE MONDIALE

Quels enseignements pour un modèle de développement au Maroc ?

L’Harmattan Maghreb

Directeurs d’édition : Mohammed MELYANI, Mohamed MÉTALSI

L’Harmattan Maghreb, est l’antenne d'édition de L’Harmattan France, qui publie dans tous les champs des sciences humaines et sociales, de l’art, littérature et culture, des sciences exactes... L’Harmattan Maghreb a pour ambition de publier des livres - (en arabe, français, espagnol, anglais, …) - témoins de la société maghrébine. En accueillant ouvrages scientifiques, essais, documents, romans... **L’Harmattan Maghreb** se veut un espace privilégié de réflexion dans un monde arabe et d’Afrique qui s'accélère.

Parce qu'il croit au livre, à son pouvoir et à sa pérennité, **L’Harmattan Maghreb** se propose de lui rendre sa place au cœur du bouillonnement des savoirs et des idées, de repérer les mouvements à l'œuvre pour saisir l'esprit de notre époque et anticiper celui de demain.

L’Harmattan Maghreb s'engage, dans cette région du monde, à assurer la diffusion en librairie des ouvrages dans tous les champs de la culture, de l’art et des sciences, et s'emploiera à procurer, par une diffusion dans le public et auprès des tiers susceptibles d'être intéressés, les conditions favorables à l’exploitation sous toutes les formes de ces ouvrages.

Privilégiant l'approche plurielle, **L’Harmattan Maghreb** fera interagir les disciplines, leurs concepts et leurs méthodes. La zone méditerranéenne est privilégiée, mais **L’Harmattan Maghreb** n'est pas fermée à l'étude et à la publication d’ouvrages et de travaux d’autres régions (Moyen Orient, Afrique...).

L’Harmattan le Grand Maghreb المغرب الكبير

Harmattan Maghreb 5, Rue Ferrane Kouicha, Talaâ Elkbira,
Chrableyine, Fès Médine 30000 Fès MAROC
Harmattan.maroc@gmail.com,

Aicha OUAZZANI CHAHDI

LA CRISE DE LA « COVID-19 » ET LES NOUVELLES MUTATIONS DE L'ÉCONOMIE MONDIALE

Quels enseignements pour un modèle de développement au Maroc ?

Préface de Bernard PECQUEUR

L'Harmattan
le Grand Maghreb
لارمتان المغرب الكبير

Ouvrage du même auteur :

Parcours de femme

La femme marocaine entre son passé et son avenir :

Réalités et Enjeux

Edition : 1ère 2021
Dépôt légal : 2021MO0111
ISBN : 978-9920-797-28-3
Impression : Imprimerie- Librairie Sijelmassa Meknès

5-7, rue de l'École-Polytechnique, 75005 Paris

http://www.editions-harmattan.fr
ISBN : 978-2-343-23994-1
EAN : 9782343239941

La pandémie, catalyseur pour un Nouvel Ordre Economique Mondial : « L'économie de la vie »

L'Histoire retiendra que la pandémie « Covid 19 », aura servi de catalyseur pour l'éclosion d'un nouvel ordre mondial, résolument différent du précédent. Ainsi, face à l'ampleur des conséquences de la crise, Jacques Attali esquisse une piste de réflexion qui, semble ne pas manquer de pertinence. Ce dernier considère, en effet, que bien que douloureuse et lourde de conséquences, la crise inédite générée par cette pandémie, pourrait se révéler salutaire et constituer, même, une chance pour repenser les économies nationales et, pourquoi pas, une mondialisation, à réinventer, autour de ce qu'il a appelé, récemment, « l'économie de la vie ».

Jacques ATTALI

Lorsqu'une société place son économie sur un pied de guerre, cela ne l'aide pas seulement à survivre à une crise, cela la modifie de façon profonde et permanente. La crise actuelle du covid-19 a obligé les décideurs à aller au-delà de la boîte à outils étroite de la théorie économique traditionnelle pour justifier et motiver le respect des mesures exceptionnelles de santé publique, de solidarité sociale, et de sauvegarde de l'économie.

Institut AMADEUS

Cher Covid !
A cause de lui, tout s'arrête, tout est suspendu, tout est en quarantaine, tout peut attendre…sauf la machine à faire des lois. Personne n'arrive à suivre. On parle d'un vrai parcours de combattant…

Gilles Martin-CHAUFFIER

Préface

La pandémie qui se répand et se démultiplie en divers variantes à travers le monde, percute violemment les équilibres fragiles de la planète. On voit bien que l'enjeu dépasse largement la seule logistique médicale. La crise sanitaire ne se pose plus seulement en termes d'impact direct de court terme sur nos économies, mais elle interroge aussi l'invisible de nos vies sociales et économiques. On se pose en effet la lancinante question des irréversibilités induites par la grave crise sanitaire que nous vivons. Reviendra-t-on à la situation d'avant la COVID, une fois absorbé l'endettement des Etats ?

Dans le présent ouvrage, madame Ouazzani propose un vaste panorama des questions à venir. Elle met en perspective les différentes vagues du virus avec les grandes pandémies (pestes, grippe espagnole, etc.) qui ont dévasté le monde au cours de l'histoire. L'auteur pressent que les conséquences de ce type de crises sont plus profondes que les krachs boursiers voire les guerres car elles touchent non seulement à l'économie mais aussi à nos comportements et à notre culture.

L'ouvrage examine les aspects factuels des conséquences de la pandémie tant sur le plan global qu'à l'échelle du Maroc. Ce pays s'est résolument engagé dans la globalisation, ce qui a accéléré sa modernisation mais aussi a aggravé sa perméabilité aux crises importées. Au-delà de ces conséquences immédiates, on mesure l'ampleur des changements irréversibles. Le plus apparent bouleversement concerne la théorie économique « *mainstream* ». La remise en cause dépasse, par son ampleur, la plus radicale des politiques keynésiennes de relance. On voit, par exemple, les Etats-Unis déverser dans l'économie américaine l'équivalent du PNB de la France (plus de 2000 milliards de dollars) dans un plan de relance XXL ! Au vacillement de la doctrine libérale et mondialisée, s'ajoute donc un renversement des dogmes financiers de prudence et de maîtrise. En effet, qui aurait pu imaginer qu'on puisse évoquer l'idée de la « monnaie hélicoptère » comme un remède possible ? L'image de l'hélicoptère évoque l'idée d'une injection massive de monnaie sans discrimination ni conditions, uniquement dans le but de relancer ou maintenir la consommation. En d'autres temps, le spectre de l'hyperinflation serait immédiatement apparu pour souligner les menaces inhérentes à la création monétaire débridée. La profonde remise en cause des certitudes économiques communément considérées comme admises touche également le domaine du travail et de son organisation mais aussi les mobilités et la croissance urbaine.

Les contraintes dues au réchauffement climatique se combinent avec celles de la crise sanitaire pour contester fortement un système fondé exclusivement sur la productivité et le prélèvement systématique sur les ressources non renouvelables de la planète. Un ouvrage récent, écrit par B. Coriat pendant le premier confinement en France, réussit avec intelligence à faire apparaitre les liens qui peuvent être observés entre la pandémie, l'apparition du poids de l'anthropocène et l'émergence de l'idée de « biens communs » qui ne sont ni privés ni publics[1]. La contestation s'amplifie avec les interrogations corrélatives à ce tryptique. En particulier, la question de la création de valeur où le travail humain direct n'a qu'une place de plus en plus modeste et se trouve concurrencé par les machines. Ces dernières produisent l'essentiel des gains de productivité comme le défend J. Rifkin avec son concept de « société à coût marginal zéro »[2]. Pourtant l'activité de travail demeure une activité profondément structurante de nos sociétés au Nord comme au Sud.

Ce sont donc nos formes de vie qui sont atteintes, comme le montre le philosophe des sciences récemment reconverti à l'écologie, Bruno Latour[3] : « Après avoir atterri, parfois violemment, il faut bien que les terrestres explorent le sol où ils vont désormais habiter et retrouvent le goût de la liberté et de l'émancipation mais autrement situés ». Il faut donc trouver un nouveau modèle qui soit, comme le suggère madame Ouazzani dans son dernier chapitre, à la fois en croissance et durable. Faire les deux à la fois, c'est-à-dire de la croissance et de la durabilité parait un peu contradictoire pourtant c'est sur ce chemin de crète qu'il faut se tenir.

Pour autant, il semble hasardeux de faire du passé, table rase. Nous sommes engagés dans des situations où la rupture (gérer la crise par ruptures brutales et changements radicaux dans le court terme) ne peut se substituer aisément au changement qui passe par une évolution lente qui adapte la nécessité du changement à l'existant et donc se formule en termes de « transitions ». La littérature en économie voit apparaitre en effet, de plus en

---

[1] B. Coriat,2020, « La pandémie, l'anthropocène et le bien commun », éditions Les Liens qui Libèrent.
[2] Jeremy Rifkin, 2014, « The Zero Marginal Cost Society » St. Martin's Press, New York.
[3] B. Latour, 2021, « Où suis-je ? », La Découverte, coll. Les empêcheurs de penser en rond.

plus de travaux sur les dynamiques de transition[4] et les politiques publiques utilisent le concept pour caractériser les voies de solutions aux problèmes contemporains (transition climatique, nucléaire, post pétrole, etc.). Les économies comme celle du Maroc, ont fait d'énormes efforts de modernisation de leurs structures économiques et d'amélioration de leur compétitivité. Elles ne peuvent y renoncer et rompre avec le domaine dominant pourrait les mener au chaos.

La voie est étroite pour bâtir un modèle de résilience face à la crise sanitaire à laquelle s'ajoute la crise climatique qui produit des séquences de grande sécheresse. Il faut donc faire appel à un autre élément de sortie de crise : la créativité sociétale. Ainsi, la transition à venir sera climatique certes, mais aussi territoriale en réintroduisant les vertus des ressources spécifiques des territoires[5] en retrouvant le rôle de la géographie dans les problématiques de développement. Il faudra bien, selon l'expression de Bruno Latour, se « re-situer » par rapport à la planète a-spatialisée de la représentation fordiste du monde.

Enfin, la transition sera démocratique car on redécouvre la faiblesse des politiques publiques verticales si elles ne sont pas relayées par l'acteur dit « de la société civile » et notamment le secteur associatif pour relayer voire se substituer à l'acteur public. La démocratie est donc une exigence impérative pour faire émerger le nouveau modèle.

On mesure ainsi le chemin à parcourir pour les économies du monde et singulièrement pour le Maroc et c'est pour cela qu'il faut lire impérativement l'ouvrage de madame Ouazzani.

Bernard PECQUEUR

Professeur émérite, université de Grenoble Alpes (France)

---

[4] Geels, F. W., 2004. From sectoral systems of innovation to socio-technical systems: Insights about dynamics and change from sociology and institutional theory. *Research Policy*, *33*(6-7), 897-920.

[5] Gumuchian H. et Pecqueur B., 2007, *La ressource territoriale*, éditions Economica, collection anthropos

Préambule

Contexte de la recherche

Depuis l'avènement de « Covid-19 », on assiste à une prolifération d'études, d'articles et de rapports sur l'impact de la pandémie de coronavirus sur les économies mondiales, les économies en développement et notamment sur l'économie marocaine.

Cet ouvrage ne fait pas l'exception. Il est le fruit de réflexions et d'analyses d'un ensemble d'articles émanant de chercheurs experts nationaux et étrangers de différents profils : économistes, politologues, sociologues, historiens, médecins, biologistes, statisticiens...Cet ouvrage assemble aussi des données officielles provenant d'organismes nationaux (Haut-Commissariat au plan (HCP), la Banque du Maroc, le Centre Marocain de Conjoncture (CMC), le ministère de la santé...) et internationaux (OMS, FMI, Banque Mondiale, OCDE...) tout en suivant l'évolution et les retombées de cette pandémie le long de l'année 2020 et les premiers mois de l'année 2021.

Cette production scientifique est donc le produit d'un effort soutenu et intervient dans une conjoncture difficile où la nécessité s'impose pour assembler au jour le jour l'ensemble des informations, des avis parfois même contradictoires, pour d'une part informer l'ensemble des citoyens sur l'évolution de la pandémie et d'autre part les apaiser par les orientations futures, les recommandations et les prévisions de l'ensemble des institutions et donc par les solutions préconisées pour un avenir meilleur.

Nous veillons à nous servir de la diversité des articles publiés pour l'élaboration de cet ouvrage en nous appuyant sur des analyses pluridisciplinaires intégrant l'histoire, l'économique, le politique, le social et l'environnemental.

D'ailleurs, pour la réalisation de ce livre, j'ai fait appel à une revue de littérature pour l'explication de certains concepts (pandémie, épidémie, crise...), à certaines analyses théoriques, à des réflexions scientifiques de la part d'historiens (la théorie des crises), économistes (comparaison des grandes crises économiques historiques avec la crise de « Covid-19 »), sociologues, politologues, biologistes (les pandémies dans l'histoire)...à des analyses réalisées par des organismes nationaux et internationaux. De ces diverses analyses résultent un ensemble d'interprétations et d'évaluations et donc des divergences d'idées.

En réalité, ces différentes analyses et réflexions parfois même contradictoires reflètent la complexité de la réalité économique et sociale dans laquelle vivent les sociétés avant même l'apparition de la pandémie et qui devient de plus en plus complexe avec l'impact de la pandémie sur les structures économiques et sociales de ces sociétés.

Objectifs de la recherche :

Durant les dernières décennies et face aux profondes mutations économiques et sociales du monde contemporain, suite aux multiples bouleversements que connait l'économie mondiale, diverses analyses et réflexions sont mises en évidence pour trouver des solutions à de nombreuses problématiques complexes touchant les différents pays du monde quel que soit leur niveau de développement (pays développés, pays émergents ou en développement et pays pauvres), leurs structures politiques (pays capitalistes ou socialistes) ou économiques (économies de marché ou économies dirigées). C'est dans cette structure complexe de l'économie mondiale que les différentes économies du monde affrontent depuis le début de l'année 2020 les nouveaux enjeux de la pandémie de « Covid-19 », une pandémie historique et sans précédent qui a bloqué le monde entier et qui a mis en arrêt toutes les économies du monde.

Certes, la pandémie du coronavirus a perturbé davantage les chaînes d'approvisionnement mondiales et a bouleversé de façon spectaculaire les schémas économiques classiques jusqu'ici considérés inébranlables.

Les économistes à travers le monde se sont rapidement focalisés sur ce que les banques centrales et les gouvernements devraient faire en réponse à une perturbation simultanée inhabituelle de l'offre et de la demande. Ainsi, face à une telle situation alarmante et compte tenu du caractère imprévisible de ladite crise et des défis majeurs qu'imposent les « états d'urgence sanitaire », les décisions prises par les gouvernements obéissent à un arbitrage entre la « santé des citoyens » et la « santé de l'économie ». Certes, les différents Etats étaient devant un dilemme : « sauver l'économie ou sauver les vies humaines ».

De ces concertations, un consensus global a émergé : malgré les restrictions imposées à la population suite à l'expansion du « covid-19 » à l'échelle globale pour éviter des risques d'entraînement dangereux et généralisés sur l'économie, les gouvernements sont appelés à soutenir aussi bien les entreprises contre le risque des faillites que les travailleurs contre la perte de l'emploi et des revenus. Il a été également jugé nécessaire d'accélérer la fabrication de produits nécessaires (masques, appareils respiratoires…) pour sauver les vies humaines.

Dans le cadre des enjeux de la structure complexe de l'économie mondiale et des nouveaux enjeux émanant de l'impact de cette pandémie sur les économies du monde, le Maroc, à l'instar des autres pays en développement ne fait pas l'exception et a reçu de plein fouet l'impact de la pandémie.

Ayant choisi depuis son indépendance la libéralisation de ses échanges et l'intégration dans l'économie mondiale, le Maroc a traversé des étapes pour réaliser cette insertion notamment par la mise à niveau de l'économie nationale, l'élaboration de différents plans de développement, la signature de plusieurs accords de libre-échange dans le cadre de la coopération Nord-Sud et Sud-Sud, le lancement de nombreuses réformes économiques, sociales, institutionnelles… Seulement, l'ensemble de ces réformes notamment celles lancées à l'aube de ce troisième millénaire n'ont pas abouti aux résultats escomptés. C'est à ce niveau qu'intervient le Discours de Sa Majesté le Roi Mohamed VI en décembre 2019 (à la veille de la pandémie), à travers lequel il fait appel à une commission scientifique pluridisciplinaire pour analyser les failles du modèle de développement choisi durant les deux dernières décennies et élaborer un nouveau modèle de développement afin de relancer l'économie marocaine sur de bonnes bases et constituer ainsi des assises solides pour faire du Maroc un véritable pays émergent avec une économie compétitive et un développement durable.

Dans de telles circonstances, le Maroc, à l'instar des autres économies du monde a été secoué depuis le mois de mars 2020 par la pandémie mondiale de coronavirus. Or, la pandémie sanitaire a révélé davantage les défaillances de l'économie marocaine malgré les différents acquis réalisés. C'est dans ce cadre que le travail de la Commission Spéciale sur le Modèle de Développement peut s'avérer salutaire. L'initiative Royale qui avait donné lieu à cet effort de conceptualisation d'un nouveau modèle économique s'avère à la lumière de la pandémie actuelle non seulement nécessaire mais encore plus visionnaire. Le nouveau modèle de développement doit inclure l'ensemble des enseignements tirés de l'impact de cette pandémie sur les structures économiques et sociales du pays afin de constituer le fondement d'une action soutenue, concentrée, et adaptée aux besoins spécifiques du Maroc.

C'est dans ce contexte qu'intervient l'objectif de ma recherche pour la réalisation de ce livre.

Enfin, j'estime que ce livre, avec l'éventail varié d'approches reste un travail modeste. Seulement, les enseignements tirés de cette étude peuvent constituer une base pour de nouvelles recherches futures.

Liste des abréviations

AMITH : Association Marocaine des Industries du Textile et de l'Habillement
AMO : Assurance Maladie Obligatoire
ASMEX : Association Marocaine des Exportateurs
AVIAM : Association des Importateurs de Véhicules Automobiles Montés
BAD : Banque Africaine de Développement
BAM : Banque Al Maghreb
BCE : Banque Centrale Européenne
BEI : Banque Européenne d'Investissement
BIT : Bureau International du Travail
BM : Banque Mondiale
BMD : Banque Multilatérale de Développement
CCG : Caisse Centrale de Garantie
CDT : Confédération Démocratique du Travail
CEA : Commission Européenne des Nations Unies pour l'Afrique
CESE : Conseil Economique, Social et Environnemental
CGEM : Confédération Générale des Entreprises Marocaines
CIH : Crédit Immobilier et Hôtelier
CMC : Centre Marocain de Conjoncture
CMGM : Centre Marocain pour la Gouvernance et le Management
CNDH : Conseil National des Droits de l'Homme
CNDP : Commission Nationale de Contrôle et de la Protection des Données à caractère personnel
CNLE : Conseil National des politiques de lutte contre la pauvreté et l'exclusion sociale
CNSS : Caisse Nationale de Sécurité Sociale
CNT : Confédération Nationale du Tourisme
CNUCED : Conférence des Nations Unies pour le Commerce et le Développement
CRI : Centre Régional d'Investissement
CSMD : Commission Spéciale sur le Modèle de Développement
CVE : Comité de Veille Economique
DEPF : Direction des Etudes et Prévisions Financières
FAO : Organisation des Nations Unies pour l'Alimentation et l'Agriculture
FBC : Formation Brute du Capital
FMDC : Fédération Marocaine des Droits des Commerçants
FMI : Fond Monétaire International

GPPEM : Groupement Professionnel des Prestataires de l'Evénementiel du Maroc
HCP : Haut-Commissariat au Plan
IATA : Association Internationale du Transport Aérien
IDE : Investissement Direct Etranger
IMRI : Institut Marocain des Relations Internationales
IR : Impôt sur le Revenu
IRES : Institut Royal des Etudes Stratégiques
LFR : Loi de Finance Rectificative
LPL : Ligne de Précaution et de Liquidité
MRE : Marocain Résident à l'Etranger
NOEM : Nouvel Ordre Economique Mondial
OCDE : Organisation pour la Coopération et le Développement Economique
OIT : Organisation Internationale du Travail
OMC : Organisation Mondiale du Commerce
OMS : Organisation Mondiale de la Santé
ONDA : Office National Des Aéroports
ONG : Organisation Non Gouvernementale
ONMT : Office National Marocain de Tourisme
ONU : Organisation des Nations Unies
OPEP : Organisation des Pays Exportateurs de Pétrole
OTAN : Organisation du Traité de l'Atlantique du Nord
PIB : Produit Intérieur Brut
PLF : Projet de la Loi de Finance
PME : Petite et Moyenne Entreprise
PNB : Produit National Brut
PNUD : Programme des Nations Unies pour le Développement
PPV : Partenariat Public-Privé
RAM : Royal Air Maroc
RAMED : Régime d'Assistance Médicale
RSA : Revenu de Solidarité Active
SA : Société Anonyme
SFI : Société Financière d'Investissement
SNCF : Syndicat National des Commerçants et des Professionnels
SNUD : Système des Nations-Unies pour le Développement
TGR : Trésorerie Générale du Royaume
TPME : Toute Petite et Moyenne Entreprise
TVA : Taxe sur la Valeur Ajoutée
UE : Union Européenne
UNECA : Commission des Nations Unies pour l'Afrique
UPI : Unité de Production Informelle
ZLECAF : Zone de Libre-Echange Continentale Africaine

SOMMAIRE

Introduction

Les économies mondiales font face à un scénario économique sans précédent, dicté par la propagation de la pandémie de « Covid-19 » qui a provoqué la pire récession que le monde ait connue depuis la grande dépression des années 30. Outre les souffrances humaines considérables, cette crise sanitaire a révélé l'extrême fragilité des économies mondiales et a entrainé une crise économique sans précédent à l'échelle planétaire, caractérisée par un blocage quasi-total des mouvements des facteurs de production. L'éclatement du processus de production rend les économies très interdépendantes et tout risque peut ralentir les chaînes de valeur et anéantir les économies. Presque toutes les activités économiques ont été touchées, car la Chine, berceau de la pandémie est le pilier central des échanges internationaux et « l'usine du monde ».

Par conséquent, la crise du « Covid-19 » a le potentiel de générer un impact social et économique durable et dommageable. Par son ampleur et son étendue, cette crise inédite doit faire entrer dans des récessions fortes la plupart des grandes économies mondiales, mais aussi de nombreux pays en développement, où crise économique et sociale sont souvent intimement liées, faisant courir un risque majeur et exacerbé d'instabilités sécuritaires, sociales, sociétales et politiques.

Le Maroc, à l'image des autres pays du monde n'échappe pas à cette pandémie. Il est touché de plein fouet par l'impact de la récession économique mondiale liée au « Covid-19 », notamment en Europe, son principal partenaire commercial. Mais, si la situation sanitaire semble maîtrisée, sur le plan économique et social, les conséquences sont lourdes. Ceux-ci se traduisent par des défis sans précédent et redoutables pour le pays qui tente d'atténuer à la fois l'impact sanitaire et économique de la pandémie et de trouver le bon équilibre entre son action pour éviter les effets sociaux et économiques de la pandémie tout en veillant à ce que l'économie soit prête à se remettre rapidement.

Certes, à l'image de la fulgurante propagation du virus, les prévisions économiques se sont très rapidement dégradées au fur et à mesure que la crise sanitaire s'approfondissait. La structure de l'économie marocaine est liée à la demande extérieure et à la demande intérieure, auxquelles sont fortement sensibles la balance commerciale, la balance de paiement et les finances publiques.

De plus, vu la grande fragilité de certains secteurs économiques, un confinement de plusieurs mois ne peut être supporté par le Maroc sans des conséquences économiques et sociales lourdes (le chômage, la pauvreté, la baisse des transactions des Marocains résidents à l'étranger (MRE) et la récession économique).

D'ailleurs, plusieurs questions se posent quant aux conséquences de cette pandémie sur les secteurs clés de l'économie nationale notamment ceux liés au tourisme, à l'automobile, au textile, au commerce extérieur marocain… touchés par la récession mondiale. En réalité, si certains secteurs continuent leur rythme, certaines activités sont à l'arrêt. Certes, la crise ne se limite pas à la Chine berceau de la pandémie, mais elle s'étend à d'autres pays du monde notamment à la France, l'Espagne, le Canada, les pays arabes, africains etc., qui sont des partenaires économiques du Maroc.

Pour faire face à cette crise inédite et pour endiguer la propagation de la pandémie qui a fait plier les grandes économies de la planète, les gouvernements de plus de 200 pays à travers le monde ont été poussés à prendre des mesures préventives drastiques, au détriment de leurs économies et des plans de relance inédits ont été actés par les principales économies mondiales pour sauver l'économie et les secteurs les plus touchés et pour atténuer les effets sociaux de la pandémie (aides directes, injections monétaires[6]**…).**

De son côté, le Maroc a fourni des efforts louables et a mis en place des mesures anticipatives pour, d'un côté, contenir la propagation du virus et stopper l'hémorragie et, de l'autre relancer l'économie nationale et la sauver des effets néfastes de cette pandémie tant sur le plan économique que sur le plan social[7]. Mais, quelles que soient les aides fournies, cela ne remettra pas un appareil de production définitivement arrêté en marche.

---

[6] Hassan Manyani (2020), « *Coronavirus. L'impact économique et social sur le Maroc* », le 06/04/2020, www.challenge.ma

[7]Abdellah Ouardirhi (2020), « *Coronavirus : Quel impact sur l'économie marocaine* ? », Hespres publié le 28/01/2020. https://fr.hespress.com/123943-coronavirus-quel-impact-sur-leconomie-marocaine.html

Notre thématique de recherche a pour objectif l'évaluation de l'impact socio-économique de la crise sanitaire mondiale du « Covid-19 » sur l'économie marocaine et sur les secteurs clés du pays, de dégager les mesures prises pour une relance économique et d'en tirer des leçons pour l'avenir afin de réaliser un modèle de développement durable et inclusif. A ce niveau, il est nécessaire de rappeler que le Maroc a opté depuis le début de l'indépendance politique pour un modèle de développent basé sur l'ouverture de son économie, sa libéralisation et son intégration dans l'économie mondiale.

De plus, durant les deux dernières décennies, le Maroc s'est lancé vers plusieurs réformes conjoncturelles et structurelles. Cependant, malgré l'ensemble des réformes qui ont permis au Maroc d'avoir plusieurs acquis et de se positionner au niveau mondial comme pays émergent, le pays a connu avant le « Covid-19 » un essoufflement qui a poussé les autorités à penser à un nouveau modèle de développement. Avec la pandémie du « Covid-19 », l'économie marocaine a révélé davantage ses fragilités et ses faiblesses, d'où la nécessité de tirer des enseignements de la crise pour l'élaboration d'un nouveau modèle de développement durable et inclusif. [8]

Seulement, l'analyse de l'impact de la pandémie de « Covid-19 » sur l'économie marocaine nécessite d'abord l'analyse de l'impact de cette crise sanitaire sur le contexte international et donc sur les économies du monde donnant naissance à de nouvelles mutations de l'économie mondiale et par là à un nouvel ordre économique mondial.

---

[8] Conférence de Mohammed KABBAJ à la Fondation de la Maison du Maroc, Paris France le 10/04/2019 sous le thème « *Enjeux économiques et modèle de développement* ».

CHAPITRE I : La crise du « Covid-19 » et les nouvelles mutations de l'économie mondiale

C'est dans un contexte de mondialisation et de libéralisation des économies, caractérisées par de nouvelles mutations de l'économie mondiale, le passage d'un monde bipolaire du lendemain de la seconde guerre mondiale à un monde unipolaire dirigé par les Etats-Unis a poussé ces derniers à imposer des réajustements douloureux remettant en cause les législations nationales qui garantissaient jusqu'à présent la stabilité des pays.

Dans ce nouvel ordre économique mondial, de nouvelles possibilités sont offertes pour tous les pays afin de bénéficier de manière efficace de la libéralisation des échanges et de l'intégration dans l'économie mondiale. Les pays sont devenus acteurs et promoteurs de la mondialisation et seules les économies compétitives et attractives arrivent à faire face aux défis de la mondialisation et affronter tous les enjeux. De plus, le monde assiste à une nouvelle économie numérique et immatérielle qui impose à tous une nouvelle adaptation à ses impératifs et suppose de nouvelles intelligences pour échapper à son rouleau compresseur. L'émergence de cette révolution digitale ouvre de larges perspectives aux pays notamment les pays en développement pour réaliser des sauts technologiques importants et rattraper les retards sur le plan économique et social. Cependant, l'ensemble des pays du monde ne profitent pas de manière égale de cette dynamique et se trouvent face à de nombreux enjeux. L'élaboration de nouvelles stratégies de développement s'avère une nécessité pour l'ensemble des pays émergents. De plus, l'interdépendance entre les pays et leur intégration dans les chaînes de valeur mondiales constituent l'aboutissement logique de la mondialisation des échanges et de la libéralisation des économies.

Dans un tel contexte caractérisé par la mondialisation et la régionalisation et par la concurrence mondiale notamment entre les grandes puissances (Etats-Unis et Chine), la pandémie du « Covid19 », d'une ampleur sans précédent laisse présager une récession mondiale bien plus profonde que celle de 2009.

Cette crise sanitaire mondiale a révélé l'extrême fragilité du monde et des économies avec l'éclatement des processus de production qui rendent les économies très interdépendantes et aboutissent au ralentissement des chaînes de valeurs. Face à la gravité d'une telle crise, les différents Etats du monde ont pris des mesures draconiennes pour sauver leurs économies.

I- La crise du « Covid-19 » et la récession mondiale : Le contexte global

Les épidémies changent l'histoire. Parmi les plus grands fléaux qui puissent frapper l'humanité, les grandes épidémies de maladies infectieuses demeurent une effroyable force meurtrière. Dès la plus haute antiquité, les civilisations ont dû faire face à diverses flambées épidémiques qui ont souvent duré plusieurs années et qui ont débouché sur des pertes humaines, des guerres, des décadences de certains empires, des récessions mondiales pouvant être à l'origine d'une nouvelle relance et contribuer au développement de certains pays ou continents. Le coronavirus chinois qui frappe la province de Wuhan nous rappelle donc que, de tout temps, des maladies contagieuses ont décimé les populations. Nous pouvons faire un rappel historique des plus célèbres épidémies dans le monde.

1. Rappel historique sur les pandémies et les crises sanitaires

1.1. Etymologie du Coronavirus et du « Covid-19 »

Le Coronavirus est une famille de virus à l'origine de diverses maladies qui a fait 774 morts en 2002-2003, qui sévit au Moyen-Orient depuis 2012 et a provoqué 858 décès. **Les Coronavirus** peuvent être pathogènes chez l'homme et chez l'animal. Chez l'être humain, plusieurs Coronavirus peuvent entrainer des infections respiratoires dont les manifestations vont du simple rhume à des maladies plus graves comme le syndrome respiratoire aigu sévère (SARS) ou encore le MERS. Le dernier Coronavirus qui a été découvert est responsable de la maladie infectieuse « Covid-19 ».

Le « Covid-19 »[9] est la maladie infectieuse respiratoire causée par le SARS-Cov-2. Ce dernier est le nom scientifique donné au nouveau coronavirus qui a déjà contaminé plus de 300 000 personnes et fait plus de 13 000 morts dans le monde, depuis son apparition à Wuhan, en Chine en décembre 2019. Selon l'Organisation Mondiale de la Santé (OMS), le

---

[9] L'Académie Française recommande d'utiliser le mot « Covid-19 » au féminin plutôt qu'au masculin alors même que l'usage majoritaire en France est d'utiliser ce terme apparu avec l'épidémie du Coronavirus au masculin. Académie Française, « *Le Covid-19» ou la «Covid-19» ?, l'Académie française tranche pour la femme* », www.bfmtv.com le 12/05/2020

« Covid-19 » s'est rapidement propagé, d'abord dans toute la Chine, puis à l'étranger provoquant une épidémie mondiale[10].

1.2. Epidémie et Pandémie : Rappel historique des épidémies dans le monde

L'épidémie « (du grec épi=au-dessus et démos=peuple) est la propagation rapide d'une maladie infectieuse à un grand nombre de personnes, le plus souvent par contagion. L'épidémie est une augmentation d'une maladie endémique ou l'apparition d'un grand nombre de malades là où la maladie était absente.

La pandémie « (du grec pan=tout et démos=peuple) est une épidémie qui s'étend à la quasi-totalité d'une population d'un continent ou de plusieurs continents, voire dans certains cas de la planète »[11]. Version globalisée de l'épidémie, la pandémie se caractérise par une propagation rapide et un taux de mortalité élevé. Transmises par des virus ou bactéries inconnus à leur époque, ces pandémies ont tué des millions de personnes et marqué l'histoire de l'humanité.

Dès l'antiquité, les épidémies ont décimé des populations entières et ont fait trembler plus d'une fois des continents entiers en l'espace de quelques

[10] Les coronavirus sont zoonotiques, c'est-à-dire qu'ils se transmettent de l'animal à l'homme. Des enquêtes ont révélé que le SARS-Cov se transmettait de la civette à l'homme et le MERS-Cov du dromadaire à l'homme. Le « Covid-19 » est une maladie respiratoire pouvant être mortelle chez les patients fragilisés par l'âge ou une autre maladie chronique. Elle peut être transmise par contact rapproché avec des personnes infectées et même par des patients asymptomatiques Les principaux symptômes du Covid-19 sont les maux de tête, les douleurs musculaires et de la fatigue. « La fièvre et les signes respiratoires arrivent secondairement, souvent deux ou trois jours après les premiers symptômes », explique l'Institut Pasteur. « La durée de l'incubation est en moyenne de 5 à 6 jours, avec des extrêmes de 2 à 12 jours, ce qui justifie la période de quarantaine de 14 jours », rapporte enfin l'Institut. OMS, publié le 11/03/2019 https://www.who.int/fr/news-room/fact-sheets/detail/middle-east-respiratory-syndrome-coronavirus-(mers-cov) -Louis Chahuneau (2020), *« Coronavirus : « Quelle est la différence entre le Covid-19 et le SARS-CoV-2 ?* », le Parisien www.leparisien.fr, le 22/03/2020

[11] Nathali Mayer, publié le 17/05/2020 https://www.futura-sciences.com/sante/definitions/medecine-

mois, voire quelques jours[12]. Nous pouvons citer à travers les siècles les principales épidémies qui ont marqué l'histoire de l'humanité.

-La peste d'Athènes (-430 à -426 avant J.C.)

La peste d'Athènes est le nom donné à une épidémie touchant la Grèce antique de 430 à 426 avant J.C. Première pandémie documentée de l'histoire, la peste d'Athènes est en réalité probablement due à une fièvre typhoïde. D'ailleurs, la communauté médicale s'entend aujourd'hui sur le fait qu'il s'agissait non pas de la peste, mais du typhus. Décrite par l'historien THUCYDIDE, lui-même touché par la maladie qui se manifeste par des fièvres intenses, des diarrhées, des rougeurs et des convulsions. Emanant de l'Ethiopie, elle touche ensuite l'Egypte et la Lybie, puis arrive à Athènes au moment de siège de ville de Sparte, lors de la guerre du Péloponnèse. Causant plusieurs dizaines de milliers de morts, on estime qu'un tiers de la population de la cité soit 200 000 habitants, ont péri lors de cette épidémie qui marquera le début du déclin d'Athènes. Selon les écrits de l'époque, la ville connaît un « désordre moral croissant » et un état de panique généralisé.[13]

- La peste Antoine (165-166)

La peste antonine ou « peste galénique » frappa l'empire romain à la fin de la dynastie des Antonins. Elle tient son nom de cette dynastie, dont est issu l'empereur Marc-AURELE, qui régnait alors sur l'empire romain. La pandémie débute à la fin de l'année 165 en Mésopotamie, durant la guerre contre les Parthes et atteint Rome en moins d'un an. Selon les estimations, elle aurait causé 10 millions de morts entre 166 et 189, affaiblissant considérablement la population romaine.

On attribue toutefois cette épidémie -l'une des mieux documentées de l'Antiquité- à la variole ou une maladie infectieuse semblable. Cette épidémie est vraisemblablement à l'origine du déclin de l'empire romain d'occident.

---

[12]Céline Delusarche (2020), « *Les grandes pandémies qui ont marqué l'histoire* », https://www.futura-sciences.com/sciences/questions-reponses/histoire-grandes-pandémies-ont-marque-histoire-13440/pandemie-3838/ le 31/03/2020

[13]Vanessa Hauguel (2020), « *Les plus grandes épidémies de l'histoire* », www.sympatico.ca le 28/10/2020

- La peste de Justinien (541-767)

D'après un historien byzantin, cette épidémie débute en Egypte autour de l'an 540 et atteint Constantinople au printemps 542, où elle fait plus de 10 000 morts…par jour. Suivant les voies de commerce de la Méditerranée, elle ravage les côtes, dont l'Italie à plusieurs reprises et remonte même jusqu'en Irlande et en Grande Bretagne. Elle se propage également à l'Est, en Syrie. Encore 50 ans après son apparition, elle refait des millions de victimes (entre 25 et 100 millions), et marquera, selon certains historiens, le commencement du Moyen-âge.

-La peste noire du XIVème siècle (1347-1352)

La peste noire, surnommée « la grande peste », aurait décimé plus de la moitié de la population européenne de 1347 à 1351, soit environ entre 25 et 40 millions de morts en Europe. Après avoir sévi en Chine, la pandémie de peste noire arrive en 1346 en Asie Centrale, parmi les troupes mongoles assiégeant le port de Caffa, sur la mer Noire, tenu par des marchands génois. La maladie se propage ensuite à l'Afrique du Nord puis à l'Italie et à la France, où elle arrive par le port de Marseille via des navires génois. Elle s'est rapidement propagée en Europe du sud vers le nord. Elle touche aussi gravement plusieurs régions du Proche-Orient. Le fléau est réapparu au cours des décennies suivantes, faisant près de 100 millions de victimes à travers le monde[14]. Cependant, si l'ampleur de la peste était terrifiante, elle a contribué à la modernisation et au développement commercial de l'Europe occidentale.

-La variole (1518-1650)

La variole fut l'une des plus virulentes épidémies responsable de la disparition de plus de 75% de la population amérindienne de l'époque (de 1518 à 1650 environ). Elle a également entraîné d'autres effroyables pandémies responsables de millions de morts au cours des siècles suivants. Elle fera notamment 20 000 morts en Inde, peu avant son éradication quasi-complète en 1977.

---

[14] Dans le livre de l'historien Ibn Khaldoun, on peut lire plusieurs passages sur ce sombre épisode de l'histoire : « Une peste terrible vint fondre sur les peuples de l'Orient et de l'Occident ; elle maltraita cruellement les nations, emporta une grande partie de cette génération, entraîna et détruisit les plus beaux résultats de la civilisation ». Vanessa Hauguel op. cit.

-La grande peste de Londres (1665-1666)

Sans doute apportée par des bateaux en provenance des Pays-Bas, cette peste bubonique tua près de 100 000 personnes, soit 20% de la population de la ville durant l'hiver 1664-1665. Ironiquement, c'est une autre catastrophe, le grand incendie de Londres de septembre 1666, qui permet d'éradiquer la maladie, en détruisant les quartiers les plus insalubres. Suite à cette épidémie, des mesures furent également imposées pour améliorer les conditions de salubrité de la ville[15].

- Le choléra (1852-1860)

Le Choléra, la première maladie pestilentielle à faire l'objet, dès le XIXème siècle d'une surveillance internationale. Elle n'a épargné aucun continent depuis ses débuts en 1817. Considérée comme la plus dévastatrice des grandes pandémies historiques, la troisième pandémie de choléra a sévi de 1852 à 1860. Endémique depuis plusieurs siècles dans le delta du Gange en Inde, le choléra gagne la Russie, où il a fait plus d'1 million de morts puis débarque en Europe. L'épidémie causera près de 100 000 morts en moins de six mois en France, dont 20 000 à Paris. Elle va ensuite gagner le Québec via les immigrants irlandais, où elle fera également des ravages. Après, la pandémie, partie de l'Indonésie en 1961 et envahissant tour à tour l'Asie, le Moyen-Orient, une partie de l'Europe, le continent africain, puis l'Amérique Latine. C'est aujourd'hui l'Afrique qui est la principale victime de la septième pandémie connue de choléra. L'Organisation mondiale de la santé estime que plusieurs millions de personnes contractent le choléra annuellement[16].

-La grippe espagnole ou Influenza (1918-1920)

Causée par un virus de type H1N1 particulièrement virulent, la grippe espagnole serait la pandémie la plus mortelle de l'histoire. Elle est en réalité d'origine asiatique. Cette pandémie meurtrière originaire de Chine doit son nom au roi d'Espagne Alphonse XIII, l'une de ses plus célèbres victimes. Elle arrive ensuite aux Etats-Unis, puis traverse l'Atlantique par les soldats venus aider la France. Si elle est qualifiée de grippe espagnole, c'est parce que le pays, non soumis à la censure et à la guerre, fait état des premières nouvelles alarmantes. De 1918 à 1919, la grippe espagnole fait plus de

---

[15] Vanessa Hauguel Op. cit.

[16] Le choléra est une infection intestinale provoquée par l'ingestion d'aliments ou d'eau contaminés. Se manifestant par des diarrhées brutales et des vomissements, le choléra entraîne une déshydratation rapide, aboutissant parfois à la mort en quelques heures.

victimes que la Première guerre mondiale, contaminant plus d'un tiers de la population mondiale n'épargnant pratiquement aucune région du globe.

Selon l'Institut Pasteur, la grippe espagnole aurait tué plus de 30 millions de personnes, mais d'autres estiment plutôt le nombre de victimes à 100 millions[17].

- La grippe asiatique (1956-1957)

Liée au virus influenza H2N2, la grippe de 1956 est la deuxième pandémie grippale la plus mortelle après celle de 1918. Elle causera deux à trois millions de morts dans le monde dont 100 000 dans l'Hexagone, soit 20 fois plus qu'une grippe saisonnière classique. Le virus, identifié pour la première fois en Chine en 1956 (d'où son nom), gagne Hong Kong, Singapour et Bornéo, puis l'Australie et l'Amérique du Nord avant de toucher l'Europe et l'Afrique en l'espace de quelques mois. On estime que la grippe aurait causé de 1 à 4 millions de morts dans le monde. Sa souche a ensuite évolué en H3N2 antigénique, entraînant une autre pandémie de 1968 à 1969 ou la grippe de Hong Kong. Cette dernière marquera les débuts des premiers vaccins antigrippaux efficaces.

-Le Sida (1981-aujourd'hui)

Le sida est considéré comme une pandémie mondiale. Les estimations de 2007 portent le nombre de personnes séropositives à 33,2 millions. Originaire de Kinshasa (République démocratique du Congo), le virus du sida apparaît au grand jour en 1981 lorsque le centre épidémiologique d'Atlanta aux Etats-Unis pour le contrôle et la prévention des maladies (CDC) relève plusieurs cas de victimes souffrant d'un délicat immunitaire inexpliqué. Le VIH n'est identifié que deux ans plus tard, en 1983, par une équipe de chercheurs de l'Institut Pasteur dirigée par Luc Montagnier.

Deux millions de personnes succombent chaque année du virus. 36,9 millions de patients vivent aujourd'hui avec le VIH, mais les traitements antirétroviraux ont permis de réduire considérablement la mortalité[18].

---

[17] Vanessa Hauguel Op.cit.
[18] Vanessa Hauguel Op. cit.

- Le SRAS (2002)

Le SRAS (Syndrome respiratoire aigu sévère) est provoqué par le SARS-COV, coronavirus zoonose, identifié en 2003. Ce virus est à l'origine d'une épidémie qui a débuté en Chine (Guangdong) fin 2002 et qui a causé environ 800 décès.

- La grippe H1N1 (2009-2010)

La pandémie de la grippe qui dure de 2009 à 2010 est une grippe zoonose. La seconde des deux pandémies historiques causées par le sous-type H1N1 du virus de la grippe A (la première étant la grippe de 1918).

Devant l'ampleur de l'épidémie, l'OMS a qualifié la situation de pandémie le 11/06/2009. La grippe H1N1 a causé environ 25 000 morts.

-Mers-COV (2012)

Le coronavirus du syndrome respiratoire du Moyen-Orient (SRAS) est le nom d'un variant de coronavirus hautement pathogène (virus zoonotique). Il a été identifié en 2012 au Moyen Orient. L'épidémie reste cantonnée à la péninsule arabique, d'après le ministère de la santé en Juin 2015.

-Le Coronavirus « Covid-19 »

En 2020, l'humanité est touchée par le retour d'une épidémie, voire une pandémie, semblant inévitable causée par le « Covid-19 » apparu à Wuhan en Chine à la fin de l'année 2019. Le « Covid-19 » est une maladie animale transmissible à l'être humain. Désormais, aucun pays ne semble être épargné. Causant une crise sanitaire, cette pandémie mondiale est à l'origine de la crise économique mondiale contemporaine et par là de la récession mondiale actuelle.

2. De la crise sanitaire mondiale à la crise économique mondiale

2.1. Aperçu historique sur les grandes crises économiques du XXème et XXIème siècle

Une crise économique est une dégradation brutale de la situation économique et des perspectives économiques. Certes, l'activité économique se mesure principalement par l'évolution de la production. Cette activité se caractérise par des fluctuations cycliques rythmées par la succession de différentes phases : l'expansion (hausse de la production), la crise (la production cesse d'augmenter), la dépression (baisse de la production) et la reprise (la production augmente à nouveau).

Au sens strict, la crise correspond au retournement de l'activité économique, c'est-à-dire le point de rupture marquant la fin d'une phase d'expansion. L'économie passe brutalement d'un taux de croissance élevé à un taux de croissance très ralenti ou même à une baisse de l'activité économique. Par extension, la crise désigne également au sens large la période de récession (la production continue d'augmenter mais à un rythme moins rapide), voire la phase de dépression durant laquelle la production baisse de façon profonde et durable[19]. De ce fait, son étendue sectorielle, temporelle et géographique peut aller d'un seul secteur, d'une seule région pour une brève période à l'ensemble de l'économie mondiale pendant plusieurs années. On parlera alors de ralentissement économique ou, plus grave, de récession économique.

Une telle crise comporte souvent (mais pas systématiquement) des répercussions sur le niveau des salaires et la valeur du capital (valeurs boursières), provoque des faillites et du chômage, accroît les tensions sociales et politiques, et peut même avoir des répercussions sanitaires[20].

Plusieurs crises ont rythmé l'économie de 1929 à 2008 engendrant des périodes de récession et des crises sociales plus ou moins longues.

On cite quelques grandes crises économiques du XXème et XXIème siècle en insistant sur les deux grandes crises majeures : crise de 1929 et crise de 2008[21].

- La crise de 1929

Le krack boursier d'octobre 1929 est l'élément déclencheur de la crise appelée la Grande dépression des années 1930 qui touche le monde entier, laissant des millions de personnes sans travail.

---

[19] « *Les crises économiques du XXème siècle* », http//www.vie-publique.fr, publié le 11/09/ 2019

[20] Wikipédia, *« Crise économique, dégradation brutale de la situation et des perspectives économiques »*. fr.m.wikipédia.org

[21]https://www.pourleco.com//les-bases//le-dico-de-l-eco/grandes-crises-economiques-des-xx-et-xxie-siecles

Après des années d'expansion économique, la classe moyenne américaine décide d'investir en bourse, ce qui était alors réservé uniquement aux institutions, banques et fonds d'investissements. C'est ainsi que des milliers d'investisseurs se prêtent au jeu de Wall Street et les institutions financières font tout pour les inciter à le faire. En effet, celles-ci étaient disposées à prêter jusqu'à 90% des montants investis par les porteurs en actions de sociétés, ceux-ci n'ayant que 10% de mise de fonds à fournir. Avec un effet de levier de x10, favorisé par des taux d'emprunts extrêmement bas, le montant des prêts pour investir en bourse double rapidement, et le succès appelle le succès puisque tout le monde achète des titres qui ne font par conséquent qu'augmenter en valeur : c'est le début de la spéculation mondiale. Entreprises, commerces, banques, classes aisées ou populaires, tout le monde se lance dans l'achat d'actions. Bientôt, il n'y a plus assez d'argent pour financer l'économie "réelle", tout étant dirigé uniquement vers la spéculation des marchés financiers.

C'est en septembre 1929 que les cours boursiers commencent à stagner, et que plusieurs investisseurs font faillite. Certains commencent à revendre massivement leurs actions afin d'être sûr de pouvoir rembourser leurs emprunts, et la panique s'auto- alimente sur les marchés. Après ce fameux "jeudi noir" d'octobre, la déconnexion avec l'économie réelle apparait en pleine lumière, la confiance des investisseurs est rompue durablement et la bourse continuera à chuter pendant les trois années suivantes. La chute vertigineuse des cours de la bourse de New-York, qui se produit après une période de hausse spéculative sème la panique à Wall Street, ruine brutalement des centaines de milliers de personnes et provoque des crises et des faillites bancaires en chaîne. Les détenteurs de titres et les spéculateurs perdent tous leurs avoirs.

Certes, de nombreuses faillites bancaires, consécutives au krach boursier, vont conduire à un effondrement de l'ensemble du système financier américain. Beaucoup d'entreprises ne survivront pas au ralentissement économique et le taux de chômage va exploser (plus d'un tiers de la population active en 1933). De plus, afin de pallier les conséquences économiques de la première guerre mondiale, la plupart des pays avaient emprunté aux États-Unis. Face à l'ampleur de sa crise, le gouvernement américain avait demandé le remboursement de ces dettes, laissant plusieurs pays ruinés ou dans l'incapacité de le faire. C'est ainsi que le krach boursier américain entrainera avec lui une récession mondiale[22].

---

[22] Romier Sigrid (2020), « *La récession liée au Covid-19 (2/2) : quelle comparaison avec 1929 et 2008 ?* » blog.wesharebonds.com, récession…le 28/04/2020

-La crise de 1973

L'économie mondiale est au début des années 1970 marquée par des facteurs de déséquilibres comme la crise du système monétaire international, la baisse des gains de productivité ou les premiers signes de l'inflation, mais le retournement de la conjoncture économique est dû à ce que l'on a appelé le premier choc pétrolier. En octobre 1973, l'Organisation des Pays Exportateurs de Pétrole (OPEP) augmente ses prix de façon spectaculaire et annonce un embargo sur la livraison de pétrole aux pays qui appuient Israël dans son conflit contre la Syrie et l'Egypte (la guerre de Kippour).

Le quadruplement du prix du baril a provoqué une crise brutale dans les pays occidentaux qui se traduit à court terme par une augmentation des coûts de production et un renchérissement des importations, d'où le ralentissement de la croissance, l'augmentation du nombre de faillites d'entreprises, le recul de l'investissement, l'aggravation des déficits commerciaux liée à la facture pétrolière et la montée du chômage qui va s'avérer durable. Le choc pétrolier va entrainer, pendant plusieurs années, une inflation des prix dans les pays industrialisés et une stagnation économique.

-La crise de 1982

La flambée des taux d'intérêt aux Etats-Unis perturbe l'économie mondiale. En août 1982, le défaut de paiement du Mexique déclenche une crise bancaire de l'endettement des pays émergents.

-La crise de 1987

Les cours de la bourse de New York s'effondrent. En cause, un déficit commercial américain plus important que prévu, la hausse des taux en Allemagne, mais surtout, l'éclatement d'une bulle spéculative sur les actions. Ce Krach mondial a été plutôt bien absorbé par la Réserve fédérale.

-La crise de 2000

L'éclatement de la bulle Internet entraîne la disparition d'une myriade de sociétés dans les nouvelles technologies et provoque une onde de choc boursière qui secoue les grandes places financières de la planète.

-La crise de 2008 : Crise des « subprimes »

Pour comprendre cette crise, il est essentiel de définir ce qu'est un "*subprime*". Lorsqu'une personne achète un bien immobilier, elle demande la plupart du temps un prêt bancaire. En échange, elle devra tous les mois rembourser une partie de cette somme, plus des intérêts. Si elle ne peut plus rembourser, cela s'appelle un défaut de paiement.

Dans le langage américain de la finance, si le risque de défaut est faible, cet emprunt est appelé "*prime*" ; s'il est au contraire élevé, on le classifie comme "*subprime*".

Dans les années 2000, ces prêts hypothécaires à risque deviennent anormalement populaires. Parmi les nombreuses raisons qui l'expliquent, on retrouve un environnement de taux d'intérêts extrêmement bas qui rendent la dette publique émise par le trésor américain beaucoup moins attractive pour les investisseurs. Cherchant du rendement, ceux-ci se tournent alors vers l'immobilier, secteur le plus prometteur du moment en Amérique. En effet, les politiques incitent massivement les ménages à acheter une maison et les investisseurs ont le sentiment que le secteur de l'immobilier présente peu de risques compte tenu de la sécurité fournie par l'hypothèque du bien sous-jacent en cas de défaut de paiement.

Pour comprendre ce qui a déclenché l'effondrement financier dans ce secteur, il faut maintenant se pencher sur le concept de la titrisation. La définition la plus simple en est la transformation d'actifs des banques (par exemples des prêts que celles-ci ont accordés) en titres, c'est-à-dire en un "objet financier" qui s'achète et se vend sur le marché. Dans les années 2000, la demande pour ces titres basés sur des actifs bancaires sous-jacents grandit tellement que les banques décident d'en produire plus. Seulement pour ce faire, elles doivent nécessairement s'aventurer sur des bases d'actifs plus grandes et donc avoir recours à des prêts plus risqués, soit les fameux *subprimes*.

Alors que la demande pour les prêts immobiliers augmente drastiquement pendant plusieurs années et que les banques sont prêtes à la financer, les prix des logements suivent. C'est ce que les économistes appellent une bulle spéculative. En 2006, les *supbrimes* pèsent ainsi 600 milliards de dollars, soit un quart du total des crédits distribués aux États-Unis. Cette même année, les défauts de paiement des Américains qui avaient souscrit à ces emprunts *subprimes* se multiplient, et même avec l'assurance des hypothèques, les créanciers n'arrivent pas à vendre ces biens immobiliers dont la valeur avait été gonflée par l'effet de bulle. Les investisseurs arrêtent donc d'acheter les titres des banques et celles-ci se retrouvent avec des créances risquées dont plus personne ne veut.

Dès 2007, des pertes significatives commencent à fragiliser les bilans des banques[23].

A partir de l'été 2007, le système financier international traverse une des plus graves crises depuis 1929. Le premier signal en est lancé le 17 juillet par un établissement financier américain, Bear Stearns, qui annonce alors la forte perte de valeur de ses fonds du fait des subprimes.

Toutefois, l'événement majeur de cette crise qui la fait basculer en crise systémique est la faillite de la banque d'investissement Lehman Brothers, le 14 septembre 2008 plombée par les crédits immobiliers à risque (subprimes).[24]

C'est la plus grosse faillite de l'histoire américaine. Dans les mois qui suivent, la crise s'étend au reste du monde car des investisseurs et banques de plusieurs pays avaient acheté des titres de *subprimes* américains. Chaque Etat dépense ainsi des milliards de dollars pour sauver ses banques de la faillite – faute de quoi l'ensemble des épargnants se retrouverait ruiné.

C'est ainsi que les bourses mondiales plongent le monde entier en récession. Ceci illustre la fragilité d'un système financier internationalisé, où l'effet de contagion est fort. De nombreux pays n'ayant toujours pas retrouvé leur niveau de richesse d'avant crise, ce qui révèle que les séquelles de la crise des subprimes se font encore sentir aujourd'hui[25].

2.2. La crise de « Covid-19 », une crise historique sans précédent

Le 11 mars 2020, l'épidémie de coronavirus est devenue une pandémie, selon l'Organisation mondiale de la Santé (OMS). Décrété par la majorité des pays, l'état d'urgence sanitaire a imposé le confinement des populations. Cette situation a empêché les économies de tourner à plein régime. Comparée à d'autres crises sanitaires, la pandémie de « Covid-19 » a pratiquement perturbé toutes les branches d'activités. Une situation inédite si

---

[23] Romier Sigrid (2020), *« La récession liée au Covid-19 (2/2) : quelle comparaison avec 1929 et 2008* ? », blog.wesharebonds.com, récession… le 28/04/2020

[24] -Lumni (2016), *« Les crises du XXème siècle* », le 15/02/2016 www.lumni.fr

-Yves Morvan (1981) « *A propos de la crise du XXème siècle* ». Revue d'économie industrielle n°16 2ème trimestre 1981

[25] Lehman Brothers était une banque d'investissement multinationale créée en 1850, proposant des services financiers diversifiés et ayant spectaculairement fait faillite le 15 septembre 2008.

on la compare à d'autres crises historiques notamment avec la pandémie de 1918, appelée communément la « grippe espagnole » ou la crise de 1929 ou celle de 2008.

Jusqu'où l'événement de la crise de « Covid-19 », sous les aspects politique, économique et social, est historique ?

La crise de « Covid-19 » est une crise historique. Selon l'historien Jean-Pierre Rioux (spécialiste de l'histoire contemporaine, politique et sociale), « *Nous sommes en guerre. En guerre sanitaire. Certes, nous ne luttons ni contre une armée, ni contre une autre nation. Mais, l'ennemi est là, invisible, insaisissable, qui progresse et on peut imaginer que nous allons devoir vivre longtemps cette "drôle de guerre"* ». [26]

Face à l'accélération de la pandémie, les différents Etats du monde, à l'instar des Etats à l'heure des grandes crises connues dans le passé, empruntent la métaphore guerrière pour souligner l'ampleur de la crise que les pays s'apprêtent à traverser, appellent à la mobilisation générale des populations et décrètent le confinement et l' « l'Union nationale ». Une telle décision n'est pas sans effets sur le mode de vie et les habitudes des populations, d'où les conséquences politiques, économiques, sociales et psychologiques.

Selon l'historien Jean Garrigues (professeur à l'Université d'Orléans, spécialiste d'histoire politique, président du Comité d'histoire parlementaire), le point commun entre ces différentes crises, sanitaires, militaires, économiques et sociales, c'est l'universalité. C'est ce qui a caractérisé la dépression de 1929, comme la première et la seconde guerre mondiale. C'est ce qui a caractérisé la grippe espagnole qui est venue se greffer sur la première guerre mondiale. Ces crises ont touché un très grand nombre de pays et toutes les catégories sociales de manière inégale dans ces pays. C'est quelque chose que l'on retrouve dans la pandémie d'aujourd'hui, y compris dans ses conséquences sociales, culturelles, psychologiques et humaines[27].

---

[26] Réponse de l'historien Jean Pierre Rioux, spécialiste de l'histoire contemporaine, politique et sociale. Pierre Neveux (2020), « *Covid-19 : une crise historique ?* » publié le 12/05/2020, www.franceculture.fr

[27] Jean Garrigues (professeur à l'Université d'Orléans, spécialiste d'histoire politique, président du Comité d'histoire parlementaire), Pierre Neveux (2020), « *Covid-19 : une crise historique ?* » publié le 12/05/2020

En quoi la crise que nous vivons aujourd'hui se distingue-t-elle des crises historiques ?

Dans quelle mesure peut-on comparer la crise sanitaire de « Covid-19 » avec les grandes crises historiques ?

Si la crise du « Covid-19 » présente certaines similitudes avec les crises historiques, (déclenchement dû à un choc, hausse du chômage, difficulté à établir des perspectives claires pour la sortie de la crise), cette nouvelle crise est sans précédent et présente des caractéristiques très différentes et particulières.

Selon l'historien Jean-Pierre Rioux, une de nos difficultés actuelles est que sur une pandémie de ce type, d'une rare brutalité dans son expansion, nous collons un mot-valise bien commode qui est le mot crise. Nous avons connu des crises parfois mortifères comme les guerres mondiales ou comme la grande dépression économique de 1929 aux Etats-Unis qui a gagné le monde au fil des années 30. Mais la comparaison est par définition boiteuse parce que cette pandémie est parfaitement singulière. Elle nous pose des questions auxquelles nous n'avons pas de réponse ou des réponses peu évidentes.[28]

Pour l'historien, elle est une sorte d'événement monstre que nous ne savons pas trop approcher. On ne peut donc considérer cette pandémie comme une parenthèse dans la vie d'une nation. Les comparaisons avec les crises précédentes sont utiles, mais, aujourd'hui, nous sommes dans l'avènement d'une ère, une sorte de siècle épidémiologique, car nous avons des virus à répétition qui frappent régulièrement. C'est directement l'intervention humaine qui a ruiné la nature, qui ruine la faune sauvage et qui favorise les propagations des virus. On peut parler de l'entrée dans une ère de l'anthropocène. Donc, nous ne savons pas vraiment puiser des éléments de comparaison dans le passé et surtout ajuster la réponse pour conduire des projets collectifs d'avenir.

En fait, l'incidence de la pandémie de « Covid-19 » dépasse largement la grande dépression des années 1930 ou la crise des subprimes de 2008, les deux évènements qui ont le plus marqué l'économie mondiale au cours du

[28] Jean Pierre Rioux, spécialiste de l'histoire contemporaine, politique et sociale. Pierre Neveux (2020), *« Covid-19 : une crise historique ? »* publié le 12/05/2020, www.franceculture.fr

dernier siècle et du début du XXIème siècle. Comment ces deux dernières crises différent- elles de celle que nous traversons aujourd'hui ?

En comparant la crise actuelle de « Covid-19 » aux crises historiques de 1929 ou celle de 2008, nous pouvons constater que la crise de « Covid-19 » a été suivie d'une crise économique et politique qui pourrait finalement entraîner de graves perturbations sociales, car les coûts de la pandémie seront non seulement élevés, mais aussi inégalement répartis, tant entre les pays qu'entre les différentes classes sociales au sein d'un même Etat.

-**Sur le plan économique**, il est à remarquer d'abord que les crises de 1929 et 2008, avaient pour foyers les États-Unis et l'Europe et ont montré le rôle primordial des États-Unis dans la mondialisation financière, celle de 2020 confirme le rôle essentiel de la Chine dans la globalisation industrielle.

De plus, même si les deux anciennes crises n'ont pas la même origine, la crise actuelle aura selon plusieurs économistes des conséquences bien plus graves que les autres. La crise de 1929 comme la crise des subprimes de 2008 ont été d'abord des crises financières. Certes, les deux dernières grandes crises ont été la conséquence d'une insuffisance de régulation financière, notamment dans l'octroi du crédit.

Par contraste, la crise que nous vivons aujourd'hui prend ses racines dans la pandémie de « Covid-19 », qui via les mesures de confinement et de distanciation s'attaque en premier lieu à l'économie réelle.

La crise de 1929 est une crise due à l'insuffisance de la demande par rapport à la quantité de biens produits qui pousse les industriels à réduire leur activité et à licencier massivement. La crise de surproduction devient mondiale. La chute de la demande et de la production entraine un effondrement du commerce mondial et plonge l'économie mondiale dans une longue période de déflation et de chômage de masse.

Par contre, la crise de « Covid-19 » est une crise inédite. Même si chaque crise, au moment où elle commence est dite par nature "inédite", la crise actuelle présente une particularité. C'est une crise globale qui a engendré le blocage des économies et de l'appareil productif[29]. C'est une crise simultanée de l'offre et de la demande dont les solutions et les clés pour la

---

[29] Mehdi Michbal (2020), *« Crise de Covid-19, l'analyse de Michael ZAOUI »* ancien dirigeant de Morgan Stanley et membre de la Commission sur le modèle de développement lors d'un débat organisé, publié le 06/20/2020, www.leboursier.ma

résoudre ne peuvent figurer ni dans les théories de Keynes, ni dans le monétarisme de Friedman qui ne peuvent être considérés comme cadre de référence. Elle a entraîné un arrêt brutal de l'activité économique. C'est que tous les secteurs d'activité sont concernés, avec en première ligne les TPE et PME qui manquent de trésorerie pour compenser l'arrêt brutal de leur activité. Avec la fermeture des frontières, l'arrêt des moyens de transport notamment aériens, elle a engendré la plus forte récession économique de l'histoire de l'humanité.

La crise de 2020 est une crise inédite. Elle présente des caractéristiques propres par rapport à celle de1929. A près d'un siècle d'intervalle, les deux crises ont plongé l'économie dans la récession : Activité à l'arrêt, panique en Bourse, chômage de masse. Pourtant, tous les sépare : leur mécanisme, leur ampleur et surtout les réponses des Etats. Plusieurs indicateurs révèlent la différence entre les deux crises.

A la Bourse de New York, le 24 octobre 1929, Wall Street avait perdu 87 % en quelques mois. Aujourd'hui, après le choc de la mi-mars, le Dow Jones et le Nasdaq ont déjà repris en partie le terrain perdu. D'ailleurs, le 24 mars, le ministre de l'économie a tiré la sonnette d'alarme en affirmant : *« Ce que nous vivons n'a pas d'autre comparaison que la crise de 1929 ».*

De plus, le FMI avertissait dès le 05 mars (alors que seule la Chine était confinée) qu'il fallait s'attendre aux *« pires retombées économiques depuis la Grande Dépression de 1929 ».* Le 15 avril, le FMI a livré des prévisions alarmantes : en 2020, le PIB de la France devrait chuter de 7,2 %, contre 6,5 % au pire de la crise en 1932, et celui des Etats-Unis de 5,9 %, contre un record de 13 % en 1932.

Les pays développés vont subir une perte de richesse de 6 %, du même ordre qu'en 1932. En comparaison, la récession de 2009 paraît presque légère : - 2,5 % pour la France, - 3,2 % pour l'ensemble des pays avancés.

Par ailleurs, la crise de « Covid-19 » a touché le monde caractérisé par des économies épuisées et fragilisées à cause notamment de la guerre commerciale entre les Etats-Unis et la Chine. D'ailleurs, la croissance en 2019 est tombée à 2,9% après 4,3% en 2018. La plupart des experts s'attendent à voir en 2020 une récession mondiale qui pourrait prendre une forme sévère pour certains pays ou régions.

Par exemple, JP Morgan Research prévoit une contraction du PIB sur deux trimestres aux Etats-Unis comprise entre -10% et -25% et pour la zone euro, entre -15% et -22%.[30]

-Sur le plan social, la crise de 1929 a eu pour conséquences l'augmentation du chômage. Seulement, s'il a fallu six mois pour atteindre 10 millions de chômeurs aux Etats-Unis, avec la crise actuelle, ce chiffre a été atteint en seulement 2 semaines. Il est prévu à 30 % dans quelques mois alors qu'il avait dépassé 25% en 1932.

L'offre d'emploi a chuté en 5 semaines : Perte de 26 millions d'emploi alors que durant la crise de 2008, la perte est de 8,7 millions d'emploi, soit 3 fois moins. En Europe cependant, l'utilisation massive du chômage partiel, financé par les Etats, limite l'impact de la pandémie.[31]

-Sur le plan politique, la crise peut se manifester non seulement au niveau national, en sapant le soutien politique aux gouvernements actuels, mais également au niveau régional voire international.

Dans ce contexte, certains experts, par exemple, s'inquiètent de l'avenir du projet d'intégration européenne, en soulignant la réponse inadéquate des institutions européennes.

D'autres considèrent la pandémie « Covid-19 » comme une menace existentielle pour la démocratie libérale.

Selon le FMI, cette crise ne ressemble à aucune autre. Premièrement, le choc est violent. Les pertes de production liées à cette urgence sanitaire et aux mesures prises pour l'endiguer sont probablement bien supérieures aux pertes qui ont déclenché la crise financière mondiale. Deuxièmement, comme pour une guerre ou une crise politique, la durée et l'intensité du choc demeurent très incertaines. Troisièmement, dans ces circonstances, la politique économique joue un rôle très différent. Lors de crises ordinaires, les dirigeants essaient d'encourager l'activité économique en stimulant la demande globale le plus rapidement possible. Cette fois, la crise est dans une large mesure la conséquence des mesures d'endiguement qu'il a fallu

---

[30] Romier Sigrid (2020), « *La récession liée au Covid-19 (2/2) : quelle comparaison avec 1929 et 2008 ? »*, blog.wesharebonds.com, recession… le 28/04/2020

[31] Gaëlle Macke (2020), *« Coronavirus: pourquoi la crise de 2020 n'est pas celle de 1929 », « La crise de 2020 : une crise inédite* », www.challenges.fr Economie, le 03/05/2020

prendre. Stimuler l'activité devient donc plus difficile et, du moins pour les secteurs les plus touchés, peu souhaitable. Il est très probable que l'économie mondiale connaisse cette année sa pire récession depuis la Grande dépression, soit une récession plus grave que celle observée lors de la crise financière mondiale il y a une dizaine d'années.[32]

3. La crise de « Covid-19 » et la réflexion théorique : Une rude épreuve de la pensée économique

La crise sanitaire du nouveau coronavirus interpelle aussi les penseurs économiques quant à leurs capacités à apporter des solutions concrètes dans ce contexte de « pensée unique ». Seulement, face aux fragilités du libéralisme mondialisé, conséquence de la crise de « Covid-19 », la pensée économique fait face à une rude épreuve, d'où « les mouvements » de la réflexion théorique suite à l'interpellation que font les crises à l'égard de la véracité de la pensée économique.

De ce fait, et face à chaque crise, l'économiste est interrogé sur l'utilité de son savoir pour le bon fonctionnement économique de la société. C'est dire que les solutions aux crises sont aussi basées sur les recherches et les analyses effectuées du côté du pouvoir prédictif des théories économiques contemporaines[33]. C'est ainsi que lors de l'inauguration d'un nouvel immeuble de la London School of Economics en novembre 2008, la reine d'Angleterre avait annoncé : « *C'est affreux, si les choses étaient aussi graves, comment se fait-il que personne ne les ait vues venir ?* ». Il en résulte que pour bien comprendre les difficultés des économistes contemporains à trouver des solutions efficaces à la crise actuelle face à la complexité et aux enjeux du Marché globalisé et des Etats, un retour vers le passé s'impose aussi loin qu'on veut pousser l'analyse. Selon Honoré de Balzac, « *Un long avenir demande un long passé* ».

3.1. Analyse théorique et évolution historique : Y'a-t-il un dépassement des thèses classiques libérales ?

L'analyse de l'histoire de la pensée économique et de l'évolution des différentes théories qui se sont succédées à travers le temps révèlent que la quasi-majorité des grands théoriciens ont développé leurs théories en temps de crise ou de guerre.

---

[32] FMI : « *Perspectives de l'économie mondiale* », www.imf.org , avril 2020

[33] Jamal Diwany, « *Crise du Covid-19. La pensée économique sous pression* », leseco.ma, le 19/04/2020

C'est au livre V de « La Richesse des Nations » qu'A. Smith fait référence à l'art de la guerre en exposant l'évolution des origines de financement et de l'entretien de l'effort de guerre à travers l'histoire. Il conclura par l'identification de cette frange « non marchande de l'économie » qui deviendra plus tard l'économie publique, qu'il estime nécessaire pour garantir l'organisation de l'économie marchande.

De plus, si les thèses classiques libérales étaient prédominantes en 1929 dans les marchés financiers aux États-Unis, mais aussi dans le monde occidental, elles connaissent un dépassement avec la crise actuelle. Pour faire un rappel simple du contexte, le principe de base en est le suivant : le marché se régule tout seul. L'idée remonte au concept de "*main invisible*", formulé par Adam Smith au 18ème siècle. Cette main invisible équilibre automatiquement l'offre et la demande sur les marchés, et l'Etat ne doit donc en aucun cas intervenir, au risque de perturber son fonctionnement. Ce principe est crucial pour comprendre l'ampleur de la crise, bien qu'il n'en soit pas la cause première.

Critiquant le système libéral comme étant à l'origine des crises, K. Marx dans son discours sur la question du libre-échange prononcé le 7 janvier 1848 à l'Association démocratique de Bruxelles avait dit : « *Le système protecteur est conservateur, tandis que le système du libre-échange est destructeur* ».

Il a même ironisé en disant : « *En un mot, le système de la liberté commerciale hâte la révolution sociale. C'est seulement dans ce sens révolutionnaire, Messieurs, que je vote en faveur du libre-échange* ».

De son côté, Thomas Robert Malthus a marqué l'histoire de la pensée économique classique par sa loi sur l'équilibre économique basée sur la relation d'équilibre entre la croissance économique et la croissance démographique. Dans son premier article intitulé « *La Crise* », Malthus explique cette relation, c'est à dire que la population s'accroît de façon géométrique alors que les ressources et produits de subsistance s'accroissent de manière arithmétique. Pour lui, s'il y'a déséquilibre, la solution réside dans la guerre, les famines et les épidémies. Les pertes humaines qui en résultent permettent de lutter directement contre le problème de la surpopulation et engendre en conséquence une destruction du capital, donc à terme l'augmentation de la demande effective, et par conséquent, le niveau des richesses.

Les plus grands économistes du XXème siècle (J. Schumpeter, A. Marshall, J.M. Keynes, F.V Hayek, J.R Hicks, I. Fisher, P. Samuelson, M.

Friedman, J.K Galbraith, J. Tobin…) ont tenté, à travers un renouveau de la pensée économique, d'apporter des éléments de réponse aux problèmes économiques survenus à l'issue des deux guerres mondiales ou des crises planétaires majeures (le krach boursier d'octobre 1929, déclencheur de la Grande Dépression des années 1930, et la crise du système monétaire international de 1973).

Dans une perspective keynésienne, les dépenses publiques coûteuses et contre-productives, conjuguées au fardeau de la dette supportée par les pays en période de crise, s'avèrent être aussi efficaces comme mécanique de relance économique. Le débat central depuis Keynes autour de l'interventionnisme étatique est devenu non seulement une base d'analyse sous l'angle curatif, mais aussi sous celui de la prévention des crises futures.[34]

Avec la crise de « Covid-19 », l'intervention de l'Etat s'avère nécessaire. Les dirigeants et autorités monétaires ont néanmoins appris des dernières crises, et ont notamment compris qu'il fallait protéger les entreprises très vite, et à tout prix[35].

3.2. Analyse théorique contemporaine et l'économie de crise du XXIème siècle : Quelle complexité face au marché imparfait ?

Le XXIème siècle a connu sa première grande crise financière et économique mondiale à l'automne 2008. Les économistes contemporains constatent l'incapacité des outils d'analyse économique (à ne pas confondre avec les instruments de mesure) à rendre compte d'une réalité Marché qui gagne chaque jour en complexité. Dans ce sens, ils iront même jusqu'à rompre avec quelques postulats de base de l'économie politique.

Les chercheurs J. Stiglitz et G. Akerlof (co-Prix Nobel d'Economie 2001) appliquent, dans leurs modèles économiques, les notions de « *marché imparfait* » et d'« *asymétrie d'information* », en nette rupture avec la doctrine en vigueur des économistes néoclassiques.

Pour sa part, R. Shiller a mis en doute le dogme de la rationalité absolue de l'acteur en économie, le célèbre « homo economicus ». Il a montré que les marchés financiers obéissent d'abord à des mécanismes psychologiques

[34] Jamal Diwany, op.cit.

[35] Romier Sigrid (2020), « *La récession liée au Covid-19 (2/2) : quelle comparaison avec 1929 et 2008 ?* », blog.wesharebonds.com, recession… , le 28/04/2020

irrationnels comme le mimétisme, l'orgueil, la crédulité et tout simplement le mensonge

N. Roubini, l'économiste controversé qui avait prédit la crise de 2008, surnommé Dr. Doom (Catastrophe) à cause de ses prédictions -le moins qu'on puisse dire- pessimistes, publie avec S. Mihm en 2010 « *L'économie de crise : une introduction à la finance du futur* ».

De ce fait, face à la pandémie de « Covid-19 » qui a provoqué un arrêt brutal de l'activité économique dans un nombre croissant de pays, les économistes contemporains se trouvent devant une rude épreuve pour préconiser des solutions louables à la crise vu la nouvelle structure complexe et les nouveaux enjeux du Marché mondialisé.

3.3. La pensée économique face aux enjeux du Marché globalisé : Quel débat stérile ?

Pour bien comprendre les enjeux du Marché globalisé, il faut d'abord analyser le rôle du marché dans les économies libérales et comment les nouveaux acteurs de la gouvernance mondiale réagissent-ils face à cette crise sans précédent. Le point de départ est que le « *Tout Marché* », devenu une « *pensée unique* », a rendu le débat autour du savoir économique quasiment stérile.

En outre, la gouvernance stratégique de l'économie mondiale repose de plus en plus sur une multitude d'intervenants avec divers degrés d'influence : États, acteurs supra-étatiques tels que les organisations intergouvernementales universelles ou régionales, organisations non gouvernementales, firmes transnationales, centres de recherche « think tanks », agences de notation, organisations professionnelles ou syndicales et médias. Le « *Tout Marché* » rend le débat stérile.

3.4. La pensée économique en quête de solutions à la crise

Etant donné le caractère exceptionnel de cette crise, les économistes restent inquiets sur le sort qui sera réservé à l'économie mondiale et se trouvent devant une situation complexe en quête de solutions à la crise. Si l'économie se résume à la quête d'une meilleure allocation des ressources de la nature et du travail, son rôle est aussi d'expliquer les faits économiques et d'apporter des solutions concrètes.

Or, la discipline économique appartient au champ des sciences sociales de par les phénomènes dont elle traite. On le sait depuis au moins deux siècles, ces phénomènes ne sont jamais dans les faits purement économiques. Leur niveau de complexité exige de tout analyste une réelle combinaison de clés prenant en compte la multi-dimensionnalité du phénomène en rapport avec la multiplicité des acteurs en jeu. Par une alternance des angles de vue, les chercheurs en sciences sociales, en l'occurrence les politologues, sociologues, anthropologues... pourraient analyser les impacts de cette pandémie planétaire du point de vue des évolutions affectant plus durablement l'organisation des sociétés et des Etats.

Les juristes, quant à eux, trouveront matière à réflexion autour de la notion de force majeure, imprévision, exception d'inexécution.

Pour leur part, les laboratoires de recherche scientifiques, dirigés par les physiciens, biologistes, informaticiens... sont visiblement divisés entre recherche technique suffisamment rentable et recherche pure sensée préparer l'avenir.

Qu'en est-il de la pensée économique ?

Les économistes conjoncturistes (au service des groupements professionnels et des hommes d'Etat), ne peuvent donc réduire la réflexion liée à l'actuelle crise à un simple exercice proposant des scénarios plus ou moins probables pour assouvir l'appétit des médias et du grand public. Certains prétendent même que nous sommes à l'aube d'un nouvel ordre économique mondial. Pour aboutir à des recommandations concrètes et facilement assimilables, ils continuent à produire une avalanche d'analyses économiques basées sur des modélisations statistiques même si ces dernières souffrent majoritairement d'une approche globale.

Certes, la sphère économique est actuellement divisée. Elle englobe les experts les plus prestigieux des cabinets spécialisés en conseil et stratégie, les agences de notation financière ou encore les économistes-professionnels des institutions de Bretton Woods. Preuve à l'appui, et à titre indicatif, cette divergence n'épargne pas les échanges commerciaux mondiaux et les indices financiers du premier trimestre 2020. Dans le détail, ces différents avis oscillent entre des prévisions de « ralentissement général de la croissance mondiale », soit une courbe en V, et une « récession plus ou moins durable puis reprise » ou courbe en U. A cela s'ajoute une évolution en W au cas où la pandémie serait de retour, ou encore en L avec une chute puis stagnation[36].

3.5. La crise et le renouvellement de la pensée économique : quelle nouvelle émergence ?

Le mouvement de la pensée économique a toujours fonctionné selon un modèle paradigmatique à la Kuhn. Avec la crise, une pensée économique renouvelée émerge et s'impose. Cette crise sera franchie par le dépassement des problèmes posés avec l'adoption d'un nouveau « cadre » de pensée.

Selon Ponsot Jean-François et Rocca Michel, il y'a toujours une évolution de la pensée économique lorsqu'elle est confrontée à une grave crise économique et financière, en prenant pour objet d'étude la crise des années 1930. Ils montrent qu'il convient de nuancer une vision kuhnienne selon laquelle la crise induirait nécessairement des avancées théoriques nouvelles qui contribueraient à l'émergence spontanée d'un nouveau paradigme et, partant, influenceraient la mise en œuvre de politique de sortie de crises innovantes (hétérodoxes) par les *policy makers*[37].

Il s'agira d'un nouveau paradigme et d'une nouvelle matrice de « vérité ». Certes, la crise des années 1930 a favorisé l'éclosion de nouvelles approches théoriques et mis sur les rails la « révolution keynésienne ». Mais leur émergence est non seulement antérieure à la crise, le renouvellement théorique étant par ailleurs complexe et peu assimilable à un processus continu. Quant au *policy maker* initiateur de politiques innovantes de sortie de crise (par exemple Roosevelt et le New Deal), il a davantage été guidé par le pragmatisme et la nécessité d'apporter des réponses concrètes à la crise que par les prescriptions de la nouvelle théorie économique en gestation. L'article conclut que la crise conduit à un découplage théorie économique / politique économique complexe s'appuyant sur la concomitance de trois dynamiques à l'œuvre : renouvellement de la pensée standard, émergence d'éléments théoriques hétérodoxes et mise en action de politiques publiques innovantes. Le nouveau « paradigme », s'il existe, n'est que le résultat de ces trois dynamiques.

---

[36] Jamal Diwany (2020), « *Crise du Covid-19. La pensée économique sous pression* », Leseco.ma, le 19/04/2020

[37] Ponsot Jean-François et Rocca Michel (2013), « *Le renouvellement de la pensée économique durant la crise des années 1930. Le découplage théorie économique/politique économique* ». Revue de la régulation, Capitalisme, institutions, pouvoirs, Maison des Sciences de l'Homme-Paris Nord, le 01/09/2013

Selon Lakatos, le nouveau paradigme est que « *la vérité repose sur le pouvoir* ». Ce dernier, avec ses deux facettes (militaire et diplomatique), continue de façonner la création et la distribution des richesses entre Nations. Les économistes se sont très tôt intéressés au lien entre richesse des Nations et échanges commerciaux. Au total, quatre doctrines économiques selon Aron (le mercantilisme, le libéralisme, l'économie nationale et le socialisme) s'opposent par rapport à l'interprétation qu'elles font du commerce, cœur battant de l'économie. De l'avis des mercantilistes, le commerce est guerre alors que selon les libéraux, il est paix, à la seule condition qu'il soit libre.

Quant aux économistes nationaux, il sera pacifique quand tous les pays seront développés tandis que pour les marxistes, il est guerre sous le capitalisme, mais il sera paix avec le socialisme. Or, trente ans après la chute du mur de Berlin, le libéralisme triomphant continue à relever les défis liés aux inégalités sociales, spatiales et climatiques[38].

3.6. La crise de Covid-19 et la crise du capitalisme : Le capitalisme est-il voué à sa disparition ?

La crise de « Covid-19 » n'a rien à voir avec les crises du capitalisme. Pour Robert Boyer, nous ne vivons pas la répétition d'une grande crise du capitalisme comme en 1929, mais une mise à l'épreuve de la capacité des Etats à répondre à la demande de sécurité sanitaire, économique, et finalement écologique des citoyens. La grande nouveauté, c'est que la situation actuelle n'est pas le produit des mécanismes internes au capitalisme comme ce fut le cas en 1929, 1973 ou 2008. En 1929, la crise surgit des contradictions d'un régime d'accumulation caractérisé par une production de masse sans consommation de masse. D'où la surproduction, avec déflation et chômage.

En 1973, c'est le modèle fordiste, fondé sur la conjonction d'une production de masse et d'une consommation de masse, qui s'enraye : à partir de 1967, les Etats-Unis sont touchés par une accélération de l'inflation, une stagnation de la productivité et, par contrecoup, une tension sur les salaires et un décrochage du statut du dollar. Contrairement à 1929, la demande est bien présente, mais c'est la production qui n'arrive pas à suivre. Par contre la crise de « Covid-19 » est une crise d'offre et de demande[39].

---

[38] Jamal Diwany, op. cit.

[39] Boyer Robert (2020), « *Rien à voir avec les crises du capitalisme* », L'Histoire n°475, robertboyer.org, le 03/09/2020

Par ailleurs, face aux plans de relance économiques programmés par plusieurs pays, des analystes, économistes, politologues, chercheurs pensent à un nouvel ordre mondial et n'hésitent pas à critiquer le système libéral poussant leurs réflexions sur le fait que seule la fin du capitalisme peut sauver l'humanité, sortir des crises sanitaires, environnementales et lutter contre le réchauffement climatique.

Selon Robert Boyer : *« La seule question qui reste incertaine est celle de savoir si le capitalisme va disparaître en même temps que le monde qu'il aura détruit, ou s'il n'entrera pas lui-même en crise avant que ses conséquences ne soient devenues irréversibles : En somme. C'est une course de vitesse entre la fin du capitalisme et la fin du monde »*[40].

Dans son livre "*La théorie de la régulation : une analyse critique*"(1986), Robert Boyer part de l'analyse du capitalisme. Il s'interroge et critique la pertinence du caractère autorégulateur des économies de marché dans le cadre de l'analyse du capitalisme de longue période et sur l'émergence de crises. Les travaux de R.Boyer sont considérés comme hétérodoxes dans le sens où ils s'opposent aux courants de pensées dominants en économie (orthodoxie). Les approches en termes de régulation font de la croissance et des crises, de leur variabilité dans le temps et dans l'espace une question centrale de l'analyse économique, et rattachent ces phénomènes aux institutions sociales en vigueur.

Dans ce cadre, parler de la régulation d'un mode de production, c'est chercher à exprimer la manière dont se reproduit la structure déterminante d'une société dans ses lois générales. Une théorie de la régulation sociale est une alternative globale à la théorie de l'équilibre général. Elle souhaite étudier la transformation des rapports sociaux créant des formes nouvelles, à la fois économiques et non économiques. Les rapports sociaux sont considérés comme fondamentaux pour comprendre l'évolution des sociétés. Dès lors, un mode de régulation désigne tout ensemble de procédures et de comportement (individuels et collectifs) qui a la propriété de reproduire les rapports sociaux, de soutenir et piloter le régime d'accumulation en vigueur, et d'assurer la compatibilité dynamique d'un ensemble de décisions décentralisées.

En ce sens, la théorie de la régulation souligne sa filiation avec l'analyse marxiste traditionnelle. Elle élargit son champ et ses méthodes en utilisant

---

[40] Luneau Aurélie (2020*), « Le capitalisme est-il voué à mourir ? »*, Débat de France culture, de de cause à effets, Le Magazine de l'Environnement le 01/09/2020

des outils disponibles dans d'autres disciplines telles que l'histoire, la sociologie, le droit ou encore la philosophie.

Elle s'ouvre également à d'autres courants de pensée tels que la macroéconomie keynésienne ou kaleckienne[41].

En réalité, la théorie de la régulation vise à l'élaboration d'une alternative à la théorie économique dominante. Toutefois, elle s'apparente en réalité plus à une méthode qu'à une théorie à proprement parlé. L'équilibre statique est remplacé par l'analyse des processus dynamiques. Les processus dynamiques résorbent des déséquilibres qui naissent continuellement de l'accumulation.

Dans cette perspective, les agents économiques interagissent à partir d'une série d'institutions, de règles du jeu et de conventions historiques et locales. Dans ce cadre, la théorie de la régulation ambitionne d'analyser les modes de développement. Le but est de savoir comment stabiliser sur une longue période un régime d'accumulation et un type de régulation, et comment ils entrent en crise et se renouvellent.

Dans un entretien au « Monde », l'économiste Robert Boyer, fondateur de « l'école de la régulation » dans les années 1970 livre son diagnostic du choc qui ébranle aujourd'hui l'économie mondiale et de ses devenirs possibles. Il analyse les évolutions historiques divergentes des capitalismes[42]. Selon lui, pour qualifier la crise actuelle (les économistes oscillent entre « crise sans précédent », « récession la plus grave depuis 1929 », ou encore « troisième crise du siècle » après celles des subprimes de 2008 et de l'euro en 2010), on ne peut pas appliquer des mots hérités des

---

[41] Rober Boyer est un économiste français. Il est fondateur et un des membres majeurs de l'Ecole de la régulation avec entre autres Michel AGLIETTA et ou encore Yves SAILLARD durant les années 1970. Les "régulationnistes" envisagent le changement comme aussi important que l'invariance, et que l'un et l'autre doivent être analysés simultanément. Dans ce cadre, il convient de préciser les règles et les normes, les formes et les structures. L'approche de la régulation a progressivement forgé un ensemble d'outils conceptuels qui se déclinent en trois niveaux d'analyse : Analyse des modes de production et leur articulation, les régularités sociales et économiques qui permettent à l'accumulation de se développer sur le long terme à travers des crises, la configuration des rapports sociaux pour un lieu et une phase historique donnés. Sylvain Fontan, "*Robert BOYER : Théorie de la régulation*", décryptage publié sur «leconomiste.eu» le 16/09/2013.

[42] Robert Boyer préfère utiliser ce terme au pluriel (Capitalismes). D'ailleurs, il a publié aux éditions La Découverte, un ouvrage qui fera date, *Les Capitalismes à l'épreuve de la pandémie* où il livre son diagnostic du choc qui ébranle aujourd'hui l'économie mondiale, et de ses devenirs possibles.

crises précédentes à une réalité nouvelle, car cela indique que l'on espère appliquer des remèdes connus, qui seront donc inefficaces.

L'auteur ajoute que le terme de « récession » s'applique au moment où un cycle économique, arrivé à une certaine étape, se retourne pour des raisons endogènes, ce qui suppose que l'étape suivante sera mécaniquement la reprise, également pour des raisons endogènes, avec un retour à l'état antérieur. Or il ne s'agit pas ici d'une récession, mais d'une décision prise par les instances politiques de suspendre toute activité économique qui ne soit pas indispensable à la lutte contre la pandémie et à la vie quotidienne. La persistance d'un vocabulaire économique pour désigner une réalité politique est étonnante.

On a parlé de « soutien » à l'activité, alors qu'il s'agit plutôt d'une congélation de l'économie. Le plan de « relance » est en fait un programme d'indemnisation des entreprises[43].

Selon l'économiste Robert Boyer, afin d'éviter une explosion de la mortalité et traiter l'urgence sanitaire, la solution à la crise de « Covid-19 » dépend de la coordination des circuits économiques par l'Etat. Or, avec le confinement, la plupart des gouvernements décident de mesures de santé publique dont la conséquence directe est d'induire un arrêt brutal de l'activité économique et de provoquer une panique boursière du fait que les politiques sanitaires et économiques sont soumises aux jugements d'une finance internationale.

Ainsi, cette crise inédite adresse un redoutable avertissement aux économistes, qui, dans leur ensemble, ont été aveuglés par les hypothèses de base de leur discipline. D'abord, les macro-économistes avaient pris l'habitude de raisonner sur la base de modèles réputés invariants et universels, structurellement stables, seulement perturbés par des chocs venus d'ailleurs, soit de productivité, soit de confiance. Certes, si dans le passé, les crises financières résultaient du déroulement de cycles largement endogènes au système économique, celle qui s'ouvre résulte au contraire d'un événement exogène, venu de Wuhan : l'émergence d'un virus inconnu qui finit par se diffuser au monde entier.

---

43 Antoine Reverchon (2020), Robert Boyer : « *Le capitalisme sort considérablement renforcé par cette pandémie* », www.lemonde.fr, le 02/10/2020

De ce fait, face aux chocs exogènes, inonder de liquidités l'économie évitera certaines faillites mais ne permettra pas de relancer une production bloquée suite aux conséquences du confinement[44].

II- Impact de la pandémie de « Covid-19 » sur l'économie mondiale et l'environnement international

La pandémie de « Covid-19 » a provoqué un arrêt brutal de l'activité économique dans un nombre croissant de pays. Ce coup de frein a eu des répercussions internationales avec la baisse du commerce extérieur et des Investissements Directs Etrangers (IDE) ainsi que la hausse de l'aversion au risque des investisseurs. Celle-ci a déclenché une quête mondiale effrénée de liquidités en dollar ainsi que des sorties de capitaux dans les pays en développement.

Certes, dès les premiers mois de la pandémie, les effets néfastes de la crise commencent déjà à se faire sentir. Les répercussions entraînées par cette dernière sont complexes. L'ampleur des dégâts constatés tant sur le plan économique que social a dépassé de loin l'imagination. Le confinement a entraîné l'auto-isolement de trois milliards de personnes dans le monde. Cette population risque de perdre ses emplois ainsi que ses salaires.

De plus, le ralentissement des échanges commerciaux et la paralysie des voyages et des loisirs ont bouleversé aussi bien les grandes entreprises (aviation, hôtellerie et tour-opérateurs) que les petites et moyennes entreprises de commerces et de services (restauration, transport, artisanat, événementiel…).

1. La pandémie de « Covid-19 » et la croissance économique mondiale

1.1. Impact de la pandémie sur la croissance de l'économie mondiale

La pandémie de coronavirus a mis à l'arrêt des pans entiers de l'économie mondiale, une situation chaque jour de plus en plus manifeste. Certes, l'économie mondiale connait une baisse de la production suite à la perturbation des chaînes d'approvisionnement, une chute des transports notamment aériens, une diminution des investissements du fait du manque de visibilité, un effondrement des bourses mondiales (Tokyo (-4,6%), Francfort (-7,94%), Londres (-7,69%) et Paris (-8,39%), la chute du prix du

[44] Robert Boyer (2020), « *Cette crise inédite adresse un redoutable avertissement aux économistes* », Tribune, le 27/03/2020

pétrole (le prix du Brent a chuté à 35 dollars le baril soit une baisse de plus de 20%).

Selon les prévisions économiques pour l'année 2020, les experts du FMI envisagent que si la diffusion de l'épidémie dans le monde est contenue, la baisse de l'économie mondiale ne sera que de 0,5%, soit une croissance de 2,4% au lieu de 2,9%. Dans cette hypothèse, le commerce mondial baisserait de 1,4% au premier trimestre, et -0,9% au second semestre. Mais dans le cas où la contagion du virus est largement diffusée dans le monde et difficilement contrôlée, la croissance mondiale connaîtra une baisse de 1,5% et celle du commerce mondial de 3%. Dans cette hypothèse, plusieurs pays entreront en récession. De nombreux gouvernements ont ordonné la fermeture temporaire des sites de production non essentiels, tandis que de nombreuses entreprises ont fait ce choix volontairement ou ont simplement diminué leur production en raison des perturbations dans leurs chaînes d'approvisionnement. Cependant, tout dépend de la manière dont l'épidémie sera gérée par les pouvoirs publics et le comportement de la population quant au suivi des recommandations pour éviter d'attraper le virus[45].

De même, dans son rapport sur les conséquences économiques de l'épidémie sur la croissance de l'économie mondiale, l'OCDE revoit ses prévisions de croissance pour 2020 nettement à la baisse : « *l'économie mondiale est en danger* et s'apprête à affronter le plus grave danger depuis la crise financière alors que la maladie a *déjà engendré des souffrances humaines considérables, ainsi qu'un grand chambardement économique* ».

Face à une telle situation, l'OCDE envisage deux scénarios :

-Si la diffusion de l'épidémie dans le monde est relativement contenue, la croissance globale sera limitée de 0,5 point de pourcentage cette année, par rapport aux dernières prévisions datées de novembre 2019 : elle atteindrait alors 2,4% au lieu des 2,9% envisagés jusqu'alors. En outre, le commerce mondial baisserait de 1,4% au premier semestre et de 0,9% sur l'ensemble de l'année.

-Si la diffusion de l'épidémie est difficilement contrôlée, l'effet sur le PIB mondial pourrait monter à 1,5%, d'où le ralentissement économique mondial. De même, Les échanges commerciaux seraient sensiblement plus faibles, diminuant d'environ 3% sur l'année et touchant les exportations de

[45] FMI : *Perspectives de l'économie mondiale*, avril 2020

toutes les économies, d'où la récession mondiale notamment dans la zone euro.

Selon les experts de l'OCDE, le ralentissement de la croissance économique dépendra de plusieurs facteurs notamment de la propagation de l'épidémie dans le monde, de la façon dont elle sera gérée par les différents Etats et des relations entre ces derniers et la Chine, berceau de la pandémie. A titre d'exemple, le Japon, la Corée du Sud ou l'Australie, devraient ressentir de plein fouet le ralentissement de la croissance en 2020. A l'inverse, d'autres régions, comme l'Amérique du Nord, seront relativement moins touchées.

En Europe, la situation est encore incertaine et dépend notamment de la conclusion ou non d'un accord de libre-échange entre le Royaume-Uni et l'Union européenne (voir graphique ci-dessous)[46].

L'OCDE revoir ses prévisions de croissance du PIB dans le monde pour 2020 à la baisse (en %)

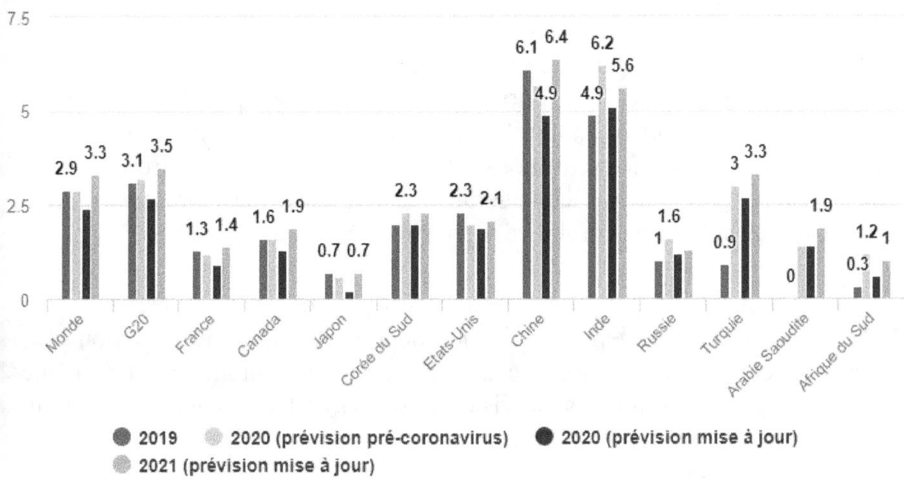

OCDE

[46] Garcin-Berson Wladimir (2020), *« Le coronavirus met « l'économie mondiale en danger »* (Rapport de l'OCDE), le Figaro, le 02/03/2020

C'est ainsi que dans leur rapport sur l'impact de la pandémie sur la croissance de l'économie mondiale, les experts de l'OCDE ont montré que vu que la Chine, est devenue l'empire du milieu, l'usine du monde et la pièce centrale dans les échanges mondiaux, l'apparition de l'infection en Chine a pu si vite perturber l'économie mondiale et les chaînes d'approvisionnement à travers le globe. L'épidémie a également un « impact sur la confiance » des consommateurs, des professionnels comme des investisseurs, dans toutes les économies, tout en limitant les voyages, la demande et la stabilité des marchés financiers.

L'OCDE souligne que cet impact négatif de la pandémie sur l'économie mondiale s'ajoute aux grandes perturbations déjà existantes au niveau mondial émanant des événements géopolitiques majeurs comme la guerre commerciale sino-américaine ou le Brexit. Fragilisée, l'activité va donc devoir encaisser un nouveau choc avec le ralentissement économique chinois d'où les limites aux perspectives de l'économie mondiale : Le passage du taux de croissance annuel des investissements dans les économies du G20 de 5% au début 2018 à 1% seulement en 2019 avec la stagnation de la production industrielle, l'affaiblissement des ventes de voitures neuves…

En prenant l'exemple du tourisme, le rapport de l'OCDE note qu'en Europe, la baisse du nombre de visiteurs venus de Chine est durement ressentie par les professionnels. Les touristes chinois représentent environ un dixième de l'ensemble des touristes. Le commissaire européen Thierry Breton a chiffré les pertes à un milliard de manque à gagner par mois pour le secteur, soit environ deux millions de nuitées en moins en Europe pour l'industrie. L*es* coûts seront considérables car le tourisme représente un peu plus de 4,25% et 7% des emplois des pays membres de l'OCDE.

De ce fait, il est très probable que l'économie mondiale connaisse en 2020 sa pire récession depuis la Grande dépression, soit une récession plus grave que celle observée lors de la crise financière mondiale il y a une dizaine d'années[47]. Selon les prévisions, le « Grand confinement » devrait entraîner une forte décroissance.

Quant aux activités de l'économie informelle qui échappent jusque-là à l'observation et aux calculs des agrégats macro-économiques, elles risquent aussi d'atteindre le point de non-retour. Une reprise partielle est prévue pour 2021, avec des taux de croissance supérieurs à la tendance, mais le niveau du

---

47 Jawad Kerdoud (2020), « *Epidémie de coronavirus : Alerte sur l'économie mondiale et marocaine* ». L'Economiste.com édition N° : 5719 le 16/03/2020

PIB restera inférieur à la tendance d'avant l'apparition du virus et la vigueur de la reprise est très incertaine.

Selon l'OMC, contrairement au commerce, le PIB a chuté plus que prévu au premier semestre de 2020, ce qui a entraîné une baisse des prévisions pour l'année. Selon des estimations consensuelles, le recul du PIB global pondéré par les taux de change du marché en 2020 serait désormais de -4,8%, contre -2,5%. La croissance du PIB devrait atteindre 4,9% en 2021, mais cela dépend fortement de la gravité de la pandémie et des mesures de politique générale adoptées.

De même, cela dépendra de l'impact de la pandémie sur les pays émergents et les pays en développement, de leurs conditions financières, de la durée des fermetures des entreprises.

Selon les prévisions du FMI, l'économie mondiale connaitra cette année un taux de croissance de 63%. On estime le déficit de la production mondiale à 200 milliards pour 2020. Le déficit est prévu à 1000 milliards en 2021. Cette production perdue ne sera pas récupérée avant 2023, et ce malgré le grand effort de soutien déployé par les Etats, le plus grand effort de soutien économique de toute l'histoire du monde (500 milliards de dollar supplémentaires approuvés par les USA et 110 milliards par la France).

De son côté, le Centre marocain de conjoncture (CMC) a publié son 51ème rapport annuel. Intitulé "2020 – 2021 : Ruptures". Ce document présente le bilan économique et social relatif à l'année 2019 et met l'accent sur les prévisions de l'année 2020, perturbée par la crise due à la pandémie du coronavirus. Le Centre Marocain de Conjoncture (CMC) a analysé l'impact de la pandémie de coronavirus sur les entreprises et l'économie mondiale et a mis le point sur l'après-crise.

Ce rapport révèle que cette crise économique mondiale a mis en évidence le recul du commerce mondial et la contraction des flux des échanges. Déstabilisés par les mesures drastiques mises en place pour atténuer les effets du coronavirus, les flux commerciaux et les Investissements Directs Etrangers (IDE) ont également baissé en 2020 en raison de la pandémie. Les exportations et les importations de marchandises ont enregistré une progression d'à peine 2%.

De même, en raison de la baisse de la demande mondiale suite aux mesures de confinement en vigueur, visant à lutter contre la propagation du coronavirus, les cours du pétrole se sont effondrés engendrant une chute de 3% du PIB mondial[48].

Cependant, le rapport annuel du CMC souligne que cette chute n'est pas due qu'à la crise du coronavirus. En réalité, ces perturbations sont dues à la reconversion des États-Unis, premier producteur mondial du pétrole brut depuis 2018.

« Les USA, qui faisaient face à une période préélectorale brouillée par la crise sanitaire, étaient tiraillés entre l'adoption de prix bas des carburants pour gagner l'adhésion des électeurs et un prix suffisamment élevé du pétrole pour préserver la rentabilité de l'exploitation des schistes ».

1.2. Impact de la pandémie sur la croissance économique régionale

Selon le FMI, le « Grand confinement » aura de graves conséquences, qui n'épargneront aucun continent et provoqueront une récession « historique » sans précédent. L'économie mondiale connaitra, dans une hypothèse optimiste, tablant sur une diminution de la pandémie au cours du second semestre 2020, une contraction du PIB mondial du 3% en 2020, contraction moins marquée que celle des États-Unis (-5,9 %) et de la zone euro (-7,5 %). Seule la Chine pourrait garder, selon le FMI, une croissance positive de 1,2 %[49].

Seulement, après une année 2019 où la croissance avait ralenti dans la plupart des économies avancées, notamment aux Etats–Unis et en zone euro, l'activité est entrée en récession au deuxième trimestre 2020, suite aux effets du confinement sanitaire lié à la propagation de « Covid-19 » et des mesures de confinement associées. Certes, la production mondiale avait était inférieure, au deuxième trimestre 2020, de plus de 10% de son niveau enregistré à fin 2019. Les échanges mondiaux avaient reculé de 15% et le marché du travail avait été gravement perturbé par les pertes d'emplois et les réductions du nombre d'heures travaillées.

Dans la zone euro, le recul a été particulièrement marqué en Espagne du fait de sa forte dépendance du tourisme, alors qu'il a été moindre en Allemagne. Le PIB de la zone euro a reculé de 14,7%, suite à la baisse de 15,9% de la consommation des ménages et de -21,4% des exportations, principaux soutiens de l'activité en zone euro.

---

[48] Khansaa B. (2020), « *Le CMC fait le point sur la crise et l'après-Covid* », www.lebrief.ma, le 02/07/2020

[49] Hamid CHABAR (2020), *« Enseignements d'une crise et opportunités pour les pays émergents »*. Tribunes le 19/05/2020

De plus, plusieurs enquêtes auprès des chefs d'entreprises ont enregistré des baisses record. Le taux de croissance oscillera autour de -7%. Selon la Directrice de la Banque Centrale Européenne (BCE), les secteurs les plus touchés sont : l'aérien, le tourisme, l'habillement, les Banques...Et d'après une étude d'une grande banque, la moitié des petites entreprises ne survivra pas à plus de 2 mois de confinement[50].

Aux Etats-Unis, le confinement avait été moins strict qu'en Europe et l'activité avait reculé de 9%, en glissement annuel, avec toutefois une baisse plus prononcée des exportations (- 23,9%). L'offre d'emploi a chuté. Les demandes initiales d'indemnités de chômage ont grimpé en flèche, atteignant des niveaux inédits. La consommation qui représente 70% du PNB a baissé avec la chute des prix des biens de consommation : 70% des ventes d'habillement, 27% pour les voitures. La consommation privée avait pour sa part, reculé de 10,2% dans un contexte de baisse de confiance des ménages.

Pour le consommateur américain, le « Covid-19 » est devenu la première des préoccupations des consommateurs loin devant le terrorisme et les attaques nucléaires.

Avec la levée partielle des restrictions de déplacements et l'allègement progressif des mesures de confinement, la croissance économique mondiale se serait légèrement redressée, au troisième trimestre 2020, situant la baisse en zone euro à -10,1% et aux Etats-Unis à -4,2%. En effet, des signes favorables de reprise seraient apparus dans la plupart des pays avancés. Portée par la hausse de la demande tant intérieure qu'extérieure et la réouverture des commerces de détail dans plusieurs pays, l'activité industrielle dans les pays avancés se serait légèrement améliorée, mais sans pour autant retrouver son niveau d'avant crise[51].

Malgré la légère reprise de l'activité mondiale au troisième trimestre 2020, l'inflation serait restée contenue dans la plupart des pays avancés pour se situer, en moyenne, à 1,2% dans les pays de l'OCDE, au lieu de 0,9% un trimestre plus tôt. Elle serait passée de 0,2% à 0,1% en zone euro et de 0,3% à 1,2% aux Etats-Unis.

Au quatrième trimestre 2020, les perspectives économiques au niveau mondial seraient incertaines. Elles resteraient tributaires de l'évolution et de

---

[50] Evolution du PIB aux Etats-Unis et en zone euro (rythme annuel en %)
Source : INSEE, octobre 2020
[51] HCP : Note de conjoncture N° 37, Octobre 2020

la durée de la pandémie, ainsi que des mesures qui seraient mises en place pour limiter sa propagation.

L'activité en zone euro ne devrait se redresser qu'à partir de 2021. L'incertitude persistante relative aux perspectives sanitaires et économiques continuerait de peser sur la consommation. L'Allemagne devrait se redresser plus rapidement que les autres pays de la zone, grâce à d'importantes mesures budgétaires. Les perspectives pour l'Espagne et l'Italie seraient plus sombres avec des niveaux élevés d'endettement qui limiteraient la possibilité d'une relance budgétaire, alors qu'en France l'économie serait stimulée par le plan de relance de 100 milliards d'euros. Dans ce contexte, l'activité en zone euro devrait reculer de 7,9% en 2020.

Aux Etats Unis, la reprise serait aussi lente et l'activité se replierait de 3,8% en 2020, en raison notamment de faillites d'entreprises en liaison avec leur niveau d'endettement déjà élevé avant la crise, qui affecterait la situation de l'emploi. La consommation serait bridée par les fortes incertitudes sur l'évolution de la situation sanitaire et sur le maintien des mesures de soutien au pouvoir d'achat. L'investissement ne progresserait que timidement, alors que les échanges extérieurs resteraient pénalisés par le recul de la demande extérieure et par les mesures protectionnistes en œuvre depuis 2018. Dans l'ensemble, le PIB mondial devrait clôturer l'année par une baisse de 4,5%[52].

Quant aux pays émergents, ils ont subi durement le choc de la pandémie et les conséquences de la récession mondiale. Seulement, l'impact de la pandémie avait été à des degrés différents en termes d'ampleur et de temporalité. En Chine, l'activité avait ralenti, sous l'effet des mesures d'endiguement et du redémarrage difficile de la consommation privée. L'économie brésilienne avait pâti aussi bien des effets de la baisse des prix de pétrole et de la demande chinoise que de ceux de la crise de « Covid-19 ». Alors qu'en Russie, l'activité avait été pénalisée à la fois par l'effondrement des marchés pétroliers et les effets de la crise sanitaire.

Avec cette pandémie, les pays émergents connaissent la chute des IDE (Les IDE chutent de 50% suite aux crises mondiales), le retrait des capitaux sur leurs marchés estimés à 100 milliards de dollars (actions, dettes…), la baisse des revenus des transferts des immigrés de 100 milliards, la dépréciation des monnaies (les monnaies du Brésil, de l'Uruguay, de la Colombie et de l'Afrique du Sud ont perdu 15% de valeur par rapport au

[52] Source : OCDE, octobre 2020

dollar américain depuis février) sans négliger le secteur informel qui est très vulnérable à ce genre de crise.

De plus, le choc des pays émergents s'explique par plusieurs facteurs notamment les marges de manœuvre qui sont limitées.

Certes, contrairement aux pays développés, les Banques Centrales des pays émergents ne peuvent pas émettre de la monnaie à la même vitesse et à la même quantité que la FED ou la BCE, d'où le recours aux institutions internationales. D'ailleurs, le FMI a déclaré que 100 pays sur 180 ont déjà demandé des prêts[53].

Dans les pays en développement, dépendant de l'exportation des matières premières, le coup d'arrêt de l'économie mondiale aura, sans conteste, des effets dévastateurs sur les équilibres socio-économiques déjà fragiles de ces pays et, partant, sur leur sécurité et leur stabilité politique.

Quant à l'impact de « Covid-19 » sur les pays africains, la pandémie a révélé la situation alarmante des systèmes de santé, la dépendance économique des pays africains et l'absence ou la fragilité des filets de protection sociale. Certes, cette pandémie affecte ces pays de différentes manières, selon leurs forces et leurs faiblesses et pourrait anéantir des années de progrès sur le plan du développement.

Au regard des perspectives économiques en Afrique 2020 de la Banque Africaine de Développement (BAD), les économies les plus touchées du continent devraient être celles qui dépendent fortement du tourisme, des transferts des migrants, du commerce international et des exportations de produits de base, et celles qui subissent de lourds fardeaux de la dette et une forte dépendance à l'égard de flux financiers internationaux volatiles.

Ainsi, selon la CNUCED, on peut en déduire que la crise actuelle s'explique par un manque de ressources qui est la conséquence, respectivement, de la fermeture des frontières, du chômage qui frappe les travailleurs africains à l'étranger, de l'atonie de la demande extérieure, des dépenses liées aux services de la dette et de la baisse des flux d'IDE allant de 25% à 40% en 2020[54].

---

[53] Jawad Kerdoudi, op.cit.

[54] El Ouazzani Thami (2020), « *Pandémie du Coronavirus en Afrique : Les 5 leçons pour le Continent* », LE MATIN Tribune, le 22/08/ 2020

En Afrique, la baisse de la croissance devrait se situer entre -1,7% et -2,6%, sans parler des perturbations majeures des chaînes d'approvisionnement attendues à ce niveau sur fond d'un recul de 51% des exportations et de 53% des importations. Les exportations de machines et équipements vers l'Afrique devraient baisser de 29% en glissement annuel à fin mars 2020, ce qui risque d'amplifier les perturbations des chaînes d'approvisionnement dans les secteurs manufacturiers. Il est à noter que les plus fortes baisses des exportations mondiales vers l'Afrique concernent les véhicules (-21%), les machines et équipements électroniques (-19%) et les vêtements et produits textiles (-18%)[55].

2. Impact de la pandémie sur le commerce mondial

2.1. Impact de « Covid-19 » sur le commerce mondial de marchandises

La pandémie a eu un impact considérable sur l'activité commerciale mondiale notamment au premier trimestre 2020. Presque toutes les régions ont enregistré des baisses à deux chiffres du volume des échanges. Selon l'OMC, la chute du commerce mondial de marchandises devrait afficher un recul de 13 à 32% en 2020 du fait de la pandémie. La reprise des échanges attendue en 2021 dépendra de la durée de l'épidémie et de l'efficacité des mesures adoptées.

Avec l'assouplissement des mesures de confinement pendant les mois de juin et juillet, la croissance du commerce des produits liés au « COVID-19 » a été particulièrement forte au cours de ces mois.

L'activité économique s'est accélérée et les bons résultats commerciaux enregistrés ont redonné un peu d'optimisme quant à la croissance globale du commerce en 2020. Seulement, cette croissance est entièrement liée à la demande de ces biens, aux stocks des entreprises et à la résurgence de la pandémie. De plus, selon l'OMC, les prévisions pour la croissance commerciale en 2021 restent pessimistes et en deçà de la tendance antérieure à la pandémie[56].

---

[55] ASMEX (2020), *« Impacts du Covid-19 sur le commerce international »*, www.ecoactu.ma, le 19/05/2020

[56] OMC (2020), « *Le commerce montre des signes de redressement suite à la Covid-19, mais la reprise reste incertaine* », www.wto.org, le 06/10/2020

Cela se traduirait par une croissance du commerce des marchandises d'environ 5% l'année prochaine, au lieu de 20% en cas de retour rapide à la trajectoire antérieure.

Les prévisions commerciales actuelles pour 2021 semblent être plus proches du scénario de faible reprise que de celui d'un retour rapide à la tendance.

Volume du commerce mondial des marchandises, 2000-2021
Indices, 2015 = 100

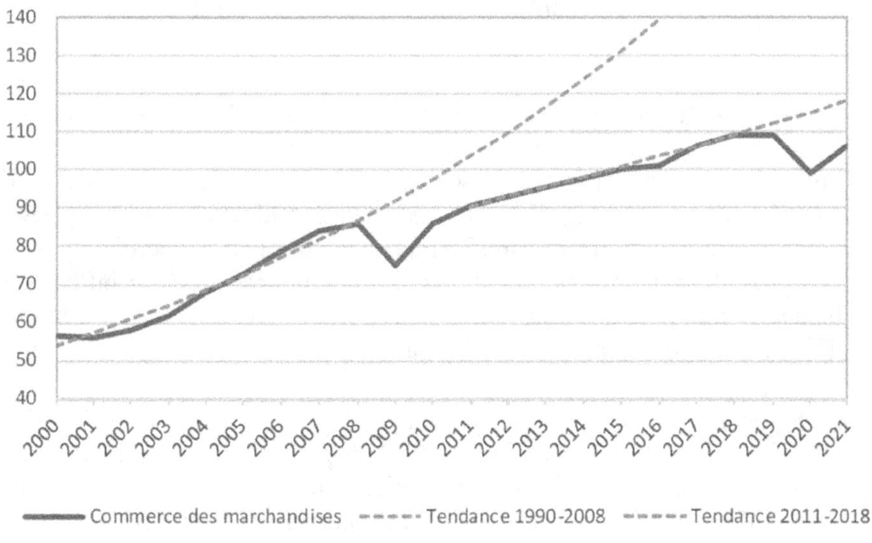

Source : Secrétariat de l'OMC.
Note : Les chiffres pour 2020 et 2021 sont des projections.

Même si le ralentissement du commerce pendant la pandémie de « Covid-19 » est comparable du point de vue de son ampleur à ce qui avait été enregistré durant la crise financière mondiale de 2008-2009, le contexte économique est très différent. La contraction du PIB a été beaucoup plus forte durant la récession actuelle, tandis que la chute du commerce a été plus modérée. En conséquence, le volume du commerce mondial des marchandises ne devrait diminuer que deux fois plus que le PIB mondial aux taux de change du marché, contre six fois plus pendant l'effondrement de 2009.

Cette divergence des résultats commerciaux au cours de l'épidémie de « COVID-19 » s'explique en grande partie par la nature de la pandémie et les politiques utilisées pour la combattre. Les mesures de confinement et les restrictions en matière de voyages ont imposé d'importantes contraintes du côté de l'offre aux économies nationales, réduisant considérablement la production et l'emploi dans des secteurs qui sont généralement résistants aux fluctuations des cycles conjoncturels, en particulier les services non marchands.

Dans le même temps, des politiques monétaire et budgétaire vigoureuses ont stimulé les revenus, ce qui a permis à la consommation et aux importations de reprendre dès que les mesures de confinement ont été assouplies.

Le gonflement de la dette publique pourrait également peser sur la croissance du commerce et du PIB à plus long terme. Bien qu'il soit peu probable que les pays riches soient confrontés à des crises de la dette souveraine du fait des politiques de relance budgétaire, les pays les plus pauvres risquent de trouver très lourde la facture liée à l'accroissement de la charge de leur dette. Les déficits budgétaires pourraient aussi influer sur les balances commerciales, en réduisant l'épargne intérieure et en creusant les déficits commerciaux dans certains pays.

Selon le Directeur général adjoint de l'OMC, "l'incidence de « Covid-19 » dans le monde a reculé par rapport au pic du printemps, mais elle reste résolument élevée dans de nombreuses régions. Le commerce a joué un rôle crucial dans la lutte contre la pandémie, permettant aux pays d'avoir accès aux produits alimentaires et médicaux essentiels. Le commerce a également encouragé de nouvelles manières de travailler pendant la crise grâce aux échanges de produits et services issus des TI. L'un des plus grands risques pour l'économie mondiale suite à la pandémie serait de céder au protectionnisme. La coopération internationale est essentielle, et l'OMC est l'enceinte idéale pour résoudre toutes les questions commerciales en suspens découlant de la crise"[57].

La poursuite de la reprise à moyen terme dépendra de la vigueur de l'investissement et de l'emploi. L'un et l'autre pourraient être compromis si la confiance était ébranlée par de nouvelles flambées de « Covid-19 », ce qui pourrait forcer les gouvernements à réintroduire des mesures de confinement.

---

[57] OMC (2020), idem

En conséquence, le risque de révision à la baisse des prévisions est important. Une correction à la hausse pourrait se produire si un vaccin ou d'autres traitements médicaux se révélaient efficaces, mais leur impact serait moins immédiat.

De ce fait, selon les prévisions de l'OMC, plusieurs facteurs peuvent impacter le commerce mondial à moyen et long termes : Le retour à un nouveau confinement suite à une résurgence de « Covid-19 » pourrait réduire la croissance du PIB mondial de 2% allant jusqu'à 4% en 2021, des perspectives incertaines pour la politique budgétaire et des marchés de l'emploi difficiles dans de nombreux pays.

Par contre, plusieurs facteurs pourraient avoir un impact positif sur l'activité commerciale mondiale : L'utilisation rapide et efficace d'un vaccin et la reprise de la confiance, les effets de richesse créés par la vigueur des marchés de l'immobilier et des marchés boursiers, les nouveaux secteurs technologiques tels que ceux de l'intelligence artificielle et du commerce électronique sans oublier que la pandémie a par ailleurs stimulé l'innovation dans des secteurs commerciaux traditionnels, qui ont tiré parti des technologies de l'information pour livrer des biens et des services au domicile des clients. Tous ces facteurs peuvent stimuler la croissance de la production en 2021 et par là l'expansion du commerce mondial.

Ainsi, selon les estimations de l'OMC, le commerce peut connaitre soit une trajectoire optimiste selon laquelle, même si le monde connait une résurgence de la pandémie, celle-ci serait mieux gérée vu les expériences acquises de la pandémie initiale, soit une trajectoire pessimiste difficilement contrôlable, avec un impact négatif sur la croissance économique et par là sur le commerce mondial.

2.2. Impact de la pandémie sur la composition sectorielle et régionale du commerce

La composition sectorielle et régionale du commerce a subi des changements qui ont été importants pendant la pandémie et qui continueront d'exercer une influence pendant la reprise.

2.2.1. Impact de la pandémie sur la composition régionale du commerce

Comme le montre le tableau ci-dessous, toutes les régions devraient enregistrer de fortes augmentations en pourcentage du volume des exportations et des importations en 2021, mais il convient de noter que cette croissance se produira à partir d'une base réduite. Il se peut donc que même de fortes variations en pourcentage ne se traduisent pas par une amélioration des conditions matérielles. Par exemple, les importations en Asie et en Amérique du Sud devraient augmenter de 6,2% et 6,5% respectivement l'an prochain, mais la hausse de l'Asie ferait suite à une baisse modérée de 4,4% cette année, tandis que celle de l'Amérique du Sud viendrait après une forte chute de 13,5% en 2020. Les importations de l'Asie enregistreraient alors un net redressement tandis que les échanges de l'Amérique du Sud resteraient fortement déprimés.

Volume du commerce des marchandises et PIB réel, 2015-2021[a] Variation annuelle en %

	2015	2016	2017	2018	2019	2020	2021
Volume du commerce mondial des marchandises[b]	2,3	1,4	4,7	2,9	-0,1	-9,2	7,2
Exportations							
Amérique du Nord	2,6	0,7	3,4	3,8	1,0	-14,7	10,7
Amérique du Sud et Amérique centrale	0,6	1,3	2,9	0,1	-2,2	-7,7	5,4
Europe	2,9	1,1	3,7	2,0	0,1	-11,7	8,2
Asie	1,3	2,3	6,7	3,7	0,9	-4,5	5,7
Autres régions[c]	1,8	3,5	0,7	0,7	-2,9	-9,5	6,1
Importations							
Amérique du Nord	5,2	0,3	4,4	5,2	-0,4	-8,7	6,7
Amérique du Sud et Amérique centrale	-7,6	-9,0	4,3	5,3	-2,1	-13,5	6,5
Europe	3,6	3,0	3,0	1,5	0,5	-10,3	8,7
Asie	2,1	2,2	8,4	4,9	-0,6	-4,4	6,2
Autres régions[c]	-3,9	-4,5	3,4	0,3	1,5	-16,0	5,6
PIB réel aux taux de change du marché	2,8	2,4	3,1	2,8	2,2	-4,8	4,9
Amérique du Nord	2,8	1,7	2,4	2,8	2,1	-4,4	3,9
Amérique du Sud et Amérique centrale	-0,8	-2,0	0,8	0,6	-0,2	-7,5	3,8
Europe	2,4	2,1	2,8	2,1	1,5	-7,3	5,2
Asie	4,3	4,2	4,8	4,1	3,9	-2,4	5,9
Autres régions[c]	1,5	2,4	1,9	2,1	1,4	-5,5	3,5

a Les chiffres pour 2020 et 2021 sont des projections.
b Moyennes des exportations et des importations.
c Les "autres régions" comprennent l'Afrique, le Moyen-Orient et la Communauté d'États indépendants (CEI), y compris les États associés et les anciens États membres.

Source : Secrétariat de l'OMC pour le commerce, estimations consensuelles pour le PIB.

De plus, au deuxième trimestre, le commerce mondial des marchandises a subi sa plus forte baisse jamais enregistrée sur une période, tombant de 14,3% par rapport à la période précédente, mais l'impact a fortement varié d'une région à l'autre. Les plus fortes contractions ont été enregistrées en Europe et en Amérique du Nord, où les exportations ont chuté de 24,5% et de 21,8%, respectivement. En comparaison, les exportations asiatiques ont été relativement peu affectées, reculant de 6,1% seulement. Au cours de la même période, les importations ont diminué de 14,5% en Amérique du Nord et de 19,3% en Europe, mais seulement de 7,1% en Asie.

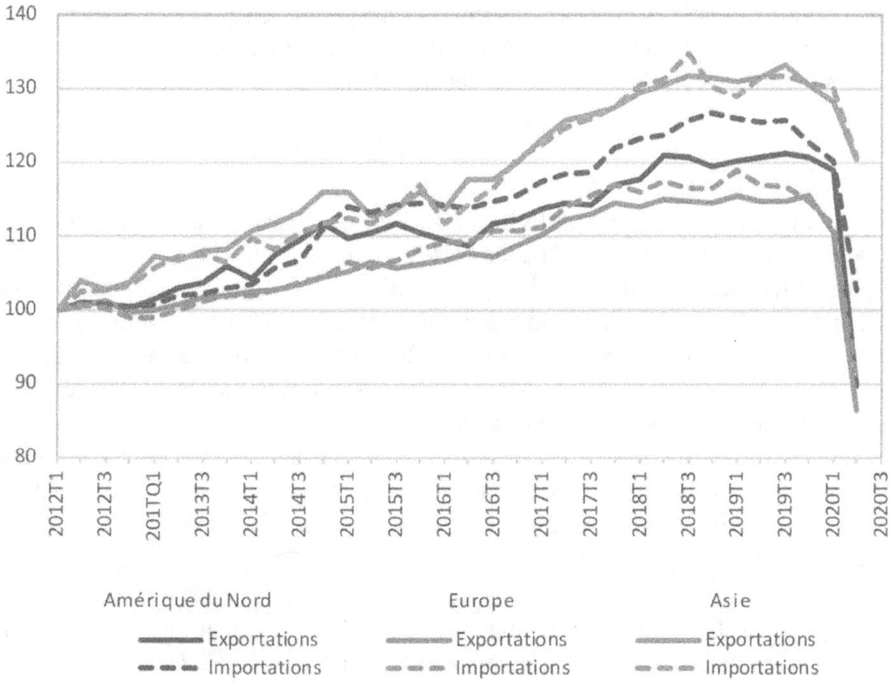

Exportations et importations de marchandises par région, 2012T1-2020T2
Indice de volume, 2012T1 = 100

Source : OMC et CNUCED.

2.2.2. Impact de la pandémie sur la composition sectorielle du commerce

La pandémie de « Covid-19 » a eu des effets dévastateurs sur le commerce pour certains types de marchandises tout en l'encourageant pour d'autres. Ainsi, le commerce des produits agricoles s'est moins contracté que la moyenne mondiale au deuxième trimestre (-5% contre -21%), étant donné que les produits alimentaires sont indispensables et ont continué d'être produits et expédiés même dans les conditions de confinement les plus strictes. Dans le même temps, le commerce des combustibles et des produits des industries extractives a chuté brutalement (-38%) à mesure que les prix se sont effondrés et que la consommation a reculé en raison des restrictions de voyage. La baisse du commerce des produits manufacturés (-19%) a été comparable à celle du commerce des marchandises dans son ensemble.

Certes, le commerce de la plupart des produits manufacturés a atteint son niveau le plus bas en avril avant d'entamer une reprise en mai et juin, mais que cette reprise a été partielle et incomplète. Les produits de l'industrie automobile ont enregistré la plus forte baisse de toutes les catégories (-70% en avril), due en partie à des perturbations de l'approvisionnement et en partie au manque de demande des consommateurs. En juin, leur commerce avait repris et n'était en baisse que de 26% par rapport à l'année précédente. Pour ce qui est du deuxième trimestre dans son ensemble, le commerce de ce groupe de produits a diminué de 53%. Les articles de voyage et les sacs à main ont également accusé une forte baisse en avril, étant donné que cette catégorie se compose en grande partie d'articles de luxe, dont la consommation tend à augmenter et à diminuer en fonction des cycles conjoncturels.

En juin, le commerce du matériel de télécommunication, qui comprend les smartphones, avait augmenté de 2% par rapport à la même période l'année précédente. Le commerce d'autres types de produits électroniques s'est lui aussi bien maintenu pendant la crise, les ménages, les entreprises et les administrations ayant modernisé leurs ordinateurs et leur infrastructure des technologies de l'information pour faciliter le télétravail. Sans surprise, le commerce des produits pharmaceutiques a augmenté pendant la pandémie car les pays se sont approvisionnés en produits essentiels auprès de fournisseurs étrangers.

Le commerce des équipements de protection individuelle a enregistré une croissance explosive, de 92% au deuxième trimestre et de 122% en mai, un exemple spectaculaire de la contribution positive que le commerce a apportée à la lutte contre la pandémie.

2.3. Impact de la pandémie sur le commerce des services internationaux

L'impact de la pandémie est cependant bien plus visible dans le secteur des services internationaux. Les principales victimes sont le tourisme international, le transport aérien de passagers et le transport par conteneurs. Les transactions financières mondiales ainsi que les services des technologies de l'information et de la communication ont également connu une baisse significative[58].

Certes, il est probable que le commerce chute plus brutalement dans les secteurs ayant des chaînes de valeur complexes, notamment l'électronique et les produits automobiles. Le commerce des services pourrait être plus directement touché en raison des restrictions visant les transports et les voyages. La baisse du commerce des services pendant la pandémie a été au moins aussi forte que celle du commerce des marchandises. Il n'existe pas de statistiques complètes sur le commerce des services en volume car les données relatives aux prix ne sont généralement pas disponibles, mais une mesure approximative du volume du commerce des services peut être obtenue en ajustant les statistiques du commerce des services commerciaux en valeur nominale de façon à tenir compte des taux de change et de l'inflation. En glissement annuel, le commerce mondial des services a accusé une baisse beaucoup plus forte pendant la récession actuelle (-23% du sommet au point le plus bas) que pendant la crise financière (-9%). La crise a été aggravée par les restrictions imposées sur les voyages internationaux, qui représentent une source essentielle de recettes d'exportation pour de nombreux pays à faible revenu.

---

[58]OMC(2020),Services Trade Barometer, https://www.wto.org/english/news20_e/wtoi811mars20_e.pdf) 11/03/ 2020

Indice de l'activité concernant le commerce mondial des services, 2007T1-2020T2
Indice, 2015 = 100

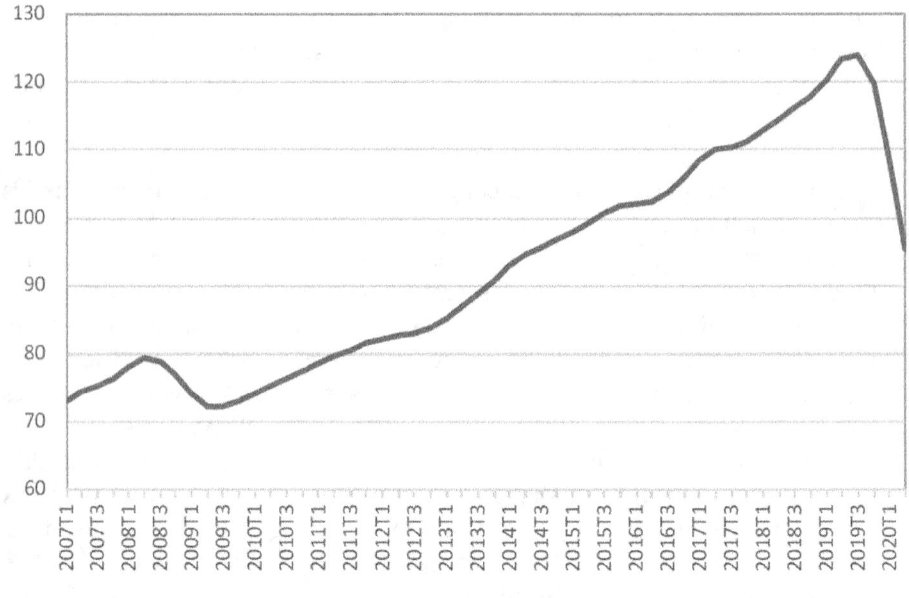

Source : Estimations du Secrétariat de l'OMC.

De ce fait, les changements drastiques de l'offre et la demande des biens et services ainsi que les perturbations des liens commerciaux et des règles commerciales imposés par la pandémie du « Covid-19 » ont un impact direct sur la croissance et sur le commerce international. Certes, l'épidémie de « Covid-19 », en provoquant de profondes perturbations du commerce mondial a affecté à la fois l'offre et la demande de l'économie mondiale.

3. Impact de la pandémie sur les variations des taux de change

L'impact de la pandémie sur les variations des taux de change s'explique par les déséquilibres extérieurs de l'économie mondiale et le choc qui a été brutal notamment d'une région à une autre.

Certes, dans un contexte où l'économie mondiale est toujours aux prises avec la crise du « Covid-19 », les perspectives extérieures sont très incertaines. La crise a entraîné une forte réduction des échanges commerciaux et de fortes variations des taux de change, mais une réduction limitée des déficits et excédents des transactions courantes à l'échelle mondiale.

Le monde a été frappé par la pandémie de « Covid-19 » alors qu'il présentait des déséquilibres extérieurs persistants. Les risques de nouvelles vagues de contagion, d'inversion des flux de capitaux et de de nouvelle diminution des échanges internationaux risquent de s'annoncer. En réalité, la situation des déséquilibres extérieurs mondiaux varie d'un pays à l'autre. Les pays qui dépendent de secteurs gravement touchés, comme le pétrole et le tourisme, ou sont tributaires des envois de fonds, pourraient voir leur solde des transactions courantes chuter de plus de 2 % du PIB.

De plus, les pays qui empruntent rapidement à l'étranger, en enregistrant des déficits extérieurs, peuvent devenir vulnérables à un arrêt soudain des flux de capitaux. Les pays courent également le risque d'investir une trop grande partie de leur épargne à l'étranger alors que des besoins d'investissement se font sentir sur le plan intérieur. La difficulté consiste à déterminer quand les déséquilibres sont excessifs ou présentent un risque.

Selon certains analystes, les déficits et les excédents des transactions courantes se situaient juste au-dessous de 3 % du PIB mondial en 2019, soit à un niveau légèrement inférieur à celui de l'année précédente. D'après les dernières prévisions pour 2020, ils ne devraient diminuer que d'environ 0,3 % du PIB mondial, soit une baisse plus modeste que celle enregistrée après la crise financière mondiale d'il y a dix ans.

En réalité, ces déséquilibres se sont accumulés au fil du temps : les encours d'actifs et de passifs extérieurs ont atteint des sommets historiques, ce qui peut être source de risques tant pour les pays débiteurs que pour les pays créanciers. La persistance des déséquilibres mondiaux et la perception croissante d'une inégalité des conditions de concurrence sur le plan commercial ont attisé les velléités protectionnistes, ce qui a entraîné une montée des tensions commerciales entre les États-Unis et la Chine. Dans l'ensemble, de nombreux pays présentaient des facteurs de vulnérabilité préexistants et des distorsions subsistantes lorsque la crise a débuté.

Les priorités immédiates consistent à apporter une aide d'urgence et à promouvoir la reprise économique. Une fois que la pandémie se sera atténuée, les pays excédentaires comme les pays déficitaires devront consentir un effort collectif de réforme pour réduire les déséquilibres extérieurs de l'économie mondiale. De nouveaux obstacles au commerce ne seront pas efficaces à cet égard[59].

---

[59] Kaufman Martin et Leigh Daniel (2020), *« Déséquilibres de l'économie mondiale et crise de la COVID-19 »*, www.imf.org, le 04/08/2020

4. Impact de la pandémie sur les IDE : chute drastique des IDE dans le monde en 2020

La crise de « Covid-19 » a eu un impact sur les Investissements Directs étrangers. La Conférence des Nations Unies sur le Commerce et le Développement (CNUCED) prévoit que l'épidémie de « Covid-19 » entraînera une chute des IDE en 2020[60]. La demande a également été touchée. Les consommateurs du monde entier souhaitent épargner plutôt que consommer. Ce phénomène peut être attribué à une crainte commune de perte de revenus (due par exemple au chômage) et à une incertitude accrue.

Dans l'ensemble, il faut s'attendre à une baisse continue du volume du commerce international dans les mois à venir. L'ampleur de ce déclin est difficile à prévoir.

Ainsi, selon la Conférence des Nations unies pour le commerce et le développement (CNUCED), les IDE ont connu une chute de 49% au premier trimestre 2020 et un ralentissement au second semestre et devraient enregistrer une baisse annuelle de 30 à 40% en 2020 au niveau mondial. Les principales formes d'investissement ont été touchées : Du financement des infrastructures aux fusions et acquisitions.

Au cours du premier semestre, les économies développées ont enregistré la chute la plus importante des IDE, s'effondrant de 75% dans les pays riches, à 98 milliards de dollars, un niveau jamais atteint depuis 1994. Pour la même période, les flux d'IDE vers l'Europe sont pour la première fois tombés dans le rouge. Les flux d'IDE en Amérique du Nord ont, quant à eux, chuté de 56%.

Quant aux flux d'IDE vers les économies en développement, ils ont diminué moins que prévu (-16%) : Par région, ils ont reculé de 28% vers l'Afrique, de 25% vers l'Amérique latine et les Caraïbes, et de 12% vers l'Asie, principalement en raison de la résistance des investissements vers la Chine.

Selon la CNUCED, "Les perspectives restent très incertaines, et dépendent de la durée de la crise sanitaire et de l'efficacité des interventions

---

[60] UNCTAD (2020), Impact of the Coronavirus Outbreak on Global FDI, mars 2020-09-28
https://unctad.org/en/PublicationsLibrary/diaeinf2020d2_en.pdf?user=1653

politiques visant à atténuer les effets économiques de la pandémie »[61]. Elle prévoit une baisse plus modérée des IDE en 2021, pouvant atteindre -10%.

5. Impact de la pandémie sur les entreprises à l'échelle mondiale

La pandémie du coronavirus a perturbé de plein fouet les entreprises au niveau mondial. Selon l'OMC, *« Le confinement a forcé de nombreuses entreprises à ralentir voire à stopper leur activité et a par ailleurs provoqué un effondrement de la consommation. Un double choc de demande et d'offre est à l'œuvre »*. Ainsi, en 2020, le monde devrait connaître une récession historique.

D'après une étude effectuée par Coface (référence mondiale en matière d'assurance-crédit et de gestion des risques) sur l'impact de cette pandémie sur les entreprises, l'année 2020 signera la première récession de l'économie mondiale depuis 2009 : (-1,3% contre +2,5% en 2019), une récession qui devrait toucher 68 pays (contre 11 en 2019), un recul du commerce mondial en volume de 4,3% (contre -0,4% en 2019) et une augmentation de 25% des défaillances d'entreprises dans le monde (contre seulement +2% prévu en janvier dernier).

L'étude de Coface précise également que le risque de crédit sera en très forte hausse, notamment pour les premières forces économiques mondiales, dont les États-Unis (+39%), le Royaume-Uni (+33%), l'Espagne (+22%), l'Italie (+18%), la France (+15%) et l'Allemagne (+11%)[62].

Parallèlement, et sur le plan financier, les prémices d'un krach boursier se précisent de jour en jour, en raison, cette fois-ci, d'un dérèglement de l'économie réelle et non spéculative comme ce fut le cas en 2008. Certes, la crise sanitaire a poussé les Etats à prendre des mesures de confinement et de fermeture des frontières qui ont engendré une paralysie du trafic aérien et, dans une moindre mesure, celle du trafic maritime d'où l'impact négatif sur les échanges commerciaux des biens et service et par conséquence sur les entreprises.

Par ailleurs, avec la chute des prix du pétrole, une récession sans précédent s'annonce en raison aussi bien d'une baisse de la demande que

---

[61] CNUCED (2020), *« Investissements : chute drastique des IDE dans le monde en 2020 »*, www.leboursier.ma, le 27-10-2020

[62] Mohammed L(2020), « *Les petites et moyennes entreprises en pleine souffrance* ». www.lebrief.ma, le 08/04/2020

d'une contraction de l'offre. Elle pourrait enregistrer des taux négatifs, jamais atteints, du moins depuis la première guerre mondiale.

6. Les conséquences à long terme de « Covid-19 » sur l'économie mondiale

La crise du « Covid-19 » peut avoir un impact à long terme sur l'économie mondiale qui repose sur la spécialisation de la main d'œuvre dans les différents pays. Conformément à la théorie de l'avantage comparatif, qui constitue le fondement du système actuel d'échange international de biens et de services, cette spécialisation permet de maximiser la production totale et d'améliorer le bien-être.

La pandémie « Covid-19 » a toutefois montré que les avantages évidents du système s'accompagnent de coûts et peuvent connaître des limites notamment en temps de crise. Comme l'ont fait remarquer deux commentateurs, « les fournisseurs à source unique ou les régions du monde qui se spécialisent dans un produit particulier, peuvent créer une fragilité inattendue dans les moments de crise, provoquant l'effondrement des chaînes d'approvisionnement ».

De telles perturbations peuvent avoir des répercussions importantes, tant sur les entreprises individuelles que sur les systèmes mondiaux de distribution[63].

Par exemple, la Chine est un fournisseur mondial dominant de principes actifs pour de nombreux médicaments importants. En 2018, elle représentait 95% des importations américaines d'ibuprofène, 91% d'hydrocortisone, 40 à 45% de pénicilline et 40% d'héparine[64].

Une telle situation devient particulièrement problématique en temps de crise lorsque les installations de production ne sont pas pleinement opérationnelles, alors que la demande du marché intérieur peut obliger les pays à réorienter une partie de leurs exportations. Cela est également vrai pour d'autres secteurs, même si les conséquences d'éventuelles perturbations ne sont pas aussi dramatiques. Ce risque nouvellement découvert peut

---

[63] J. Mcgregor (2020), « Revised NAFTA Will Not Take Effect on june 1, as Trump Had Hoped », CBC,https://www.cbc.ca/news/politics/tuesday-nafta-june-coming-into-effect-1.5516490,le31/03/ 2020

[64] D. Palmer and F. Bermingham (2019), « U.S. policymakers Worry about China ' Weaponizing' Drug Exports », Politico, https://politi.co/2QXHIDX, le 20/12/2019

éventuellement entraîner de profonds changements dans les chaînes d'approvisionnement existantes.

Les premiers signes d'un tel processus ont été visibles les dernières années avec l'administration Trump. Le président américain avait fait pression sur les entreprises américaines (bien que pour des raisons différentes) pour qu'elles rapatrient leur production aux Etats-Unis, ou du moins en dehors de la Chine[65].

Il est intéressant de noter qu'il semble que les entreprises privées et les gouvernements pourraient maintenant être intéressés par l'introduction de telles modifications. Du point de vue des entreprises privées, le raccourcissement et la diversification des chaînes d'approvisionnement peuvent constituer une stratégie rationnelle qui leur permet d'assurer un fonctionnement plus fluide et d'éliminer le risque de pénurie d'approvisionnement.

Pour les gouvernements, cela peut être un moyen de limiter la dépendance à l'égard d'un pays (en particulier dans les situations d'urgence) et, par conséquent, de mieux se préparer aux crises futures.

S'appuyant sur l'histoire, certains commentateurs affirment que les conséquences de la pandémie seront encore plus importantes. Ils prévoient une transformation profonde et durable du processus de mondialisation[66].

Le nouveau monde, tel qu'il devrait émerger, serait caractérisé par des règles d'immigration plus strictes, de nouvelles barrières au commerce et à l'investissement et un découplage technologique, avec un rôle central

---

[65] J.-R. Reed (2019), « *President Trump Ordered US Firms to Ditch China, but Many Already Have and More Are on the Way* », CNBC, https://www.cnbc.com/2019/09/01/trump-ordered-us-firms-to-ditch-china-but-many-already-have.html, le 01/09/2019

[66] Harold James (2020), « *A Pandemic of Deglobalization ?* », Project Sundicate , https://www.project-syndicate.org/commentary/covid-19-deglobalization-pandemic-by-harold-james-2020-02/28_la=english$a_ d=5e58de3b29fcb333181b4a51a_m-a_a_click$a_s , le 28/02/2020

réservé aux Etats plutôt qu'aux institutions internationales (car il semble que seuls les Etats soient capables d'offrir des solutions aux défis existentiels tels que la pandémie de « Covid-19 »)[67].

La probabilité de ce scénario est encore accrue par divers développements récents. L'ordre international existe en fait depuis un certain temps. Dans ce contexte, il convient de noter que certaines institutions multilatérales ont été marginalisées. L'OMC peut servir ici de parfait exemple avec son système de règlement des différends partiellement paralysé[68].

L'Union européenne, traditionnellement très ouverte au commerce international, a récemment adopté une position plus affirmée dans sa volonté d'imposer plus vigoureusement ses droits antidumping, ses mesures compensatoires et ses sanctions commerciales, ainsi qu'un examen stratégique des investissements[69]. Le découplage technologique, vu par la Chine et les Etats-Unis en termes de concurrence pour la suprématie technologique mondiale, a été un élément important de leur guerre commerciale[70].

III Impact de la pandémie sanitaire sur les inégalités sociales et l'aggravation de la pauvreté

Depuis mars 2000, dans la quasi-totalité des pays, la crise sanitaire a aggravé la situation sociale des plus vulnérables et plongé nombre de foyers précaires issus des quartiers populaires dans une pauvreté inédite. Un an de pandémie, un an de dégringolade économique et sociale, de récits tragiques et de témoignages déchirants[71]. Certes, avec la crise, la pauvreté s'enracine. Cette « crise violente » a empêché les personnes en précarité d'en sortir et elle a précipité dans la pauvreté celles qui en étaient proche. De plus, la

---

[67] Lukasz Gruszczynski (2020), « Covid-19 et le commerce international : turbulences temporaires ou changement de paradigme ? », revue européenne de droit, l'observatoire géopolitique du covid-19 ,https://legrandcontinent.eu/fr/2020/06/23/covid-19-et-commerce-international-turbulences-temporaires-ou-changement-de-paradigme/, le 23/06/2020

[68] Ibid

[69] Hans von der Burchard, Jacopo Bariguazzi et Kalina Oroshakoff (2019), « Voici le protectionnisme européen »,https://www.politico.eu/article/european-protectionism-trade-technology-defense-environment/, le 31/12/2019

[70] Lukasz Gruszczynski, op. cit.

[71] Louise Couvelaire (2021), « Je me suis sentie humiliée ». Des familles racontent comment la crise a fait basculer leur vie précaire, Le Monde du 05/05/2021

pandémie sanitaire a « démultiplié » les inégalités sociales et l'aggravation de la pauvreté.

La France, à l'image d'autres pays n'a pas échappé à cette crise sociale. D'après une étude réalisée en France par le Conseil national des politiques de lutte contre la pauvreté et les exclusions (CNLE), la pandémie qui a d'abord mis l'économie à l'arrêt, entre mars et mai 2010, puis l'a bridée depuis bientôt un an, a aussi tendu à la société française un miroir grossissant des inégalités, des mécanismes d'exclusion et de la pauvreté.

Le CNLE estime que les pertes de ressources ont affecté plus du tiers des ménages les plus modestes. Humiliées et en colère, des familles racontent comment l'épidémie a fait basculer leur vie avec la perte de leur emploi, leur logement et leur revenu. Les plus précaires ont également souffert de la fermeture des services publics. Cette fermeture brutale pour cause de confinement, en mars 2020, des accueils de nombreux services publics, Pôle emploi, la Poste, Crous (œuvres universitaire), préfectures, guichets de sécurité sociale, allocations familiales, a pris de court ces services eux-mêmes et surtout leurs usagers. Selon Angélique Créteau, ancienne sans abri et représentante des « personnes accompagnées » au sein du Conseil national des politiques de lutte contre la pauvreté et l'exclusion (CNLE), *« L'accès aux services publics a été l'un des premiers sujets d'inquiétude des personnes précaires »*[72].

De plus, les jeunes et les étudiants sont particulièrement touchés. La souffrance d'une partie de la jeunesse est insuffisamment prise en compte[73].

Ainsi, le gouvernement a demandé aux instituts statistiques d'accélérer la publication de leurs données sur le chômage, les minima sociaux et le pouvoir d'achat et chargé le Conseil national des politiques de lutte contre la pauvreté et les exclusions de lui fournir des rapports qualitatifs sur l'impact de la crise sur les précaires.

Le premier de ces rapports, qui sera remis au premier ministre et titré «La pauvreté démultipliée» détaille, au fil de ses 150 pages, les effets

---

[72] Isabelle Rey-Lefebvre (2021), « Sans services publics, les précaires démunis », le Monde du 05/05/2021

[73] Le Conseil national des politiques de lutte contre la pauvreté et les exclusions sociales remettra ces prochains jours au premier ministre un rapport sur l'impact de la crise sanitaire sur les précaires. Isabelle Rey-Lefebvre (2021), « Avec la crise, la pauvreté s'enracine», Le Monde du 5/05/ 2021

multidimensionnels, sanitaires, sociaux, économiques, psychologiques, de la crise sanitaire.

Dans leur contribution au rapport du CNLE, les sociologues Anne Lambert et Joanie Cayouette-Remblière, de l'Institut national d'études démographiques analysent la gravité de la situation sociale et déclarent que « *Ces semaines de confinement ont rendu plus visibles les inégalités et creusé l'écart déjà abyssal qui sépare les conditions d'existence des français, en raison de l'essor des formes atypiques d'emploi* ». « *C'est de cette manière disent-elles, que des ménages modestes, au parcours peu linéaire, à la frontière du salariat et du travail indépendant, sans grande épargne, ni patrimoine, mais cependant pas considérés comme pauvres sur le plan monétaire, ont été frappés de plein fouet* ».

Selon Fiona Lazaar, députée (ex-LRM) du Val-d'Oise et présidente du CNLE, cette crise violente se caractérise par un triple mécanisme. « *Elle a d'abord empêché les personnes en précarité d'en sortir ; elle a ensuite précipité dans la pauvreté des gens qui en étaient proches, en particulier les salariés et indépendants à statut déjà précaire, enfin, et c'est un choc, elle a beaucoup pesé sur la jeunesse, les étudiants, à un moment charnière dans leur vie et avec, peut-être, des conséquences néfastes à long terme. Les effets de la crise sont loin d'être homogènes pour toute la population et dans tout le territoires* ».

La dernière enquête de l'Insee parue le 8 avril 2021 révèle que 300 000 emplois ont été détruits entre décembre 2019 et décembre 2020, touchant d'abord les intérimaires, les CDI, les saisonniers, éternelle d'ajustement de l'économie. Certes, les pertes de revenu, lors du premier confinement, ont touché un quart des ménages, mais 35% des 10% les plus modestes, voire 38% si l'on exclut les retraités aux ressources par définition stables. C'est cependant bien moins que l'après-crise de 2008 et son million d'emplois perdus.

Selon les derniers chiffres de la direction de la recherche, des études, de l'évaluation et des statistiques, publiés le 30 avril 2021, la montée du nombre de bénéficiaires du revenu de solidarité active (RSA) est moins forte qu'attendu : les départements, financeurs du RSA, se préparaient à une hausse de 10%, sur un an, mais elle a plafonné à 8% en août 2020 et reflue depuis, à 6% en janvier 2021 puis à 4,8% en février. D'ailleurs, Nicolas Duvoux, sociologue professeur à l'Université Paris-VIII et président du comité scientifique du CNLE précise que « *Le bilan qu'établit notre rapport est plus qualitatif que quantitatif. La brutalité du choc économique se traduit par, entre autres, l'augmentation du nombre des bénéficiaires du RSA surtout due au nombre moindre de sortie du dispositif : Les pauvres ont été bloqués dans leur situation. Les salariés modestes, ouvriers et employés, ont malgré l'aide de l'Etat, subi d'importantes pertes de revenus* ».

Analysant la situation misérable des étudiants, Nicolas Duvoux ajoute « *la faim qu'ont connue de nombreux étudiants a choqué, mais cela fait longtemps que l'on sait qu'une fraction de la jeunesse est exposée à la pauvreté qui touchait déjà, avant la crise, 21% des 18-19 ans, soit le plus gros contingent des pauvres* ». Les aides exceptionnelles développées pour les boursiers et les jeunes dont l'activité salariée est brusquement réduite, ainsi que les repas à 1 euro pour les étudiants, ont soulagé sans guérir. Pour M. Duvoux, « *il est frappant que l'Etat ait d'abord pensé à protéger les salariés stables, avec les mesures de chômage partiel, puis, dans un deuxième temps, débloqué des aides pour les allocations des minima sociaux ou les étudiants boursiers, comme si ces publics étaient moins visibles* ».

De son côté, Mme Laazar suggère des solutions à la crise des jeunes. Elle précise : « A propos des jeunes, je ne parlerai toutefois pas de « génération Covid sacrifiée », *mais la souffrance d'une partie de la jeunesse est insuffisamment prise en compte. IL faut leur assurer une sécurité de revenu sous forme de « garantie jeunes » ou de « revenu jeunes », peu importe le nom, pour qu'ils retrouvent des perspectives et confiance dans l'avenir* ».

Par ailleurs, Mme Laazar ajoute que « *Les associations et les membres du CNLE directement concernés par la pauvreté nous ont alertés sur deux conséquences qui n'avaient pas été observées après la crise économique de 2008. La première est psychologique, c'est la peur d'être malade, l'angoisse d'être confiné qui ont beaucoup touché les personnes âgées, avec le sentiment d'être isolées voire abandonnées. L'autre est sociale, c'est la difficulté d'accéder aux services publics qui ont, quand même, fait de leur mieux et souvent répondu présent, mais via une dématérialisation qui pose des difficultés aux publics les lus exclus* ».

Conclusion

Les épidémies n'ont pas attendu la mondialisation ni la crise du coronavirus pour s'étendre à l'ensemble du globe. Dès l'antiquité, les maladies ont décimé des populations entières en l'espace de quelques mois voire quelques jours, déclenchant la terreur des habitants face à un mal inconnu.

La pandémie de « Covid-19 » a un coût humain considérable et de plus en plus élevé dans le monde entier. Pour sauver des vies et permettre aux systèmes de soins de faire face à la situation, il a fallu prendre des mesures d'isolement, de confinement et de fermeture généralisée en vue de ralentir la propagation du virus. La crise sanitaire a ainsi de graves répercussions sur l'activité économique. En raison de la pandémie, l'économie mondiale devrait connaître une forte contraction de 3 % en 2020.

Outre les souffrances humaines considérables, l'épidémie du coronavirus a un fort impact sur l'économie mondiale. Des mesures de confinement ont été prises par plusieurs pays du monde, d'où une baisse de la production suite à la perturbation des chaînes d'approvisionnement, une chute des transports notamment aériens, une diminution des investissements du fait du manque de visibilité. Presque toutes les activités économiques ont été touchées, car la Chine est le pilier central des échanges internationaux et « l'usine du monde ».

Bien que certaines des conséquences à court terme de la pandémie « Covid-19 » sur le commerce international soient graves, elles ne semblent pas être ingérables. De ce point de vue, on pourrait s'attendre à ce que, une fois la pandémie disparue (ou du moins maîtrisée), le commerce international reprenne son cours normal. Toutefois, dans une autre temporalité, l'impact potentiel de la pandémie pourrait être plus profond que prévu entraînant alors des changements structurels dans le processus de mondialisation économique.

Alors que les graines d'un tel processus ont été semées il y'a quelques temps, la pandémie du « Covid-19 » pourrait exacerber les tendances actuelles des Etats à se replier sur eux-mêmes et à se faire concurrence plus ouvertement pour la domination économique et politique dans le monde.

Face à une telle situation alarmante, Les Etats sont confrontés à une situation inédite. Ils ne doivent pas hésiter à prendre des mesures urgentes en donnant la priorité à la lutte contre la propagation de l'épidémie à l'ensemble de la planète, mais ils doivent également initier des plans de relance économiques.

CHAPITRE II : Les Plans de relance et les perspectives pour un rééquilibre de l'économie mondiale

Face à la pandémie mondiale, les prévisions de croissance mondiale sont extrêmement incertaines. Les conséquences économiques dépendent de facteurs dont l'interaction est difficile à prévoir, notamment l'évolution de la pandémie, l'intensité et l'efficacité des mesures d'endiguement, l'ampleur des perturbations de l'approvisionnement, les répercussions du resserrement spectaculaire des conditions financières mondiales, les mutations des schémas habituels de dépenses, les changements de comportement (la population évite les centres commerciaux et les transports publics, par exemple), les effets sur la confiance et la volatilité des cours des produits de base. De nombreux pays font face à une crise à plusieurs niveaux : Choc sanitaire, perturbations économiques internes, chute de la demande extérieure, retournement des flux de capitaux et effondrement des cours des produits de base. Les risques d'une aggravation de la situation prédominent.

Il est indispensable de prendre des mesures efficaces pour éviter de pires résultats. Ces mesures visant à atténuer la contagion et à préserver des vies humaines auront un effet néfaste à court terme sur l'activité économique, mais doivent être considérées comme un investissement important dans la santé humaine et économique à long terme.

Face à une telle situation alarmante et compte tenu du caractère imprévisible de ladite crise et des défis majeurs qu'imposent les « états d'urgence sanitaire », les décisions prises par les gouvernements obéissent à un arbitrage entre la « santé des citoyens » et la « santé de l'économie ».

De plus, face au choc sanitaire et économique et devant la baisse constatée de la demande conjuguée à la perturbation des chaînes d'approvisionnement, les Etats et les institutions se trouvent dans l'obligation de réagir.

I- Plans de relance et réactions des Etats

Afin de faire face à la situation alarmante due au choc sanitaire et économique et devant la baisse constatée de la demande conjuguée à la perturbation des chaînes d'approvisionnement, les Etats et institutions se trouvent dans l'obligation de réagir.

Le coup de frein brutal de l'activité a déclenché une réaction rapide et énergique des pouvoirs publics. Certains Etats ont eu recours à des mesures de politique commerciale liées au « Covid-19 ». D'autres pays ont rapidement commencé à mettre en place un ensemble de mesures incitatives et correctives. Il s'agit d'une prise en charge totale ou partielle des salaires du secteur privé, du décalage des dettes des foyers et des entreprises, aides directes aux plus démunis et baisse des taux directeurs des Banques centrales…

1. Dilemme des Etats : Arbitrage entre la « santé des citoyens » et la « santé de l'économie »

Les Etats sont confrontés à une situation inédite et se trouvent devant un dilemme : Déconfiner pour sauver l'économie et soulager le coût social résultant de la gestion de cette pandémie ou continuer à faire observer le confinement pour sauver les vies humaines. Ils ne doivent pas hésiter à prendre des mesures urgentes en donnant la priorité à la lutte contre la propagation de l'épidémie à l'ensemble de la planète, mais ils doivent également initier des plans de relance économiques. De ce fait, la perspective de « déconfinement » est scrutée avec soulagement mais aussi avec anxiété et angoisse. La reprise de l'activité économique sera longue, douloureuse et coûteuse et ne permettra certainement pas de renouer avec la croissance, du moins à court terme. De plus, la reprise sera graduelle et inégale.

C'est pourquoi la compréhension du processus de décision et les logiques d'action des gouvernements passent par l'appréhension de la nature même des rapports multiformes régissant les individus, les organisations privées et les gouvernements des Etats.

2. Mesures de politique commerciale liée à la crise de « Covid-19 »

Face au choc et à l'ampleur de la crise, certains Etats ont eu recours à des mesures de politique commerciale liées à la crise de « Covid-19 ». En particulier, certains pays ont décidé d'établir des contrôles à l'exportation de certains produits médicaux (par exemple, les ventilateurs médicaux, certains médicaments, les équipements de protection individuelle) sous la forme d'interdictions temporaires d'exportation ou de l'ajout d'exigences en matière de licences/autorisations.

D'autres pays, soucieux de la sécurité de leurs approvisionnements alimentaires, ont introduit des restrictions à l'exportation de produits agricoles spécifiques, et ces décisions ont suscité de véritables inquiétudes quant aux pénuries alimentaires potentielles sur le marché mondial au cours de la deuxième partie de l'année[74].

Le problème semble suffisamment grave pour avoir conduit à une déclaration conjointe des directeurs généraux de l'Organisation des Nations Unies pour l'alimentation et l'agriculture (FAO), de l'Organisation Mondiale de la Santé (OMS) et de l'Organisation Mondiale du Commerce (OMC), dans laquelle ils ont noté que « l'incertitude quant à la disponibilité des denrées alimentaires peut déclencher une vague de restrictions (supplémentaires) à l'exportation, créant ainsi une pénurie sur le marché mondial ».

Dans ce contexte, ils ont appelé les pays à veiller à ce que leurs mesures commerciales ne perturbent pas la chaîne d'approvisionnement alimentaire[75].

Toutefois, il serait erroné de penser que la situation épidémiologique actuelle n'a fait qu'entrainer une vague de restrictions commerciales. Le tableau est beaucoup plus complexe. En effet, un certain nombre d'Etats ont récemment supprimé ou suspendu certains contrôles commerciaux.

Par exemple, l'Argentine a suspendu ses droits *antidumping* sur les importations de certains produits médicaux en provenance de Chine, tandis-que le Canada a temporairement supprimé les droits de douane pour des catégories spécifiques de produits s'ils sont importés par des organismes de santé publique, des hôpitaux et des sites de test, ou s'ils sont destinés à être utilisés par des organismes de première intervention[76].

---

[74] D. Palmer and F. Bermingham (2019), *« U.S. policymakers Worry about China ' Weaponizing' Drug Exports »*, Politico, https://politi.co/2QXHIDX, 20/12/ 2019

[75] Déclaration conjointe de Q. Dongyu, T. Adhanom Ghebreyesus et R. Azevêdo, directeurs généraux de la FAO, de l'OMS et de l'OMC, https://www.wto.org/english/news_e/news20_e/igo_26mar20_e.htm,31/03/2020

[76]OMC (2020), *COVID-19 :* Trade and Trade-Electated Measures, https://www.wto;org/english/tratop_e/covid19_e/covid_measures_e,pdf, 29/03/ 2020

Il est intéressant de noter que certaines restrictions commerciales ont été temporairement réduites, même entre les Etats-Unis et la Chine, les deux rivaux qui se sont trouvés pris dans une guerre commerciale au cours des deux dernières années. En particulier, les Etats-Unis ont décidé d'exclure une série d'équipements et d'appareils de protection médicale des droits supplémentaires imposés précédemment au titre de leur article 301 et de nouveaux produits pourraient être ajoutés à cette liste à l'avenir.

De même, la Chine a accordé des exclusions temporaires de ses contre-droits pour certains produits américains tels les réactifs pour les tests ou des désinfectants[77].

La pandémie a également ralenti la progression de diverses initiatives commerciales internationales dans le monde entier, car les Etats sont actuellement préoccupés par la crise. Citons par exemple, le nouvel accord entre les Etats-Unis, le Mexique et le Canada (appelé USMCA) qui est censé remplacer l'accord actuel de l'ALENA. Bien qu'il ait déjà été ratifié par les trois parties, son entrée en vigueur dépend de la bonne exécution de ses obligations et de sa ratification au niveau national. Alors que le plan initial était prévu pour le 1er juin 2020, cette date de lancement n'est plus viable.

Des problèmes similaires pourraient se poser pour l'accord commercial de phase 1 conclu en janvier entre les Etats-Unis et la Chine et fixant les conditions préalables pour, au moins temporairement, mettre fin à la guerre commerciale entre les deux pays. Sur cette base, la Chine s'est engagée à acheter davantage de biens et de services américains, tandis-que les Etats-Unis ont accepté de réduire certains de leurs tarifs douaniers introduits pour les produits chinois entre 2017 et 2019. Il n'est pas certain que, dans la situation actuelle, la Chine sera en mesure d'atteindre les seuils d'achat requis, ni que les Etats-Unis seront en mesure de fournir une quantité suffisante de biens et de services[78].

3. Politiques monétaires et budgétaires incitatives

Etant donné que les répercussions économiques sont le résultat de chocs particulièrement graves dans certains secteurs, les dirigeants devront prendre des mesures d'envergure et ciblées sur les plans budgétaire, monétaire et

[77] D.-W Layton, J. Zhang et H. Li (2020), « The Impact of COVID-19 on the US-China Trade Relationship », Mayer Brown, https://bit.1y/39zCXE1, 13/03/ 2020

[78] S.Nguyen (2020), *« coronavirus : Vietnam Stockpiles Rice as Outbreak Spreads and Food Security Concerns Grow »*, South China Morning Post, 28/03/2020.

financier pour aider les ménages et les entreprises touchés. Ces mesures contribueront à maintenir les relations économiques pendant toute la période de paralysie et sont indispensables à une normalisation progressive de l'activité une fois que la pandémie se sera atténuée et que les mesures d'endiguement auront été levées.

De nombreux pays avancés ont rapidement pris des mesures d'envergure sur le plan budgétaire (Allemagne, Australie, Espagne, Etats-Unis, France, Italie, Japon et Royaume-Uni notamment). Bon nombre de pays émergents et de pays en développement (Afrique du Sud, Chine et Indonésie, par exemple) ont également annoncé ou commencé à fournir une aide budgétaire importante aux secteurs et aux travailleurs les plus touchés.

Par ailleurs, face à l'ampleur de la crise, le G20 a appelé les pays membres à la « solidarité », à la « transparence » et à « la coopération avec les institutions internationales pour rétablir la confiance, préserver la stabilité financière et ranimer la croissance ». Le G20 a décidé d'injecter 5.000 milliards de dollars dans l'économie et la finance mondiales. Les pays en voie de développement seront appuyés à travers les institutions internationales pour faire face aux chocs sanitaires, économiques et sociaux du « Covid-19 ».

Les grandes économies ont réagi en prenant des mesures énergiques de politique monétaire et budgétaire expansives : reports de paiement d'impôts, des garanties de crédit, des transferts monétaires et des subventions salariales, aides aux petites et moyennes entreprises et soutenir les emplois et la stabilité financière. La reprise dépendra de l'évolution à court terme de la demande et de la durée et de la sévérité du confinement des populations. Une fois qu'il sera levé, la reprise sera probablement progressive et inégale.

Aux États-Unis, les responsables de la Réserve fédérale s'attendent à une hausse significative du taux de chômage. Depuis le déclenchement de crise, les Etats-Unis ont géré cette crise d'une façon hasardeuse. Toutefois, l'Administration américaine et le Congrès ont approuvé un plan de relance budgétaire à hauteur de 10 % du PIB. La Réserve fédérale américaine a annoncé qu'elle allait injecter quotidiennement au moins 150 milliards de dollars dans le marché monétaire. Elle a ramené les Fed funds à zéro et a engagé un programme de rachat de papier commercial ainsi que des obligations d'entreprises bien notées. Elle a également envoyé le message qu'elle ferait « tout ce qui serait nécessaire » pour stabiliser le marché des Treasuries et celui des MBS (mortgage-backed securities) d'agences.

Mais pour soutenir son plan de relance, l'Union européenne de son côté a crée un fonds pour soutenir l'économie d'un montant de 25 milliards d'euros. L'Italie a pris les devants en annonçant des dépenses de 3,6 milliards d'euros pour soutenir les entreprises et les salariés affectés par l'épidémie[79].

Ainsi, la FED a baissé ses taux à zéro, le gouvernement a lancé un plan de relance de 300 milliards de dollars, soit 15% du PNB. En Europe, un plan de relance initial de 500 milliards d'euros a été lancé et il sera fort probablement doublé. Les gouvernements laissent filer les déficits, cassent les plafonds de la dette, car ils veulent à tout prix éviter les conséquences de la crise précédente : L'effondrement de l'épargne des ménages, un effondrement qui était constitué par la chute de la valeur nominale de l'épargne et par le chômage. Une chute de l'épargne serait aujourd'hui catastrophique. Elle rendrait la faiblesse de la demande permanente. C'est pour cela que les programmes de soutien ont touché de manière prioritaire les revenus des ménages[80].

Plusieurs pays européens ont également pris des mesures en vue de soutenir les ménages et les entreprises. La BCE a, pour sa part, lancé un programme d'achat d'urgence lié à la pandémie (Pandemic Emergency Purchase Programme, PEPP), d'un montant de 750 EUR mds, et a introduit une flexibilité indispensable concernant la ventilation de ses achats.

Concernant les pays émergents, La Chine, luttant pour maîtriser la pandémie, fait preuve de compassion envers le reste du monde. Les pays exportateurs d'énergie fossile subiront les plus grosses pertes. Les autres pays à revenu faible et intermédiaire connaîtront aussi le même sort à des degrés différents.

Quant aux pays africains, l'Union Africaine a appelé les bailleurs de fonds bilatéraux et multilatéraux à accélérer leur appui financier et technique et alléger la dette des pays africains, d'où la mobilisation de la communauté internationale par des initiatives bilatérales et multilatérales. Certes, la sortie de la crise nécessite selon les estimations de la Commission Economique des Nations Unies pour l'Afrique (CEA), la mobilisation au moins $300 milliards pour faire face à la double crise sanitaire et économique. L'Afrique a besoin d'un appui externe et d'une injection de ressources pour répondre à la pandémie et aux retombées économiques qui en résultent.

---

[79] Note de la Délégation de l'Union européenne au Maroc. Op.cit.

[80] *Mehdi MICHBAL Op.Cit.*

Dans ce cadre, les pays du G20 ont donné leur aval pour la suspension de la dette des pays pauvres. De leur côté, les Banques Multilatérales de Développement (BMD) ont mis en place des mécanismes de décaissements rapides. Les agences de développement européennes se sont mobilisées activement pour ne pas laisser le champ libre aux asiatiques qui, selon Mr. Jacques Attali, guettent l'opportunité de substituer aux européens.

Seulement, la question qui se pose est la suivante : Si ce soutien est indispensable dans l'immédiat dans la mesure où il contribue à donner aux gouvernements africains, un appui financier leur permettant de mettre en œuvre un plan de relance pour atténuer la crise sanitaire et relancer les économies, est-ce- que cet appui va servir les dits pays ou plutôt les desservir ?

Cet appui financier ne risque-t-il pas d'aggraver l'endettement de plusieurs pays qui sont déjà dans une situation de détresse de la dette dans la mesure où la plupart des dites initiatives ne prévoient pas une annulation de la dette mais juste une suspension temporaire des services de la dette (jusqu'à fin 2020 et les discussions sont en cours pour une extension de la suspension jusqu'au 2021) ? Ces pays africains ne risquent-ils pas de voir leur notation se déprécier par les agences de notation, ce qui rend indéniablement leur sortie ultérieure sur les marchés internationaux plus onéreuse[81] ?

4. Etats et perspectives pour un rééquilibre de l'économie mondiale

Afin de rééquilibrer l'économie mondiale et de la relancer sur de bonnes bases, les différents Etats doivent fournir des efforts tant à court terme qu'à moyen et long terme.

A court terme, les efforts des pouvoirs publics devraient continuer d'être axés sur la mise en œuvre de dispositifs d'urgence et la promotion de la reprise économique.

Sur le plan commercial, il faudrait élargir l'ensemble des règles relatives aux services et au commerce électronique en assurant le bon fonctionnement du système de règlement des différends de l'OMC. De plus, il faudrait éviter les obstacles tarifaires ou non tarifaires aux échanges, notamment en ce qui concerne les équipements et fournitures médicales, et de lever les nouvelles

[81] El Ouazzani Thami (2020), « *Pandémie du Coronavirus en Afrique : Les 5 leçons pour le Continent* », LE MATIN, Tribune, le 22/08/ 2020

restrictions commerciales récemment imposées. Le recours aux droits de douane pour cibler des balances commerciales bilatérales est préjudiciable au commerce et à la croissance, et déclenchent généralement des fluctuations monétaires compensatoires. En règle générale, ces droits sont en outre inefficaces pour réduire les déséquilibres extérieurs excessifs et les désalignements des taux de change, pour lesquels il faut s'attaquer aux distorsions macroéconomiques et structurelles profondes, d'où la nécessité de moderniser le système commercial multilatéral fondé sur des règles et renforcer les règles relatives aux subventions et au transfert de technologies.

Sur le plan monétaire et financier, les financements officiels et les lignes de crédit réciproque peuvent contribuer à soutenir l'économie et à préserver les dépenses de santé essentielles notamment pour les pays qui subissent des pressions ayant des effets perturbateurs sur leur balance des paiements et qui n'ont pas accès à des financements extérieurs privés, Ainsi, les pays dont les taux de change sont souples gagneraient à continuer de les laisser, dans la mesure du possible, s'adapter aux conditions extérieures. Les interventions sur le marché des changes, lorsqu'elles sont nécessaires et lorsque les réserves sont suffisantes, pourraient contribuer à réduire l'instabilité des marchés.

A moyen terme, les pays excédentaires et les pays déficitaires devront unir leurs efforts pour réduire les déséquilibres excessifs de l'économie mondiale. Seulement, il conviendra de procéder à des réformes adaptées à la situation particulière de chaque pays. Dans les pays où l'excédent excessif du solde courant qui existait avant la crise persiste, il convient de donner la priorité aux réformes qui encouragent l'investissement et découragent une épargne privée excessive. Dans les pays disposant encore d'un espace budgétaire, une politique budgétaire axée sur la croissance renforcerait la résilience de l'économie et réduirait l'excédent excessif du solde courant. Dans certains cas, des réformes visant à décourager une épargne de précaution excessive peuvent également se justifier (comme en Thaïlande et en Malaisie), notamment en élargissant le dispositif de protection sociale. Par contre, dans les pays où les déficits excessifs des transactions courantes d'avant la crise traduisaient des déficits budgétaires plus élevés que les niveaux appropriés (comme aux États-Unis) et où de tels déséquilibres persistent, un assainissement des finances publiques à moyen terme favoriserait la viabilité de la dette, réduirait l'écart de solde courant excessif et faciliterait la constitution de réserves internationales si nécessaire (comme en Argentine). Dans les pays qui connaissent des problèmes de compétitivité à l'exportation, des réformes visant à accroître la productivité seraient souhaitables[82].

II- Crise de « Covid-19 » : Prévisions et recommandations des Institutions Internationales

1. Prévisions et recommandations du FMI

Selon le FMI, au deuxième trimestre, période où le plus gros du choc a été ressenti, environ 85% de l'économie mondiale était confinée pendant plusieurs semaines. Malgré cela, la directrice de l'institution monétaire pense que les réactions et l'ampleur des mesures de soutien des pouvoirs publics, plus de 12000 milliards de dollars au total, ont permis aux économies d'être plus résilientes que prévu. Ce montant engagé par les gouvernements a pour but de soutenir les ménages et les entreprises face à la crise économique provoquée par le coronavirus.

De leur côté, les banques centrales, afin de faciliter le financement des entreprises ont été très actives en baissant le taux des crédits. D'ailleurs, la directrice générale du FMI, Kristalina Georgieva après avoir prévu en juin une forte contraction du PIB mondial en 2020 affirme : *« le tableau est moins catastrophique. Nous estimons maintenant que l'évolution des deuxième et troisième trimestres a été un peu meilleure que prévu, ce qui permet une modeste révision à la hausse de nos prévisions mondiales pour 2020 »*[83].

En conséquence, selon l'analyse la directrice du FMI, tous les pays font aujourd'hui face à *« la longue ascension »*, une difficile remontée qui sera longue, inégale et incertaine. La récession pourrait être moins sévère que prévu. Elle ajoute que pour retrouver le chemin de la croissance et renforcer la résilience des économies, les différents Etats doivent d'abord veiller à la préservation de la santé des populations puis soutenir le redressement de l'économie. « *Là où la pandémie persiste, il est essentiel de maintenir des ballons d'oxygène dans l'ensemble de l'économie, au profit des entreprises et des travailleurs* ». D'ailleurs, depuis le début de la crise, le FMI a accordé plus de 280 milliards de dollars de prêts à 81 pays et dispose encore d'une

---

[82] Kaufman Martin et Leigh Daniel (2020), *« Déséquilibres de l'économie mondiale et crise de la COVID-19 »*, www.imf.org, le 04/08/2020

[83] J.R.Y.(2020), *« Economie mondiale : Les recettes du FMI pour surmonter la crise »*, www.ebrief.ma, le 08/10/2020

capacité totale de prêts de 1000 milliards de dollars pour accompagner les pays qui en manifesteront le besoin.

Le monde a considérablement changé depuis notre dernière mise à jour des perspectives de l'économie mondiale, il y a trois mois. Nous faisons maintenant face à une sinistre réalité. Les prévisions pour l'économie mondiale décrites dans le présent rapport traduisent notre compréhension actuelle de l'évolution de la pandémie et des mesures de santé publique qu'il convient de prendre pour ralentir la propagation du virus, protéger les populations et permettre aux systèmes de santé de faire face à la situation.

Une grande incertitude entoure toutefois ces prévisions, ainsi que la pandémie elle-même, ses retombées macroéconomiques et les tensions qui en découlent sur les marchés financiers et les marchés de produits de base.

Selon les experts du FMI, cette crise devra être gérée en deux temps : une phase d'endiguement et de stabilisation, puis une phase de reprise. Au cours de ces deux phases, la politique de santé publique et la politique économique sont déterminantes. Ces mesures peuvent contribuer à éviter un effondrement encore plus grave et prolongé de l'activité et jeter les bases d'une reprise économique. Certes, il est essentiel d'augmenter les dépenses de santé pour faire en sorte que les systèmes de soins disposent des capacités et des ressources nécessaires.

Sur le plan économique, il est nécessaire de préserver l'infrastructure économique et financière de la société. De ce fait, les dirigeants devront prendre des mesures ciblées et d'envergure sur les plans budgétaire, monétaire et financier afin de maintenir les liens économiques entre les travailleurs et les entreprises, d'une part, et les prêteurs et les emprunteurs, d'autre part. Dans les pays émergents et les pays en développement où l'économie informelle est très développée, par exemple, les nouvelles technologies numériques peuvent être utilisées pour apporter une aide ciblée.

Sur le plan financier, les interventions rapides et énergiques de plusieurs banques centrales ont été déterminantes. Certes, les mesures de relance globale et les mécanismes de liquidité visant à réduire les tensions systémiques au sein du système financier peuvent accroître la confiance et empêcher une contraction encore plus forte de la demande. Il convient notamment de relever l'importance des lignes de crédit réciproque qui ont été activées ou mises en place entre les principales banques centrales pour fournir des liquidités internationales.

Par ailleurs, le FMI insiste sur la coopération multilatérale notamment entre pays développés et pays en développement. Il note que les pays avancés, bien armés pour affronter la crise et disposant d'une forte capacité de gouvernance, de systèmes de santé bien équipés et du privilège d'émettre des monnaies de réserve, doivent aider les pays émergents et pays en développement qui ne disposent pas des mêmes atouts et subissent simultanément une crise sanitaire, économique et financière.

Seulement, selon l'économiste Abashi Shamamba, l'argent est le nerf de la guerre. Cette expression n'a jamais été aussi vraie qu'en cette période où les Etats doivent mobiliser des ressources colossales pour contenir les effets de la pandémie du coronavirus et relancer leurs économies. Le problème est que tous les pays, riches ou pauvres, ont besoin d'énormes ressources pour se remettre du coronavirus.

Les pays riches aux grandes réserves internationales sont aussi les plus grands souscripteurs aux DTS. Ils vont mobiliser leurs moyens pour sauver leurs propres économies. De ce fait, la solidarité internationale sur laquelle comptent les ministres africains s'arrête là où commencent les intérêts « égoïstes » des nations[84].

C'est ainsi que lors d'une session de la Commission économique pour l'Afrique à Addis-Abeba, les ministres africains de l'économie et des finances ont proposé au FMI sur la base de la quote-part de l'Afrique au FMI des Droits de tirage spéciaux (DTS) estimés entre 500 et 650 milliards afin de gérer les conséquences de la pandémie du « Covid-19 ». Une telle émission dégagerait potentiellement 33 milliards de DTS de liquidités additionnelles pour les Etats africains. Seulement, cette proposition nécessite tellement des préalables et une adhésion unanime des principaux contributeurs au FMI, ceux dont la position extérieure est structurellement excédentaire, ce qui semble difficilement faisable.

Malgré les circonstances difficiles, Le FMI invite à l'optimisme la communauté internationale en comparant l'après-crise de 1929, celle de 2008 avec les mesures prises de nos jours face à la nouvelle crise. Après la crise des années 1930, l'absence de prêteur de dernier ressort au niveau multilatéral avait contraint les pays à se bousculer pour obtenir des liquidités internationales. Ils avaient alors adopté des politiques mercantilistes stériles, qui avaient aggravé le ralentissement mondial.

---

[84] Armaud Blasquez (2021), « Le Covid-19 face au mur de l'argent », le 28/03/2021 https://www.lebrief.ma

Après la crise mondiale de 2008-2009, les pays membres du FMI ont augmenté les ressources de l'institution pour aider les pays en difficulté financière.

Aujourd'hui, et il s'agit d'une différence fondamentale, nous disposons d'un dispositif mondial de sécurité financière plus solide, avec le FMI en son centre, et il permet déjà de venir activement en aide à des pays vulnérables. Les pays membres du FMI redoublent les efforts cette fois encore pour accroître les ressources du FMI face à ce qui semble être une crise encore plus grave que celle que nous avons connue il y a dix ans. Ces efforts seront déterminants pour la relance de l'économie mondiale[85].

Dans son dernier rapport publié du 26/01/2021, le FMI semble être plus optimiste quant à la croissance économique mondiale. Il a dévoilé que ses prévisions économiques mondiales globalement plus optimistes pour 2021.

La prévision mondiale est certes meilleure qu'attendue à l'automne. Mais elle ne doit pas masquer "l'incertitude extraordinaire" entourant l'économie, a mis en garde le FMI, soulignant que les pays qui garderont le cap en matière de soutien budgétaire seront ceux qui retrouveront le plus de vigueur économique.

Selon le FMI, à la faveur de la campagne de vaccination contre le « Covid-19 », le PIB devrait rebondir de 5,5%, soit une hausse de 0,3 point comparé aux estimations d'octobre.

Ainsi, les USA devraient enregistrer une croissance de leur Produit intérieur brut de 5,1% (+2 points) dopé par le dernier plan de soutien à l'économie de 900 milliards de dollars adopté fin décembre par le Congrès. Leur grande rivale, la Chine enregistrera, elle, une croissance de 8,1%, à peine moins que les 8,2% projetés il y a trois mois[86].

2. Prévisions et recommandations de l'OCDE

En raison de la pandémie de « Covid-19 » et des restrictions qui ont été adoptées pour l'endiguer, l'économie mondiale a été fortement affaiblie et a connu l'une des pires crises de son histoire.

---

[85] FMI : Perspectives de l'économie mondiale Avril 2020, le 28/10/ 2020

[86] J.R.Y. (2021), « *Croissance mondiale : le FMI plus optimiste* », Teaser Media, le 26/01/2021

Face à cette situation dramatique, l'OCDE appelle aussi les Etats à investir dans leurs systèmes de santé et renforcer leurs dispositifs sanitaires pour être prêtes à affronter l'épidémie d'une part et dynamiser l'activité économique d'autre part. Ils doivent donc être vigilants et prêts à agir face à l'évolution de la situation.

De plus, l'OCDE rappelle que cette pandémie est l'occasion pour les pays de se lancer dans les investissements d'infrastructures publiques comme les services de santé ou d'éducation.

De même, selon l'OCDE : les taux d'intérêt exceptionnellement bas « *offrent la possibilité d'utiliser la politique budgétaire plus activement pour renforcer la demande à court terme, y compris des dépenses temporaires pour amortir l'impact de l'épidémie de coronavirus sur les groupes sociaux et les entreprises vulnérables* ». De telles actions permettront la relance de l'économie notamment dans les pays plus vulnérables, comme l'Inde, le Brésil, le Mexique ou la Turquie.

Le rapport propose également de mettre en place des mesures spécifiques pour appuyer les travailleurs, comme le recours accru au chômage partiel, l'assurance chômage ou la prise en charge par les pouvoirs publics de l'ensemble des frais de santé liés au virus, pour tous les citoyens. En parallèle, les entreprises aussi pourraient bénéficier de mesures spéciales, comme une réduction ou un retardement du « paiement des impôts ou de la dette ».

L'OCDE prévoit d'autres mesures pour renforcer la consommation et la confiance des citoyens comme des mesures fiscales. Dans le cas où la situation s'aggrave, l'OCDE envisage des *réformes structurelles* ainsi qu'un *soutien supplémentaire de la politique budgétaire* et monétaire « *des actions politiques coordonnées dans toutes les grandes économies seraient nécessaires pour assurer une offre de soins de santé efficace dans le monde et fournir le stimulus le plus efficace à l'économie mondiale* »[87].

Ainsi, selon le dernier rapport de l'Organisation de coopération et de développement économiques (OCDE), grâce aux efforts de lutte contre le virus et à la progression des campagnes de vaccination dans le monde, la croissance économique prévue en 2021 serait de 5,6%, soit une hausse de 1,4% par rapport à ses prévisions de décembre 2020. En revanche, un

---

[87] Garcin-Berson Wladimir (2020), « *Le coronavirus met « l'économie mondiale en danger* » (Rapport de l'OCDE), le Figaro, le 02/03/2020

ralentissement de ces opérations de vaccination, surtout en raison des pénuries de vaccins, risquerait de perturber de nouveau ces prévisions optimistes.

Certes, selon le nouveau rapport de l'OCDE, « Les perspectives économiques mondiales se sont nettement améliorées au cours des derniers mois, grâce au déploiement progressif de vaccins efficaces, à l'annonce d'un soutien budgétaire supplémentaire dans certains pays et aux signes attestant que les économies s'adaptent mieux aux mesures visant à endiguer le virus ».

Seulement, l'OCDE précise que malgré ces prévisions optimistes, l'économie mondiale est loin d'être stable. La reprise sera particulièrement observée aux États-Unis, et ce suite à la mise en place d'un programme de relance initié par le président Joe Biden, et qui est de l'ordre de 1,9 trillion de dollars. Il est prévu que l'économie américaine connaisse une croissance de 6,5% cette année, soit une augmentation de 3,3% par rapport aux précédentes prévisions. Toutefois, l'étude souligne que pour l'instant, seules la Chine, l'Inde et la Turquie ont dépassé les niveaux pré-pandémiques, alors que la situation économique dans le reste du monde reste encore très instable. *« Malgré l'amélioration des perspectives mondiales, la production et les revenus dans de nombreux pays resteront inférieurs au niveau prévu avant la pandémie à la fin de 2022 »*, déplore l'OCDE, qui regroupe les économies les plus développées du monde. L'organisation estime qu'aujourd'hui la *« première priorité politique »* est de déployer des vaccins aussi rapidement que possible, afin de sauver des vies et d'accélérer la reprise économique. *« Il existe des risques considérables et significatifs pour nos projections économiques, notamment en ce qui concerne le rythme de la vaccination.*

D'après le rapport de l'OCDE, le Royaume-Uni, qui a également entamé très tôt la vaccination de ses citoyens, va connaître cette année une augmentation de 0,9% de ses prévisions de croissance (5,1%). Quant à la zone euro, où les campagnes de vaccination ont tardé à être lancées, elle n'enregistrera qu'une hausse des prévisions de 0,3% (3,9%), car les reprises économiques en Italie et en France ont été revues à la baisse[88].

[88] Armelle Bohineust(2021), « Le déploiement des vaccins et le plan Biden sont les meilleurs atouts contre la crise, selon l'OCDE» le 09/03/2021, https://www.lefigaro.fr

3. Prévisions et recommandations du PNUD

Analysant l'impact de la pandémie de « Covid-19 » sur les économies mondiales, le PNUD a noté que c'est la crise globale de notre époque et le plus grand défi auquel nous ayons été confrontés depuis la seconde guerre mondiale.

Le « Covid-19 » est bien plus qu'une crise sanitaire. C'est une crise socio-économique sans précédent ayant des conséquences dévastatrices n'épargnant aucune société notamment par les pertes des emplois et des revenus. L'Organisation Internationale du Travail (OIT) estime que 195 millions d'emplois pourraient être perdus. La Banque Mondiale prévoit une baisse de 110 milliards de dollars des envois de fonds cette année, ce qui pourrait signifier que 800 millions de personnes ne pourront pas subvenir à leurs besoins essentiels.

Selon le PNUD, la crise de « Covid-19 » est aussi une crise humanitaire et de développement qui menace de creuser les inégalités et de laisser des marques profondes dans les années à venir. Avec la hausse des inégalités, la plus vaste crise sanitaire du siècle pousse les pays à leurs limites, mettant en évidence les failles de leurs structures économiques, sociales, et politiques.[89]

Face à cette situation dramatique et pour limiter les impacts socio-économiques de la crise, le PNUD a soutenu les pays depuis le début de la pandémie en évaluant leurs besoins immédiats, à moyen et à long terme notamment en Bosnie-Herzégovine, en Equateur, en Afghanistan, au Bangladesh, en île Maurice...

De ce fait, le PNUD travaille avec les gouvernements pour établir une assurance de continuité des activités des petites entreprises familiales en difficultés et pousse les chefs d'entreprise et les dirigeants politiques à établir un revenu de base universel et à encourager les envois de fonds, si vitaux pour l'économie mondiale et le PIB de nombreux pays à faible revenu. L'appui du PNUD contribuera également à garantir que les réponses de chaque pays soient structurées pour que personne ne soit laissé de côté.

De même, le PNUD travaille en collaboration avec les institutions nationales ainsi qu'avec les médias et les acteurs civiques contre la

---

[89] PNUD (2021), «la Covid-19» est bien plus qu'une crise sanitaire », https://www.undp.org

propagation croissante de mésinformation, notamment en soutenant la diffusion d'informations précises sur le « Covid-19 » via les réseaux sociaux et les sites internet.

D'ailleurs, selon le PNUD, afin de limiter la propagation du « Covid-19 », d'amortir son impact potentiellement dévastateur tant sur le plan économique que sur le plan social, Il faudra l'engagement et la coopération de tous les acteurs des différentes sociétés, ce qui nécessite de rétablir la confiance d'abord entre les peuples et leurs gouvernements à l'échelle nationale et d'autre part entre les nations.

A long terme, le PNUD cherche à éviter qu'une telle pandémie ne se reproduise en tirant des enseignements de cette crise et examine les moyens d'aider les pays à mieux prévenir et gérer ces crises.

De ce fait, il mobilise tous ses moyens pour aider les plus vulnérables à se préparer à la pandémie, y répondre et se relever. Il faut que la croissance des pays soit équitable et inclusive, pour que les pays puissent continuer de progresser dans la réalisation des Objectifs de développement durable.

Ainsi, le PNUD a lancé un plan global de réponse humanitaire de 2 milliards de dollars pour les pays les plus vulnérables. Il a fait ainsi appel dans 170 pays et territoires au soutien et aux efforts de lutte des différents Etats pour se reconstruire en mieux privilégient la transparence et la collaboration afin de produire des résultats tangibles et transformateurs pour les partenaires gouvernementaux nationaux.

S'appuyant sur les expériences avec d'autres pandémies telles que Ebola, le VIH, le SRAS, la tuberculose et le paludisme, ainsi que sur la longue histoire de collaboration avec le secteur privé et public, le PNUD aide les pays à réagir d'urgence et efficacement au « Covid-19 » dans le cadre de sa mission d'éradiquer la pauvreté, de réduire les inégalités et de renforcer la résilience aux crises et aux chocs.

Face à la crise de « Covid-19 », le PNUD vise à aider les décideurs à voir plus loin que le relèvement, à l'horizon 2030, afin qu'ils puissent faire des choix et gérer la complexité et l'incertitude dans quatre domaines principaux : la gouvernance, la protection sociale, l'économie verte et la disruption numérique. Ainsi, selon le PNUD, l'Agenda 2030 répond à la pandémie du « Covid-19 » et établit le cadre de relance pour une meilleure gouvernance et une protection sociale plus efficace dans le but de développer l'économie verte et les innovations numériques qui feront progresser vers un monde plus juste et plus équitable.

Le PNUD conclut qu'avec la participation de tous les pays, nous pouvons changer la trajectoire du développement mondial et construire un avenir meilleur[90].

III- Trajectoire future de la croissance : Vers un redressement progressif et inégal des économies

Toutes les dispositions prises par les pouvoirs publics devraient atténuer l'impact de la crise et limiter le risque qu'une crise sanitaire temporaire n'inflige des dommages durables à l'économie, freinant ainsi le potentiel de redressement rapide[91].

La fin des confinements entraînera un rebond « mécanique » de l'activité et de la demande. La demande contenue et la reconstitution des stocks vont probablement donner un coup de pouce supplémentaire à court terme.

La principale question qui se pose est de savoir comment la croissance évoluera ensuite ?

A en juger par l'expérience chinoise, une reprise en « V » n'est pas acquise. Il faut probablement s'attendre à un redressement progressif, car les pays ne reprendront pas tous, au même rythme, le chemin de la normalisation – ce qui pénalisera les exportations, comme nous le constatons déjà en Chine – et l'impact économique de la pandémie n'est pas non plus partout le même.

Le secrétaire général des Nations Unies a lancé un appel global de réponse humanitaire de 2 milliards de dollars pour les pays les plus vulnérables. Les pays en développement pourraient perdre au moins 220 millions USD de revenus.

Cet impact aura une incidence sur la rapidité avec laquelle la demande et l'activité renoueront avec leur trajectoire de croissance antérieure à la pandémie. Plusieurs facteurs vont dans le sens d'un processus très progressif et inégal. Devant la détérioration de leur bilan, nombre d'entreprises

---

[90] PNUD (2021), « COVID-19 : La pandémie. Leadership et solidarité sont ce dont l'humanité a besoin pour vaincre COVID-19 », www.undp.org

[91] Selon les dernières estimations, le financement de la relance économique des pays occidentaux se comptent en milliards de milliards de dollars ou d'euros. Certes, le plan du nouveau président américain consiste en deux volets, l'un de 1900 milliards de dollars versés en direct aux Américains pour stimuler la consommation et l'autre de 2000 milliards de dollars pour restaurer les infrastructures du pays. L'Europe vient d'engager 750 milliards d'euros qui feront l'objet d'un endettement européen pour financer les différents plans des pays de l'Union.

privilégieront l'amélioration de ces derniers à l'accroissement des investissements industriels.

Les plans de recrutement pourraient aussi de ce fait être impactés. Ces considérations valent en particulier pour les petites et moyennes entreprises (PME), dont les modèles économiques sont, pour beaucoup, moins diversifiés, ce qui les rend plus sensibles aux chocs économiques.

Certains ménages opteront pour l'épargne de précaution dans le but de reconstituer un matelas financier. Les craintes persistantes concernant le risque sanitaire pourraient également agir comme un frein sur certaines dépenses (voyages internationaux) sans nécessairement entraîner une hausse équivalente dans d'autres domaines. Plus que tout autre chose, les dépenses des ménages dépendront de l'évolution du chômage.

Enfin, le commerce international devrait rester maussade au cours des mois à venir, les exportations des pays déjà sortis du confinement pâtissant de la baisse de la demande d'importation de la part de ceux qui y sont entrés plus tard. Dans un tel contexte, il est probable qu'après avoir apporté une aide face à la pandémie – conjuguée à celle de la politique monétaire – la politique budgétaire devra soutenir la demande pour une accélération suffisante de la reprise[92].

[92] William DE VIJLDER (directeur de la recherche économique) (2020), « Covid-19 : l'impact sur l'économie mondiale ». Paris 09/04/2020 https://group,bnpparibas/actualite/covid-19-impact-economie-mondiale

Conclusion

Face à une telle situation alarmante et compte tenu du caractère imprévisible de la crise de « Covid-19 » et des défis majeurs qu'imposent les « états d'urgence sanitaire », les décisions prises par les gouvernements obéissent à un arbitrage entre la « santé des citoyens » et la « santé de l'économie ».

Certes, il est indispensable de prendre des mesures efficaces pour éviter de pires résultats. Ces mesures visant à atténuer la contagion et à préserver des vies humaines auront un effet néfaste à court terme sur l'activité économique, mais doivent être considérées comme un investissement important dans la santé humaine et économique à long terme. Le « déconfinement » est scruté avec soulagement mais aussi avec anxiété et angoisse. La reprise de l'activité économique sera longue, douloureuse et coûteuse. De même, elle sera graduelle et inégale

Face à la pandémie mondiale, les prévisions de croissance mondiale sont extrêmement incertaines du moins à court terme. La croissance dépendra de l'intensité et l'efficacité des mesures d'endiguement, du changement de paradigme tant dans les relations commerciales internationales, que dans la gouvernance mondiale.

De plus, face au choc sanitaire et économique et devant la baisse constatée de la demande conjuguée à la perturbation des chaînes d'approvisionnement, les Etats et les Institutions se trouvent dans l'obligation de réagir. Certains Etats ont eu recours à des mesures de politique commerciale liées au « Covid-19 ». D'autres pays ont rapidement commencé à mettre en place un ensemble de mesures incitatives et correctives.

Les Institutions internationales quant à elles appellent aussi les Etats à investir dans leurs systèmes de santé et renforcer leurs dispositifs sanitaires pour être prêtes à affronter l'épidémie d'une part et dynamiser l'activité économique d'autre part.

Pour comprendre le monde d'aujourd'hui et se projeter dans l'année 2021 et pour mieux saisir l'ampleur de cette crise sanitaire imprévisible et inédite en 2020, crise qui, en une année a changé le monde et nous invite à le reconstruire, le Bilan du Monde dresse l'état des lieux des 198 pays du globe après une année d'épreuves et d'événements locaux et globaux et présente les images marquantes de l'année ainsi que les diverses problématiques pour mieux comprendre les enjeux contemporains.

CHAPITRE III : La pandémie de « Covid-19 » et les enjeux du modèle de développement au Maroc

Le Maroc s'est lancé depuis le début de l'indépendance politique vers un modèle de développent basé sur l'ouverture de son économie, sa libéralisation et son intégration dans l'économie mondiale. De plus, durant les deux dernières décennies, le Maroc a réalisé des progrès sociaux et économiques significatifs en raison d'investissements publics importants, de réformes structurelles et de mesures visant à assurer la stabilité macroéconomique.

Cependant, malgré l'ensemble de ces réformes qui ont permis au Maroc d'avoir plusieurs acquis et de se positionner au niveau mondial comme pays émergent, le pays a connu avant le « Covid-19 » un essoufflement qui a poussé les autorités à penser à un nouveau modèle de développement. Le choc de « Covid-19 » pousse brusquement l'économie marocaine dans une grave récession, la première depuis 1995. L'économie devrait être doublement affectée par les chocs économiques intérieurs et extérieurs. Le PIB réel devrait contracter de 4% en 2020 dans le scénario de référence, ce qui contraste fortement avec l'expansion de 3,6% prévue avant l'épidémie.

Certes, à l'instar des autres pays du monde, l'économie marocaine se trouve, confrontée à la propagation de la pandémie au niveau national et aux effets socio-économiques qui en résultent. Ceux-ci se traduisent par des défis sans précédent et redoutables pour le pays qui tente d'atténuer à la fois l'impact sanitaire et économique et retrouver l'équilibre en veillant à ce que l'économie soit prête à se remettre rapidement après la fin de la pandémie.

Ainsi, avec la propagation de la pandémie en Europe, principal partenaire commercial du Maroc et au pays, ainsi qu'une sécheresse aigue, l'économie marocaine devrait souffrir considérablement durant l'année 2020 de l'impact négatif de l'infection.

L'économie nationale sera en conséquence impactée, notamment au niveau des secteurs et des activités orientés vers l'extérieur, à savoir les métiers mondiaux du Maroc d'où un net ralentissement des exportations, des recettes touristiques, des transferts des marocains résidents à l'étranger et des investissements directs étrangers.

Sur le plan social, la situation devient alarmante avec l'augmentation du chômage notamment dans le secteur informel. L'ombre de la pauvreté plane sur 10 millions de marocains.

Ainsi, avec la pandémie de « Covid-19 », l'économie marocaine a révélé davantage ses fragilités et ses faiblesses. Face à cette situation dramatique, le Maroc mène des efforts pour, d'un côté, contenir la propagation du virus sur son sol par des mesures anticipatives et, de l'autre, sauver son économie nationale.

Certes, la réponse du gouvernement a été rapide et décisive. Elle a permis au pays d'éviter une épidémie massive, sauvant ainsi des vies. Seulement, la poursuite de politiques pertinentes sera critique pour limiter l'impact économique, social et sanitaire de la crise et ainsi permettre une accélération de la reprise. Cela implique l'élaboration d'une feuille de route pour la levée du confinement ainsi qu'un plan de relance économique. De plus, la nécessité s'impose de tirer des enseignements de la crise pour l'élaboration d'un nouveau modèle de développement durable et inclusif basé sur l'efficacité des mesures et de nouvelles priorités.

I- Le modèle de développement au Maroc avant la pandémie de « Covid-19 » : Un bilan paradoxal

1. Le modèle de développement du Maroc indépendant : Libéralisation et intégration du Maroc dans l'économie mondiale

Le Maroc s'est engagé depuis le début de l'indépendance et surtout durant les deux dernières décennies dans de grandes orientations et réformes et des investissements remarquables tant au niveau économique qu'au niveau social[93]. Certes, le choix de la politique d'ouverture, de libération du commerce extérieur et la politique d'ajustement structurel et de stabilisation du cadre macro-économique menée depuis 1983, l'adhésion aux accords du GATT en 1987 et à l'OMC en 1995 a permis au Maroc de s'intégrer dans l'économie mondiale.

[93] Conférence de Youssef Guerraoui Filali, président du Centre Marocain de la Gouvernance et du Management sous le thème : « *Axes du modèle développement socio-économique : Au-delà de l'institutionnel et de la primauté du droit* » https//www,ecoactu.ma/wp-content/uploads/2018/07Youssef-Guerraoui, 11/03/ 2019

De plus, afin de tirer meilleur profit des mutations du contexte économique international, le Maroc a mis en place une stratégie volontariste pour assurer une politique d'attractivité des IDE en dynamisant le territoire. Il s'est lancé depuis le début des années 1990 vers une série de réformes tant internes qu'externes constituant des atouts en matière d'attractivité. Durant les deux dernières décennies, la signature des accords de partenariat avec les Etats-Unis, l'Union européenne, des pays arabes et africains, certains pays asiatiques (la Chine, l'Inde), le renforcement de l'ancrage à l'Euro, la simplification et l'harmonisation de la fiscalité douanière et son alignement sur les standards internationaux constituent les atouts du Maroc en matière d'attractivité[94].

Le Maroc s'est aussi doté d'infrastructures lui assurant une connectivité internationale (réseau autoroutier, réseau ferroviaire (TGV), infrastructures portuaires, aéroports, réseau de télécommunication, industrialisation, développement sectoriel, développement régional, projets sociaux (INDH), la promotion des droits de l'homme…).

Sur le plan interne, le Maroc s'est lancé vers une politique de développement régional avec la politique de la « régionalisation avancée » et vers un modèle d'industrialisation, sous tendu par les plans « Maroc émergent » et la stratégie dite des « Métiers mondiaux du Maroc ». Ces politiques ont été complétées par une série d'accords de libre-échange qui permettent au Maroc de se positionner en tant que plateforme logistique, un territoire de transformation industrielle. Cette stratégie adoptée par le Maroc depuis le début des années deux mille présente par certains aspects des similitudes avec les stratégies mises en œuvre par les pays du Sud-Est asiatique et de l'Asie orientale engagés selon les pays entre les années soixante et les années quatre- vingt dix. Bon nombre de ces pays sont devenus des pays émergents grâce aux grandes transformations et leur impact sur les rapports sociaux et le niveau de développement des forces productives.

---

[94] Une série de réformes ont été entreprises par le Maroc depuis 1990 notamment l'abrogation de la loi sur la marocanisation en 1993, l'adoption de la charte d'investissement en 1995, nouveau code du commerce en 1995, code du travail en 2003, code des assurances, code des impôts en 2006, nouveau code de procédure civile, nouvelle réglementation des changes, réforme du marché financier et du secteur bancaire, révision de la loi sur la privatisation…)

2. La réalité paradoxale du modèle de développement au Maroc entre les acquis et l'essoufflement de la croissance

Le Maroc, à l'instar des autres pays en développement n'échappe pas aux mutations de l'économie mondiale et aux défis de la mondialisation. Il dispose de certains atouts non négligeables notamment sa position géographique et sa stabilité politique qui lui permettent de s'adapter et de faire face à ces mutations. De plus, Il a connu depuis le début de l'indépendance et surtout durant les deux dernières décennies des progrès considérables, des réformes économiques et sociales et une dynamique d'investissements qui l'a placé au rang des pays les plus performants de l'Afrique.

Cependant, malgré les acquis réalisés, plusieurs indicateurs dénoncent une réalité paradoxale avec cette évolution[95]. Certes, le modèle de développement choisi depuis l'aube de l'indépendance politique et surtout depuis le début de ce troisième millénaire connait un essoufflement et une stagnation de la croissance. L'économie traverse un cycle dépressif, au confluent de plusieurs causes aussi bien endogènes qu'exogènes. La pauvreté, le chômage, l'analphabétisme et de fortes inégalités sociales persistent.

La nécessité de penser à une nouvelle répartition des richesses et à la satisfaction des attentes légitimes des citoyens imposent des réflexions sur de nouvelles stratégies de développement afin de réaliser un développement durable[96].

---

[95] Communication faite lors de la journée culturelle organisée par la Faculté des Sciences Juridiques, Economiques et Sociales de Meknès à l'occasion du trentième anniversaire de l'Université Moulay Ismail le 11 octobre 2019 sous le thème « *Le nouveau modèle de développement au Maroc à la lumière du discours royal : Lecture sur les enjeux et les défis* ». Mohamed Fizazi *« Le modèle de développement, maillon clé du discours royal »*, Leseco.ma, le 29/O7/2019

[96] Près de 2 ans après le discours du Roi Mohammed VI devant les parlementaires (13 octobre 2017), appelant les forces vives de la nation à réfléchir à l'édification d'un nouveau modèle de développement, le souverain a de nouveau annoncé lors de son dernier discours à la nation la mise en place d'une Commission spéciale qui sera chargée d'élaborer ce nouveau modèle de développement «authentiquement marocain», selon une démarche participative et inclusive. A.E.« *Nouveau modèle de développement : le Maroc à la croisée des chemins* » Jeudi 05/09/2019 - Par Finances New

Pour mieux éclairer ces enjeux et dessiner le modèle de développement qui projetterait le Maroc dans le futur, il est nécessaire de connaitre les acquis et les insuffisances du modèle de développement actuel, les défis que le Maroc doit relever et de chercher les moyens d'agir en vue de l'édification d'un nouveau modèle de développement alternatif, inclusif, compétitif et relancer ainsi le pays sur de bonnes bases pour faire du Maroc un véritable pays émergent.

Les limites de ce modèle peuvent être rassemblées dans les facteurs suivants :

- Le modèle de développement est peu inclusif et connait des fragilités structurelles.

En l'absence d'une politique intégrée de développement stratégique, le pays n'a pu être au rang des Etats émergents. Les plans de développement suivis sont très ambitieux, mais avec la faiblesse des moyens, les objectifs prévus n'ont pas été tous réalisés. Le Maroc connait actuellement une stagnation de la croissance avec un gaspillage des ressources et un déséquilibre économique et social.

Sur le plan économique, l'économie demeure fragilisée par la faible compétitivité du secteur productif malgré la dynamique dans certains secteurs. La forte dépendance du secteur agricole aux aléas climatiques, l'incertitude quant à l'évolution de ses exportations malgré l'intégration de certains métiers du Maroc dans les chaînes de valeur ainsi que la faible diversification de son économie suscitent encore la prudence des investisseurs. L'émergence industrielle connait des obstacles majeurs. Nous pouvons citer d'abord la quasi-absence d'un système d'innovation efficace. Certes, la faiblesse structurelle du secteur privé local dans les industries de l'automobile, de l'aéronautique, de l'électricité-électronique et de l'activité pharmaceutique considérées comme des moyennes et de haute technologie est intimement liée à la quasi-absence d'un système d'innovation national.

De plus, le modèle de croissance choisi par le Maroc est fondé sur une forte dépendance des IDE et du financement extérieur (endettement extérieur). Malgré les atouts dont dispose l'économie marocaine, les IDE restent confrontés à de nombreux obstacles. Certes, si la taille et le dynamisme du marché intérieur constituent des conditions de base dans le choix des FMN, ces dernières prennent en considération d'autres facteurs notamment l'évolution des structures macro-économiques et l'environnement des affaires, la stabilité politique, le degré d'intégration dans l'économie mondiale, la qualité des ressources humaines, l'efficacité du système financier, l'évolution des infrastructures et des télécommunications et donc le niveau de développement du secteur de la logistique. Or, l'économie marocaine se caractérise par la faiblesse du niveau de développement technologique et l'étroitesse du marché intérieur, l'insuffisance des infrastructures et des moyens de télécommunication, le déficit budgétaire, la taille limitée du marché boursier et la fragilité de certains établissements financiers, la rigidité du marché de travail et la faiblesse des compétences et donc du personnel qualifié.

L'attractivité de notre pays fait également face à la lourdeur des services administratifs, à l'insuffisance d'un système judiciaire performant, au manque de transparence en termes de gestion des entreprises.

Ainsi, l'économie marocaine apparait moins compétitive par rapport à certaines économies émergentes et performantes (Chine, Malaisie et Corée du Sud…) malgré les efforts fournis par les pouvoirs publics pour rendre le territoire de plus en plus attractif d'où la nécessité d'une gouvernance logistique territoriale, pilier des politiques de l'aménagement du territoire et de l'attractivité des IDE.

Sur le plan social, plusieurs problèmes restent encore à débattre : Problème de l'emploi, de la pauvreté, de l'analphabétisme, du faible accès aux soins de santé, des inégalités sociales,… Il en résulte la fuite des cerveaux et des compétences, la fuite des capitaux.

-Abstention des citoyens de la chose publique et des questions d'intérêt générales.

Face au creusement des inégalités sociales, au non respect des promesses pendant de nombreuses décennies, un grand nombre de marocains se désintéressent de la chose publique et des questions d'intérêts générales (abstention au vote lors des élections…).

-Manque de convergence des politiques publiques et crise de la gouvernance.

L'ensemble de ces obstacles reflète le manque de convergence des politiques publiques territoriales et d'une vision globale et durable de tous les acteurs économiques et sociaux sur le développement national du pays ce qui affecte la rentabilité des investissements privés tant locaux qu'étrangers et crée un climat de méfiance pour les investisseurs[97].

II- Les effets de la pandémie mondiale de « Covid-19 » sur l'économie marocaine

Si le modèle de développement suivi au Maroc depuis le début de l'indépendance a connu un essoufflement et une stagnation de la croissance, la pandémie du « « Covid-19 » a violemment impacté la croissance économique du Maroc et a révélé la fragilité de l'économie marocaine. Le gel des activités économiques en plus de la sécheresse économique ont touché de plein fouet les différents secteurs de l'économie et ont plongé le pays dans la récession pour la première fois depuis plus de 30 ans.

1. Les effets de la pandémie mondiale sur la croissance de l'économie marocaine

Dans ses analyses sur les conséquences de la pandémie mondiale sur l'économie marocaine, le Conseil de Bank Al Maghrib a relevé que la croissance nationale devra stagner à 2,3% en 2020 au lieu de 3,8% prévue pour la même année et que le PIB devait baisser de 5,2% cette année.

De son côté, le Haut- Commissariat au plan (HCP) prévoit une baisse de la croissance de l'économie nationale établie initialement à 3,5%. Dans son dernier rapport, il indique que les effets du confinement au cours du mois d'avril 2020 devraient amputer la croissance du PIB de 3,8 points pour le 2e trimestre 2020, soit l'équivalent d'une perte d'environ 10,9 milliards de dirhams, au lieu de 4,1 milliards un trimestre auparavant. Le HCP souligne que même sans cette crise, l'économie nationale aurait enregistré un ralentissement en raison de la campagne agricole défavorable et du tassement des activités hors agriculture. Certes, selon le HCP, la croissance a été nulle entre janvier et mars alors que les premiers effets de la crise n'ont commencé qu'à partir de la mi-mars[98].

De plus, selon le HCP, dans un contexte de prolongement de l'état d'urgence sanitaire jusqu'au 10 novembre 2020, l'économie nationale aurait

---

[97] Adil Hidane et autres (2002), « *Diagnostic de l'attractivité du Maroc pour les Investissements Directs Etrangers*». Ministère des Finances et de la Privatisation. Document de travail n° 82 Nov 2002.

[98] Jawad Kerdoudi (2020), « *Epidémie de coronavirus : Alerte sur l'économie mondiale et marocaine* ». L'Economiste.com édition N° : 5719 le 16/03/2020

fléchi de 8,7% au troisième trimestre 2020, au lieu de -14,9% un trimestre plus tôt, sous l'effet d'une contraction de 9% de la valeur ajoutée hors agriculture et d'une baisse de 6,2% de celle de l'agriculture. Au quatrième trimestre 2020, le repli des activités hors agriculture s'atténuerait pour atteindre -5,2%. Compte tenu d'une baisse de 5,8% de la valeur ajoutée agricole, l'activité économique régresserait de 5,5%, au lieu de +2,3% au quatrième trimestre 2019[99].

1.1. La baisse de la demande intérieure et extérieure

Principal moteur de la croissance, la consommation des ménages a ralenti à 1,4%. Les deux semaines de confinement en mars ont pesé lourd. Les dépenses des ménages ont baissé pour les achats des biens durables : voitures, électroménagers, habillement, loisirs et les activités touristiques. Par contre, craignant une pénurie face à la fermeture des magasins et des commerces, il y'a augmentation des dépenses des ménages pour les achats des biens de première nécessité. Pour autant, l'inflation est restée faible à 0,3% sur la période contre 1,3% en 2019. Au final, la contribution des dépenses de consommation des ménages à la croissance s'est limitée à 0,8% au premier trimestre contre 1,6% à la même période en 2019.

Cependant, cette baisse de la demande intérieure ne sera légèrement atténuée qu'au troisième trimestre 2020. Certes, selon le HCP, La consommation des ménages aurait fléchi de 10,8%, en variation annuelle, au lieu de -21,2% au deuxième trimestre. Cette évolution serait, particulièrement, attribuable à une légère reprise des dépenses des ménages en biens manufacturés, notamment d'habillement et d'équipement, ainsi que celles de transport et de restauration. La consommation des administrations publiques se serait, pour sa part, affermie de 5,9%, portée par la hausse des dépenses de fonctionnement et des services sociaux. L'investissement aurait poursuivi sa tendance baissière, sous l'effet du repli de l'investissement en produits industriels et immobiliers. En variation annuelle, le repli de la formation brute de capital (FBC) aurait atteint -17,4% au troisième trimestre 2020[100].

Par ailleurs, les prix à la consommation connaîtront un léger redressement au troisième trimestre 2020 de 0,7%, après avoir quasiment stagné au deuxième trimestre. Cette évolution aurait résulté d'une augmentation de 0,9% des prix des produits alimentaires, des tabacs,

---

[99] HCP : Note de conjoncture N° 37, Octobre 2020
[100] Idem

intervenue au mois d'août 2020, à la suite de la hausse des droits d'importation, d'un retournement à la hausse de 0,4% des prix des produits non-alimentaires, après une baisse de 0,2%, au deuxième trimestre, suite notamment à l'accroissement des prix des services, particulièrement ceux des transports.

Sur l'ensemble de l'année 2020, l'inflation s'établirait à +0,8%, après +0,2% en 2019, alors que sa composante sous-jacente se maintiendrait à +0,6%[101].

Quant à la demande extérieure, elle a connu une quasi-stagnation avec le blocage des échanges commerciaux. Certes, les échanges extérieurs ont subi un impact négatif estimé à -0,5 point. L'année devrait se terminer par une forte baisse des exportations suite au ralentissement du commerce mondial et à cause d'une lourde récession chez les principaux partenaires du Maroc. 68% du commerce extérieur est réalisé avec l'Europe. Surtout, le Maroc est très exposé à la conjoncture en Espagne et en France. Or, les dernières estimations prévoient une baisse à deux chiffres du PIB dans ces pays. Ainsi, les données définitives sur la croissance au premier trimestre sont plus décevantes qu'annoncées. Le PIB n'a progressé que de 0,1% au premier trimestre contre 0,7% prévu. À la même période en 2019, l'activité avait progressé de 2,1%. Alors que le redémarrage de l'économie a été amorcé courant juin, le HCP anticipait une chute de plus de 6% du PIB au deuxième trimestre avec l'impact la pandémie sur l'économie[102].

Au deuxième trimestre 2020, les estimations économiques prévoient un effondrement de l'activité économique. Le HCP parle d'une récession (-1,8%) avec une chute du PIB de 13,8%. C'est une baisse inédite due à l'impact socio-économique de la crise, aux mesures de confinement et d'arrêt d'activités, à la baisse de la demande intérieure notamment la demande de consommation des ménages (- 6,7%, en variation annuelle, au lieu d'une hausse de 1,4% au trimestre précédent) et la demande d'investissement (- 49% au deuxième trimestre 2020 au lieu d'une baisse de 4,8% un trimestre précédent) et à la baisse de la valeur ajoutée agricole de 14,4%, des activités non agricoles de 6,1%..

De plus, entre avril et juin, la demande extérieure pour les produits marocains s'est contractée de 18% suite à la récession mondiale notamment

[101] HCP : Note de conjoncture N° 37, Octobre 2020

[102] J.R.Y(2020), « *Croissance : une performance décevante au premier trimestre.* », Media. www.lebrief.ma, le 30/06/2020

dans la zone euro (les PIB dans la zone euro et aux États-Unis ont respectivement décroché de 14,9% et 13,7%, en rythmes annuels). Les exportations ont reculé de 25% contre une baisse de 3,1% un trimestre plus tôt, Ceci est dû à l'impact de la crise sur les secteurs destinés à l'exportation notamment celui de l'automobile, du textile et cuir et de l'aéronautique.

Après ce choc, l'activité devrait reprendre graduellement avec le déconfinement, l'ouverture des frontières et l'instauration des mesures de relance prévues dans la loi de finances rectificative.

Le HCP prévoit une baisse de 4,6% du PIB au troisième trimestre 2020 en variation annuelle, au lieu d'une hausse de 2,4% à la même période de l'année précédente[103].

A son tour, le Centre Marocain de Conjoncture a prévu un taux de croissance pour l'année 2020 de 0,8% précisant que sans les mesures préventives prises par l'Etat et la solidarité nationale (aide financière de plusieurs organismes nationaux), les entreprises marocaines pourront connaitre la faillite et l'augmentation du chômage sachant que selon les derniers chiffres du HCP, 57% des entreprises sont en arrêt temporaire et 6300 ont cessé leurs activités.

Selon la note publiée par la délégation de l'Union européenne au Maroc, dans sa section commerciale examinant l'impact de la pandémie du coronavirus sur l'économie marocaine et les mesures prises pour gérer la situation, « en tant qu'économie axée sur la consommation, le commerce et le tourisme, le Maroc pourrait connaître des pertes importantes en 2020 et prévoit une baisse de la consommation des ménages et de l'investissement avec une augmentation du taux de chômage.

Après avoir commencé par anticiper une stagnation de la croissance économique marocaine en 2020, le Fonds Monétaire International (FMI) avait rapidement révisé sa prévision annonçant, mi-avril, une récession de 3,7%.

Les calculs de l'agence newyorkaise Fitch Rating sont encore plus pessimistes et anticipent une contraction du PIB de 4,5% en 2020, soit 0,8 points de plus que ce qu'avaient donné les calculs du FMI mi-avril. « Nous prévoyons que le PIB du Maroc devrait se contracter de 4,5% en 2020,

---

[103] J.R.Y(2020), « *Baisse inédite du PIB au deuxième trimestre »,* Media. www.lebrief.ma», *l*e 06/07/2020.

mettant ainsi fin à 22 années de croissance continue », estiment les analystes de Fitch Ratings[104].

Selon certains économistes, l'économie marocaine devrait souffrir considérablement cette année des conséquences négatives de la propagation de la pandémie en Europe et au pays, ainsi que d'une sécheresse aiguë. Un scénario de référence montre que le PIB réel reculerait de 1,5% en 2020, la première récession frappant le Maroc depuis plus de deux décennies[105].

Dans son intervention au parlement, le ministre de l'Economie et des Finances, Mohamed Benchaâboun a donné quelques chiffres sur l'impact de la pandémie du « Covid-19 » sur l'économie marocaine et a présenté plusieurs indicateurs mesurant le poids de cette crise sur le tissu économique national. Il a avancé que l'économie marocaine perdra 6 points de croissance du PIB en 2020 en raison du confinement, cela se traduit par la perte de 1 milliard de dirhams pour chaque jour de confinement.

En tenant compte de la prolongation du confinement jusqu'au 10 juin, cela représente une perte globale de 80 milliards de dirhams[106].

Selon le HCP, la demande intérieure et extérieure connaîtront un redressement avec la légère reprise de l'activité au quatrième trimestre 2020 bien que les perspectives économiques au niveau mondial resteraient tributaires de l'évolution et de la durée de la pandémie, ainsi que des mesures qui seraient mises en place pour limiter sa propagation. Dans ce contexte, la demande mondiale adressée au Maroc resterait relativement faible et serait tributaire de l'évolution des importations de ses principaux partenaires commerciaux européens. Elle s'améliorerait de 0,5% au quatrième trimestre 2020 par rapport au troisième trimestre, mais sa variation annuelle demeurerait négative, se situant à -8,9%. La demande intérieure poursuivrait, pour sa part, son redressement progressif modéré. La baisse des dépenses des ménages s'atténuerait, sous l'effet d'une légère reprise des achats de biens durables. Les dépenses de restauration et de transport progresseraient également, par rapport au troisième trimestre mais à un rythme moindre. Dans l'ensemble, la consommation domestique fléchirait de 7,9%. Les dépenses en services non marchands,

---

[104] Agence Fitch Ratings, *« Récession au Maroc : Plus pessimiste que le FMI, Fitch table sur -4,5% en 2020 »*. Les info.ma le 04/05/2020

[105] Hassan Manyani (2020) « *Coronavirus. L'impact économique et social sur le Maroc* », www.challenge.ma, le 06/04/2020

[106] HCP : Note de conjoncture N° 37, Octobre 2020

particulièrement sociales, resteraient relativement dynamiques, situant la hausse de la consommation publique à 5,7%.[107]

Selon certains organismes internationaux (Banque mondiale) et nationaux (le HCP, la Banque du Maroc), la pandémie Covid619 aura un impact décisif sur le budget de l'Etat, le marché monétaire ainsi que sur le marché boursier.

1.2. L'arrêt total ou partiel des entreprises

Depuis le mois de mars dernier, le tissu économique marocain non résilient se débat pour sa survie. L'économie nationale est aux prises avec les effets de la crise sanitaire accentués par un confinement total de la population et l'arrêt de certaines activités des entreprises.

La confédération marocaine des très petites et moyennes entreprises (TPE-PME) a fait une étude entre le 18 mars et le 4 avril sur 1080 afin d'analyser l'impact de la pandémie sur les entreprises dans tous les secteurs du royaume. En prenant comme échantillon les entreprises de différentes tailles et opérant dans plusieurs villes du royaume, l'enquête a révélé que 83% des entreprises recensées sont en arrêt total d'activité, alors que les 17% restants sont en arrêt partiel. Le taux d'inactivité augmente même à 89,4% dans le secteur des services. L'enquête ressort également que 85,5% des entreprises opérant dans le tourisme ont suspendu leurs activités.

Avec l'assouplissement du confinement enclenché début juin a certes permis une reprise économique progressive mais la deuxième enquête du HCP sur l'impact de « Covid-19 » sur l'activité des entreprises, menée en juillet 2020, sur les 84,6% des entreprises enquêtées, 32,4% seulement estiment avoir retrouvé leur rythme normal, 52,2% ayant repris de manière partielle et 15,4% d'entre elles toujours en arrêt. La reprise de l'activité en rythme normal concerne 40% des grandes entreprises, 35% des PME et 31% des TPE, tous secteurs confondus.

Face à cette situation et en l'absence dans le code du travail d'une solution médiane, comme le travail partiel ou la réduction des heures de travail, qui prévoit ce genre de cas de force majeur, la CGEM avait proposé le mécanisme de chômage partiel pour les entreprises en difficulté avec partage des coûts entre l'employeur, l'employé et l'Etat, et assorti d'un engagement du maintien des emplois à hauteur de 70 à 80 %.

[107] Idem

Mais les entreprises des secteurs comme le tourisme et l'aérien, ayant subi de plein fouet les effets de la pandémie, n'ont pas attendu qu'un tel mécanisme aboutisse pour opérer de grandes opérations de licenciement.

Cette situation concerne d'autres secteurs qui préfèrent licencier en l'absence de la demande au lieu de maintenir un emploi dans un climat incertain. Et ce malgré l'intervention de l'Etat durant trois mois à travers les indemnités forfaitaires versées par le Fonds Covid et le report des cotisations dues à la CNSS[108].

Par ailleurs, dans l'objectif d'analyser l'impact de la crise sanitaire sur les entreprises, de connaître l'évolution de leur activité au cours de la période de juillet à décembre 2020 et de la comparer avec celle de la même période avant la crise pour s'enquérir du niveau de performance des entreprises, une troisième enquête a été réalisée par le Haut-Commissariat au Plan (HCP) du 22 au 30 décembre 2020 auprès d'un échantillon composé de 3.600 entreprises représentant différents secteurs notamment les secteurs de l'industrie manufacturière, de la construction, de l'énergie, des mines, de la pêche, du commerce et des services marchands non financiers. Ce document publié le mardi 26 janvier présente les résultats de l'enquête qui a révélé une nouvelle facette des dommages économiques et sociaux conséquents de cette période.

Dans le détail, 8,1% des entreprises sont toujours en arrêt temporaire alors que 6% ont dû arrêter temporairement leur activité après une reprise et 2,2% ont déclaré avoir cessé leurs activités de manière définitive.

Pourtant, malgré ce constat, l'enquête ne présente pas de résultats catastrophiques. En effet, au terme du deuxième semestre, 83,7% des entreprises ont déclaré avoir maintenu leurs activités. De plus, selon le HCP, « l'analyse de l'évolution des indicateurs relatifs à l'arrêt d'activité des entreprises montre un certain redressement de l'activité globale ». En effet, le taux d'arrêt temporaire des entreprises a enregistré une baisse neuf mois après le début de la crise sanitaire. Il était de 54,3% en avril et de 52% en juillet pour atteindre 14.1% en décembre 2020. Le taux d'activité a, quant à lui, enregistré une évolution positive passant de 43,1% en avril à près de 83,7% en décembre[109].

---

108 Imane Bouhrara (2020), « *Chômage : un véritable tsunami en gestation* », www.ecoactu.ma, le 10/09/ 2020

109 Khansaa B. (2021), *« Covid-19 : quel impact sur l'activité des entreprises ? »*, Media, le 26/01/2021

1.3. La baisse des investissements

La mise à l'arrêt de plusieurs entreprises a évidemment eu un impact sur l'emploi et l'investissement. La crise sanitaire a touché de manière inégale les secteurs économiques et les entreprises. Selon le rapport du HCP, les branches du transport et l'entreposage, de l'hébergement et restauration et des activités immobilières ont fortement absorbé l'impact de la crise sanitaire sur les entreprises. Ces secteurs peinent toujours à reprendre normalement leur activité. Ceci se traduit par un arrêt temporaire respectif de 31% (transport et entreposage), 27% (hébergement et restauration) et 25% (activités immobilières).

En ce qui concerne les baisses d'activité, le HCP indique que l'hébergement et la restauration sont les plus sinistrés. 86,3% des chefs d'entreprises de ces branches ont rapporté une baisse d'au moins 50% par rapport au deuxième semestre 2019 alors que 9% affirment une diminution de 30% à 49%. Les baisses restent également importantes dans le secteur de la construction (68,7%), dans les branches des activités immobilières (63%) et dans celles de l'industrie du textile et du cuir (58,7%).

Par ailleurs, la part des entreprises ayant déclaré un arrêt définitif atteint 10% dans le secteur des industries du textile et du cuir et 7% dans les activités immobilières, ajoute le HCP.

S'agissant des investissements futurs, le HCP souligne que la crise a influencé le moral des chefs d'entreprises et leur vision en matière d'investissement. La baisse de l'investissement de 4,8% a impacté négativement la croissance. Malgré les mesures gouvernementales et la baisse du taux directeur, l'investissement privé manque de vigueur et le manque de visibilité des opérateurs économiques continuera à impacter cet indicateur. Selon le HCP, près de 81,1% des entreprises ne prévoient aucun projet d'investissement en 2021, et 3,9% entrevoient une baisse de leur niveau d'investissement, alors que 6,4% anticipent une augmentation en 2021[110].

Selon le HCP, l'effort d'investissement au quatrième trimestre 2020 resterait relativement modéré, notamment dans les produits industriels et de construction et sa reprise serait lente et progressive.

[110] Khansaa B. (2021), « *Covid-19 : quel impact sur l'activité des entreprises* ? », Media, le 26/01/2021

Concernant les activités agricoles, leur valeur ajoutée poursuivrait son repli au rythme de -5,8%, en variation annuelle, amputant la croissance économique globale de 0,7 point. Les activités hors agriculture devraient poursuivre leur tendance baissière, au quatrième trimestre 2020, affichant un repli de 5,2%, au lieu de -9% au troisième trimestre.

Dans le secteur secondaire, la baisse de la valeur ajoutée se situerait à -5,3%. L'activité industrielle poursuivrait son rétablissement et celle de la construction se redresserait légèrement, mais seraient toujours pénalisées par une demande peu dynamique. Quant au secteur tertiaire, l'activité poursuivrait sa reprise modérée dans le commerce, le transport interurbain et la restauration, alors qu'elle resterait relativement dynamique dans les services non marchands, notamment sociaux et de santé. Dans l'ensemble, le secteur contribuerait pour -2,8 points à l'évolution du PIB.

Ainsi, compte tenu d'un abaissement de 5,2% de la valeur ajoutée hors agriculture et d'une contraction de 5,8% de celle de l'agriculture, l'activité économique enregistrerait une baisse de 5,5% au quatrième trimestre 2020, en variation annuelle, au lieu d'une hausse de 2,3% à la même période de l'année précédente[111].

1.4. La hausse du déficit budgétaire

La pandémie aura un impact négatif sur le rythme de l'assainissement budgétaire et, à son tour, sur les besoins de financement brut et la dette publique. Selon le Ministère des finances, l'exécution du budget 2020 aurait dévoilé une détérioration des comptes de l'Etat.

L'aggravation du déficit s'explique principalement par l'augmentation des dépenses sociales et économiques liées à « Covid-19 » et le resserrement des recettes fiscales, en particulier de l'impôt sur les sociétés. Le fonds de gestion de la pandémie « Covid-19 » aurait permis d'atténuer le choc.

Dans ce cadre, le ministre de l'Economie a souligné que les dépenses liées à la pandémie du « Covid-19 » ont atteint 13,7 milliards de dirhams au 18 mai 2020. Ces dépenses se traduisent ainsi : 11,5 milliards de dirhams pour les aides aux ménages impactés par la pandémie et 2,2 milliards de dirhams pour l'acquisition des équipements sanitaires (lits de réanimation, lits d'hospitalisation, respirateurs... etc.). Le montant global des ressources du fonds de soutien « Covid-19 » est estimé à 32,7 milliards de dirhams[112].

---

[111] HCP : Note de conjoncture N° 37, Octobre 2020

[112] Manyani Hassan : op. cit.

La situation des finances publiques à fin août fait ressortir un déficit budgétaire de 46,5 milliards de DH contre 30,7 milliards de DH à la même période en 2019. La dégradation du déficit budgétaire tient aux dépenses exceptionnelles liées à la crise provoquée par le coronavirus. Si les dépenses sont orientées à la hausse pour soutenir l'économie, les recettes suivent une autre direction sous l'effet de la baisse du PIB et des conséquences de la crise sur l'emploi.

Du côté des dépenses, il faut noter une hausse de 5,8% des dépenses ordinaires pour atteindre 159 milliards de DH. Cette augmentation inclut une progression de 7,6% des dépenses de biens et services. Par contre, les charges de compensation diminuent de 6,4% en raison de la baisse des cours internationaux du gaz butane. Les investissements, eux, s'inscrivent en baisse de 4,7%.

Cette contraction résulte principalement de la baisse des dépenses au titre des budgets ministériels, explique le ministère des Finances. Une bonne partie de ces dépenses sont couvertes par le fonds de gestion de la pandémie, alimenté à hauteur de 10 milliards de DH par le budget et 23,7 milliards de DH par les dons des marocains. Il a permis de couvrir 24,7 milliards de DH de dépenses à fin août. Il ressort donc à cette date un excédent de 9 milliards de DH. Hors cet excédent, le déficit budgétaire se serait établi à 55,5 milliards de DH.

Du côté des recettes, Les recettes ordinaires auraient reculé de 0,1% en glissement annuel, alors que les charges auraient progressé de 2,3%, tirées notamment par l'augmentation des dépenses des biens et des services. Le solde ordinaire serait devenu déficitaire. La hausse des dépenses d'investissement budgétaire aurait pour sa part accru le niveau du déficit global de 28,8% en comparaison avec celui des huit premiers mois de l'année 2019.

En août, le ministère des Finances relève un fléchissement de la reprise des recettes fiscales entamée depuis le mois de juin. C'est le cas notamment de l'impôt sur les sociétés dont le rendement sur le mois d'août se limite à 0,8 milliard de DH après 1,8 milliard de DH en juillet et 1,1 milliard de DH en moyenne mensuelle entre avril et juin. Pour leur part, les recettes au titre de l'IR ont totalisé 3 milliards de DH après 3,5 milliards de DH en juillet et une moyenne mensuelle de 3,1 milliards de DH au titre de la période avril-juin. Après 8 mois, la collecte est en baisse de 6,4% à 27,7 milliards de DH. Les recettes de la TVA sont en baisse de 9,2% dont une contre-performance de 15,5% de la TVA à l'importation. Par contre la TVA intérieure affiche une hausse de 2,7%. En tout, 28 milliards de DH ont été collectés depuis le début de l'année soit le même niveau qu'à la même période en 2019.

Le ralentissement économique se traduira par un manque à gagner de recettes du Trésor d'environ 500 millions de dirhams par jour pendant la période du confinement. L'alourdissement du déficit budgétaire aurait pesé sur l'endettement du Trésor. Le financement net du Trésor aurait augmenté, notamment sur le marché intérieur, et son endettement aurait accéléré. La dette intérieure se serait accrue de 8,1% durant les huit premiers mois de l'année 2020.

Par conséquent, les organismes internationaux s'attendent à ce que le déficit budgétaire se détériore à plus de 6% du PIB en 2020 et la dette de l'administration centrale pourrait culminer à 73% du PIB[113]. Le solde du compte courant devrait s'élargir à environ 7% du PIB cette année.

Selon le Rapport de la Banque mondiale, les déficits jumeaux du Maroc devraient se détériorer mais restent gérables. Sur le plan budgétaire, les recettes (hors celles perçues à travers le Fonds spécial « Covid ») devraient matériellement se contracter par rapport aux prévisions antérieures en 2020 et 2021, tandis que les dépenses devraient augmenter en 2020 grâce à des dépenses supplémentaires en matière de santé, de protection sociale et d'autres réponses politiques « Covid-19 ».

En conséquence, le déficit budgétaire global devrait s'élargir à 7,5% du PIB en 2020, près de 4 points de pourcentage de plus que prévu avant « Covid-19 ». Malgré la baisse des importations, le déficit du compte courant devrait se creuser et atteindre 8,4% en 2020, reflétant une forte baisse des recettes d'exportation et touristiques ainsi que des transferts. La dette publique et extérieure devrait aussi augmenter mais rester soutenable[114].

---

[113] Rapport de la Banque mondiale, « *Rapport de suivi de la situation économique du Maroc-Perspectives économiques et impact de la crise de COVID-19* », 15/07/2020

[114] Le Ministère des finances précise que ces indicateurs diffèrent de ceux publiés par la Trésorerie générale du Royaume (TGR). La situation produite par cette dernière a *«un caractère fondamentalement comptable»*, J.R.Y, « *Le déficit budgétaire s'alourdit* », Lebrief.ma, le 14/09/2020

1.5. La baisse des taux d'intérêt sur le marché monétaire

La masse monétaire aurait évolué au rythme de +6,6%, au troisième trimestre 2020, après +7,5% un trimestre auparavant, en glissements annuels. Le besoin de liquidité des banques aurait continué de se creuser, suite à la hausse de la monnaie fiduciaire.

Toutefois, Bank Al-Maghrib aurait significativement augmenté le volume de ses financements aux banques, tout en adaptant le mécanisme de ses interventions. Les avoirs officiels de réserve auraient progressé, pour leur part, de 24,1%. Les créances nettes sur l'administration centrale auraient nettement augmenté, marquant une hausse de 21,7% de l'endettement monétaire du Trésor. La croissance des créances sur l'économie aurait décéléré au troisième trimestre 2020. Leur encours aurait augmenté de 5,3%, en glissement annuel, au lieu de +5,8% un trimestre plus tôt. L'accélération des crédits à la trésorerie des entreprises aurait le plus contribué à cette croissance.

Les taux d'intérêt sur le marché interbancaire auraient baissé de 81 points de base, en glissement annuel, s'établissant à 1,5% au troisième trimestre 2020, dans le sillage de la décision de Bank Al-Maghrib d'abaisser son taux directeur de 50 points de base à 1,5% au mois de juin 2020.

Parallèlement, les taux auraient encore diminué sur le marché des adjudications des bons du Trésor, avec des replis respectifs de 63 et 48 points de base pour les taux de maturité 1 an et 5 ans. Les taux créditeurs auraient reculé, quant à eux, de 27 points de base en moyenne[115].

1.6. Les variations baissières du marché boursier

Les transactions sur le marché boursier auraient marqué un net repli dévoilant ainsi la détresse des investisseurs et la nervosité du marché. Leur volume se serait contracté de 49,9%, en variation annuelle. Les indices boursiers MASI et MADEX auraient baissé de 13,6% et 13,8% respectivement, en glissements annuels, après des replis de 9,9% et 10,1%, un trimestre plus tôt. La capitalisation boursière aurait reculé de 13%, au lieu de - 10,2%, un trimestre plus tôt.

Ces évolutions traduiraient, principalement, le recul des cours boursiers d'une grande partie des secteurs côtés notamment les secteurs des ingénieries et biens d'équipement industriels, de la sylviculture et papier, de

[115] HCP : Note de conjoncture N° 37, Octobre 2020

la promotion immobilière, des loisirs et hôtels et des services aux collectivités[116].

2. Les effets de la pandémie sur les secteurs de l'économie marocaine

La crise sanitaire a touché de plein fouet les secteurs de l'économie qui connaissent un ralentissement avec les risques de baisse d'approvisionnement et de demande étrangère, notamment en provenance de l'UE (faiblesse de la demande interne et externe) : ralentissement du commerce extérieur, baisse du tourisme et des secteurs intégrés dans les chaînes de valeur mondiales (automobile) à cause de la récession mondiale et de la baisse du trafic routier et aérien, la détérioration de la balance de paiement avec l'interruption des recettes du tourisme et le ralentissement des transferts des MRE, la crise des PME et l'augmentation du chômage...

Au Maroc, certains secteurs ont montré des signes précoces de vulnérabilité notamment les transports et la logistique dans les chaînes d'approvisionnement, le tourisme, l'automobile, le textile. D'autres secteurs sont aussi touchés par la pandémie : l'industrie des produits de la pêche qui tire a sonnette d'alarme, les industries extractives, les industries manufacturières, les industries agro-alimentaires, l'offshoring, le secteur informel transversal et l'événementiel, d'où le gel des activités économiques[117].

2.1. Le tourisme : Secteur le plus impacté par la pandémie

A l'échelle mondiale, l'Organisation mondiale du tourisme (OMT) a estimé que les arrivées de touristes dans le monde devraient diminuer de 1% à 3% en 2020 (par rapport aux prévisions initiales de + 3% à + 4%), entraînant une perte potentielle de 30 milliards à 50 milliards de dollars de recettes touristiques mondiales.

Au niveau national, l'activité touristique connaît une dégringolade de 7 ans en arrière à cause de ce virus. Avec des pertes en termes de chiffre d'affaires estimées à plus de 34 milliards de dirham, le tourisme est l'un des secteurs les plus impactés par la pandémie du « Covid-19 ».

---

[116] Idem

[117] Toutes les grandes manifestations ont été annulées, dont le stratégique Salon de l'agriculture de Meknès (SIAM)

Il est à noter que, selon les données de l'Office National Des Aéroports (ONDA), le trafic aérien du royaume, pour l'année 2019, a totalisé un nombre d'arrivées de 25.059.840 passagers, en croissance de 11,18 % par rapport à l'année 2018. Pour ce qui est des parts représentées par chaque continent, l'Europe représente 79,19 % de ces arrivées (17.464.911 passagers), 2,79 % pour l'Amérique du Nord (615.006 passagers), et 7,89 % pour le Moyen et Extrême Orient (1.740.318 passagers). Pour le mois de février et mars 2020, l'arrêt du trafic aérien a eu un impact décisif sur le tourisme et les activités touristiques : hôtels, restaurants, cafés, marchés… La perte du nombre de touristes est estimée à plus de 50.000.

Selon les estimations du CFG Bank, le secteur du tourisme touché fortement par la pandémie pourra subir une baisse allant jusqu'à 39% du nombre des touristes et de 30% des nuitées par rapport à 2019. La contre-performance des touristes étrangers de séjour sera partiellement compensée d'abord par la performance des touristes nationaux et d'autre part par les effets d'entraînement positifs générés par la chute des cours du pétrole[118] . Le Maroc a reçu 12,93 millions de touristes en 2019. Une baisse de 39% équivaut à plus de 5 millions de touristes en moins en 2020 dont 50% sont des français et 20% des autres pays.

L'impact sur le chiffre d'affaires en devises du secteur risque d'être lourd. Sous cette perspective, CFG Bank met aussi en lumière les résolutions prises par le management de la compagnie Royal Air Maroc (RAM) lors d'une réunion d'urgence (suspension de la ligne Casa-Pékin (nouvelle ligne lancée le 16 janvier dernier pour la consolidation des relations entre le Maroc et la Chine), et aussi des vols sur l'Italie, annulation de la Omra par les autorités saoudiennes…).[119]

Par ailleurs, la Confédération nationale de tourisme (CNT) a adressé un rapport à la CGEM et au ministère du Tourisme dans lequel elle fait état des répercussions de la pandémie du « Covid-19 » sur le secteur. La CNT indique que le secteur touristique est en crise et affirme par la même occasion que *« tous les acteurs du secteur devront affronter une période très difficile jusqu'à décembre 2020 »* et qu'il faut s'attendre à une période estivale terne[120].

---

[118] Abdellah Ouardirhi (2020), « *Coronavirus : Quel impact sur l'économie marocaine* ? », Hespres, https://fr.hespress.com/123943-coronavirus-quel-impact-sur-leconomie-marocaine.html, publié le 28/01/2020

[119] Note de la délégation de l'Union européenne op.cit.

[120] *« Impact du coronavirus. Le diagnostic de CFG Bank »*, note publiée le 14/03/2020 Challenge.ma https://www.challenge.ma/impact-du-coronavirus-le-dignostic-de-cfg-bank-132229/

La Confédération nationale du tourisme (CNT) a évalué l'impact de la crise « Covid-19 » à 34,1 milliards de DH de perte en termes de chiffre d'affaires touristiques en 2020 et de 14 milliards de DH de perte en termes de chiffre d'affaires pour l'hôtellerie, pour une chute globale de près de 6 millions de touristes (-98%), qui occasionneront une perte totale de 11,6 millions de nuitées. La même source ajoute que pas moins de 500 000 emplois et 8 500 entreprises seraient menacés, dont des entreprises d'hébergement touristiques classées, des entreprises de restauration touristique, des agences de voyages, des sociétés de transport touristique et des sociétés de location de voitures.

Selon une agence touristique, le tourisme ne retrouvera son rythme de l'année 2019 que dans 3 à 5 ans. *« Les pertes impacteront surtout les entreprises touristiques et particulièrement les PME/TPE qui ne pourront pas résister, à moins de lancer une série de dispositions pour les soutenir ». « Le scénario le plus optimiste est une reprise en juillet/août et septembre pour le tourisme des loisirs avec une estimation de 50% en moins par rapport à 2019. Le tourisme d'affaires reprendra à partir d'octobre et novembre »*[121].

Par ailleurs, le quotidien rappelle qu'en août dernier, la Direction des études et prévisions financières (DEPF) a signalé une baisse des recettes touristiques de 33,2% au cours des six premiers mois de 2020. Ce chiffre représente une perte de 11,1 milliards de dirhams.

Il est à signaler que l'industrie touristique marocaine est fortement dépendante des touristes en provenance de la zone euro et par conséquent des performances économiques de cette région. De ce fait, les effets d'entrainement, compte tenu de la pandémie, risquent d'être lourdement négatifs, surtout sur le tourisme, premier secteur exportateur avec 22% du total des exportations de biens et services[122].

En septembre, *L'Économiste* rapporte qu'en raison de la crise due à la pandémie du nouveau coronavirus, le secteur touristique a essuyé de lourdes pertes. Selon le quotidien, ces dernières sont estimées à 18,3 milliards de dirhams sur les sept premiers mois de 2020. Ce chiffre représente une baisse de 44,1% des revenus. Pour le seul mois de juillet, les recettes ont diminué de 90,1%. Dans le détail, la baisse des arrivées de touristes et des nuitées

---

[121] Mohammed L(2020), *« Les petites et moyennes entreprises en pleine souffrance »*, Aujourd'hui le Maroc le 08/04/2020

[122] S.N. (2020), « *Coronavirus : Le Maroc pourrait perdre 5 millions de touristes...* », Médias 24, le 12/03/2020

enregistrées dans les établissements d'hébergement classés ont atteint respectivement 63,5% et 59,1% à la fin juin[123].

Par ailleurs, le quotidien rappelle qu'en août dernier, la Direction des études et prévisions financières (DEPF) a signalé une baisse des recettes touristiques de 33,2% au cours des six premiers mois de 2020. Ce chiffre représente une perte de 11,1 milliards de dirhams. Pour retrouver la situation d'avant-crise et afin de sauver ce secteur, dont les activités contribuent pour 11% au PIB du Royaume, un contrat-programme de 221 mesures sur la période 2020-2022 a été signé le 3 août entre l'Etat et les acteurs privés du secteur.

Une année après le début de la pandémie, le secteur touristique ne s'en sort toujours pas. Si plusieurs activités économiques commencent à reprendre petit à petit leur cours normal, l'avenir du secteur touristique semble bien sombre. Des villes agonisent et sont quasiment à l'arrêt à l'image de Chefchaouen où près de 80% de l'activité commerciale dépend du tourisme. En prenant l'exemple de cette ville, les restrictions sanitaires et la fermeture des liaisons aériennes ont fortement impacté les commerçants de la ville. Plusieurs d'entre eux ont été contraints à mettre la clé sous la porte et abandonner leur activité. Le quotidien *Aujourd'hui le Maroc* nous apprend dans son édition du jeudi 25 mars que la ville est sous le choc après qu'un artisan chefchaounais, noyé en essayant d'émigrer vers l'Europe.

Mais Chefchaouen n'est pas la seule ville à souffrir. La dernière note de conjoncture de la direction des études et des prévisions financières (DEPF) relevant du ministère de l'Economie, des Finances et de la Réforme de l'administration apporte des éléments supplémentaires sur la situation touristique dans l'ensemble du pays. Les chiffres sont pour le moins alarmants.

La DEPF a fait savoir que les recettes touristiques ont enregistré une baisse de 67,2% en janvier 2021 par rapport à la même période de l'année dernière, soit une perte de 4,5 milliards de DH. Par ailleurs, le volume des arrivées au Maroc s'est replié de 78,9% à fin novembre 2020 et celui des nuitées de 72,3%, au lieu de hausses de 5,3% et 5,2% respectivement un an plus tôt.

Le tourisme marocain fait actuellement face à de nombreuses contraintes. Parmi elles, l'expansion du nouveau variant de la « Covid-19 » dans le

[123] Khansaa B. « *Covid-19 : 18MMDH de pertes pour le tourisme* », www.lebrief, le 23/09/2020

monde, la suspension des liaisons aériennes avec 37 pays et l'attente de livraisons des prochains lots de vaccin, synonyme d'une probable suspension temporaire de la campagne de vaccination.

Malgré ces contraintes, la situation épidémiologique au Maroc reste tenable et maîtrisée. D'ailleurs, le site Tourlane_a mis le Maroc en 5e position des pays les plus sûrs pour les voyages derrière l'Égypte, l'Australie, la Chine et la Thaïlande.

Les opérateurs touristiques appellent à l'allégement des mesures restrictives et l'annulation du couvre-feu nocturne à l'approche de la saison estivale. Seulement, les autorités estiment que le risque est actuellement trop élevé pour ouvrir les frontières surtout quand on sait que plusieurs pays font face à une augmentation accrue des cas de contamination. Le Maroc n'est pas le seul pays à se méfier. 32% des destinations dans le monde (66 pays) sont complètement fermées au tourisme international dont 30 pays en Asie-Pacifique, 15 en Europe, 11 en Afrique, 10 dans les Amériques et 3 au Moyen-Orient[124]

[124] Mohamed L. (2021), « *Covid-19 : le dernier secteur à se relever sera bel et bien le tourisme* », Média, le 25/03/2021, https://www.lebrief.ma

Rang	Pays	SANTÉ		POPULATION	CLIMAT	VOYAGE	
		Taux de notification des cas de COVID-19 sur 14 jours	Score du Règlement Sanitaire International (RSI)	Densité de la population par pays	Heures d'ensoleillement par jour	Connexions Aériennes	Score Total
1	Égypte	8.3	83	99	9.6	Vol direct	43.63
2	Australie	0.6	92	4	8.0	1 escale	41.74
3	Chine	0.0	93	148	5.7	Vol direct	41.05
4	Thaïlande	1.3	85	135	6.6	Vol direct	40.96
5	Maroc	14	75	81	8.4	Vol direct	38.7
6	Nouvelle-Zélande	1.0	90	18	5.8	1 escale	37.48
7	Islande	7.9	83	4	3.4	Vol direct	35.3
8	Zimbabwe	2.6	50	37	8.5	1 escale	34.43
9	Îles Fidji	0.7	63	48	6.6	1 escale	33.96
10	Vietnam	0.1	66	308	5.4	Vol direct	33.54
11	Japon	11.9	95	347	5.2	Vol direct	33.25
12	Kenya	13.5	43	90	7.5	Vol direct	32.03
13	Ouganda	0.5	66	213	6.6	1 escale	31.86
14	Cambodge	2.9	50	92	6.9	1 escale	30.86
15	Népal	3.7	34	196	6.1	Vol direct	29.98
16	Laos	0.1	35	31	6.1	1 escale	29.06
17	Afrique du Sud	28.9	70	48	8.5	1 escale	28.42
18	Corée du Sud	11.7	97	529	6.1	1 escale	27.16
19	Île Maurice	6.3	64	623	7.3	1 escale	24.04
20	Rwanda	10.7	71	499	5.5	1 escale	22.76

Selon le vice-président de la Confédération nationale du tourisme (CNT), une véritable reprise touristique ne sera possible avant décembre 2021, pour ne pas dire mars ou avril 2022. Ce dernier estime qu'afin de limiter la casse cet été, il faudra faciliter la mobilité interurbaine des marocains. Seulement, les autorités ne veulent prendre aucun risque de voir de nouveau les cas de contamination augmenter, d'autant plus que la campagne de vaccination n'est qu'à son début.

Les autorités marocaines prendront-elles le risque d'ouvrir davantage l'accès au tourisme marocain afin de stopper l'hémorragie ? Le Maroc se contentera-t-il de l'ouverture sur un meilleur trafic au niveau local pour réduire les dégâts économiques ? Les prochaines semaines, voire les prochains mois seront cruciaux pour répondre à ces questions. Tout dépendra de l'état d'avancement de la campagne de vaccination et de la situation épidémiologique avant l'arrivée de la saison estivale.

2.2. Transport : Baisse du trafic routier et aérien

Les transports routier et ferroviaire n'échappent pas à la crise avec l'interdiction, dans l'ensemble du pays, de la circulation des véhicules de transport de voyageurs depuis le mois de mars.

Pour ce qui est du transport international des marchandises, certains operateurs mettent l'accent sur une hausse de prix variant entre 50% et 75% au niveau du transport routier, correspondant à un surplus variant entre 2100 euros et 3 500 euros par livraison[125]. Le transport aérien souffre des mesures de précaution appliquées et de la baisse de la demande. Selon les estimations de l'Association internationale du transport aérien (IATA), les pertes provoquées par le « Covid-19 » peuvent être évaluées d'une part à 4,9 millions de passagers en moins et un manque à gagner de 728 millions de dollars en plus des emplois menacés (plus de 225 000)[126]. La RAM estime la baisse de trafic à plus de 30% du 1er mars au 31 mai 2020.

[125] Note de la délégation de l'Union européenne : « *Covid-19 : quel impact sur l'activité économique nationale* » Najat Mouhssine. LE MATIN.ma https://le matin.ma/2020/covid-19-quel-impact-.../334561.html, publié le 28/03/ 2020

[126] Création du Fonds spécial pour la gestion de la pandémie de Covid-19, en application des Hautes instructions du roi Mohammed VI, l'octroi d'une indemnité forfaitaire au profit des salariés déclarés à la CNSS, le soutien provisoire des ménages opérant dans le secteur informel ou encore l'instauration de nouvelles mesures bancaires...Radouane Raouf, « *Coronavirus : l'économie marocaine à l'épreuve* ». Eco-Business. https://leseco.ma/coronavirus-leconomie-marocaine-a-lepreuve/ le 01/04/2020

La reprise espérée du trafic aérien à l'automne a fait long feu. Avant l'hiver qui s'annonce rude, les compagnies aériennes appellent à l'aide, réduisent leurs coûts, licencient, ou tentent le système D pour survivre au « Covid-19 ». La saison d'hiver qui débute le 25 octobre et s'achève fin mars pour le transport aérien sera, selon toute probabilité, très mauvaise. Selon Stéphane Albernhe, managing partner au cabinet Archery Strategy Consulting,"On est dans une course contre le temps. La variable c'est le cash, les entreprises meurent par le cash. Il faut aller vite, très vite".

Avec une baisse des recettes au premier semestre de près de 80% par rapport à l'année dernière, les caisses des compagnies ont continué à se vider pour financer des coûts fixes élevés, selon l'Association internationale du transport aérien[127]. Après une légère augmentation en juillet, le trafic s'est à nouveau ralenti en septembre et les réservations pour le dernier trimestre annoncent une fin d'année plus que morose avec un recul de 78% par rapport à l'an dernier.

Pour le secteur, "la clé" d'un retour des passagers en toute confiance réside dans le déploiement à grande échelle de tests avant embarquement, comme alternative à une quarantaine à l'arrivée. En attendant une généralisation des tests, l'IATA ne cesse de tirer la sonnette d'alarme : avec une activité qui reste en panne, les compagnies ont besoin d'aides gouvernementales supplémentaires.

En réalité, elles ont déjà obtenu, selon l'organisation, 160 milliards de dollars de soutien public à travers des aides directes, des prêts, des mesures salariales et des allègements ou assouplissement fiscaux.

Mais en l'absence des réserves habituellement constituées pendant la dynamique période estivale, les compagnies "n'y arriveront pas cet hiver", a prévenu le directeur général de l'IATA Alexandre de Juniac.

Aux Etats-Unis, United Airlines a mis au chômage technique plus de 13.000 employés au début du mois, Ryanair a réduit ses capacités de 60% par rapport à l'hiver dernier, contre 40% initialement prévu. En Asie, des compagnies bricolent des offres pour renflouer leurs caisses.

---

[127] AFP, « *Transport aérien : après un été chagrin, l'hiver sera rude* », www.lacroix.com, le 16/10/2020

2.3. Le secteur industriel : Une quasi-stagnation

A côté du tourisme qui représente 8% du produit intérieur brut (PIB), l'industrie est l'un des secteurs les plus touchés par la pandémie du « Covid-19 ». Le secteur industriel a connu une quasi-stagnation soit directement par la réduction des effectifs soit indirectement à travers l'arrêt des donneurs d'ordres ou le ralentissement des chaînes de logistique et d'approvisionnement. De plus, les fermetures des industries en Chine et leur place dans les chaînes de valeur mondiales expliquent en partie les perturbations que connaît la production industrielle notamment l'automobile (La Chine est le premier importateur mondial de pétrole et sa consommation représente 14% de la planète).

L'arrêt de l'économie a porté un coup dur à de nombreux secteurs. Mais tout le monde n'est pas touché de la même façon. Ainsi, le taux d'utilisation des capacités s'établit par exemple à 66% dans la Chimie et la Parachimie et 61% dans les industries agroalimentaires. Il faut remarquer que ces secteurs ont moins souffert de la crise même si les situations varient d'une entreprise à l'autre. A contrario, les deux filières qui ont été lourdement impactées par la pandémie sont les filières de l'automobile et du textile et habillement. L'activité se redresse dans les usines avec la réouverture progressive de l'économie.

L'enquête mensuelle de Bank Al-Maghrib dans l'industrie révèle une augmentation de la production au mois de mai. Cependant, l'activité demeure à un niveau très bas puisque en mai, les industries tournaient à seulement 56% de leurs capacités[128]. Les entreprises du Textile et du Cuir tournent à seulement 27% de leurs capacités tout comme les industries électriques et électroniques.

Bank Al-Maghrib relève qu'en mai, les ventes sont en baisse aussi bien sur le marché local qu'à l'étranger. Au début du mois de juin, le Comité de veille économique avait rendu public quelques chiffres représentatifs de l'impact de la crise sur le secteur. Il faudra attendre les indicateurs de juillet-août pour tirer un premier vrai bilan sur les entreprises après la reprise de leurs activités.

Certains chefs d'entreprises prévoient dans les trois mois qui suivent une hausse de la production et des ventes. D'autres par contre manquent de visibilité sur la production et sur les ventes et recourent à la baisse du

---

[128] J.R.Y. (2020), « *L'industrie tourne à 56% de ses capacités* », Media. www.lebrief.ma, le 03/07/2020

nombre des salariés. Les mécanismes de soutien public ont permis à certaines entreprises de maintenir les effectifs[129].

2.3.1. L'automobile : Un coup dur pour le secteur

Selon la délégation de l'UE au Maroc, les décisions prises par Renault et PSA, locomotives du secteur automobile au Maroc, de suspendre temporairement leur activité au niveau de ses deux sites de production de Tanger et de Casablanca depuis le 19 mars pourraient avoir un impact inéluctable sur tout le secteur avec des répercussions sur les 180 000 individus employés par cette industrie, les 250 équipementiers automobiles opérant au Maroc autour de neuf écosystèmes (Câblage, intérieur véhicules & sièges, métal emboutissage, batterie, PSA, moteurs, Renault, Delphi et Valeo. Certes, l'automobile a accusé une baisse de 50% du chiffre d'affaires et 60% de l'emploi.

La crise actuelle risque aussi de compromettre les objectifs annoncés par le Ministre de l'industrie d'atteindre une capacité de production annuelle de 1 million de véhicules d'ici 2022 et d'un chiffre d'affaires à l'export de 100 milliards de DH. De plus, en termes de prévision sur le plan national, les ventes de véhicules devraient accuser une baisse compte tenu de la faible propension à la consommation en biens durables par la population marocaine et le report du salon Auto Expo initialement prévu pour juin 2020.

Au vu des tensions qui semblent émerger sur les réserves en devises, le Directeur Général des Douanes a adressé une demande à l'Association des importateurs de véhicules AIVAM afin de réduire au strict minimum les importations en négociant avec les fournisseurs le report de celles-ci.

2.3.2. Le textile/habillement : secteur perturbé par la crise

Le secteur du textile et habillement a enregistré une baisse de 55% du chiffre d'affaires et de 71% de l'emploi. Employant plus de 160 000 individus au sein de 1200 entreprises, le secteur du textile à une double difficulté : celle de son approvisionnement et celle sa demande étrangère.

Selon la note de la délégation européenne au Maroc, les approvisionnements au niveau du secteur sont fortement perturbés, comme une bonne partie de la matière première utilisée vient d'Asie,

[129] Mohamed L. (2020), « *Deux nouveaux programmes pour la relance des TPME* », Media, L'économiste, le 29/06/2020

particulièrement de Chine ajoutant que le secteur souffre d'un problème de visibilité au niveau de la demande, notamment au vu de la baisse de la demande européenne sur le textile et habillement (l'Espagne et la France absorbant près de 60% des exportations du secteur), induisant une baisse des commandes auprès des fournisseurs, selon le président de l'Association Marocaine des Industries du Textile et de l'Habillement (AMITH).

2.3.3. Le secteur de la métallurgie : secteur impacté par la crise

Parmi les autres secteurs impactés par la crise, celui de la métallurgie. Ce secteur contribue considérablement à la baisse du chômage, puisqu'il emploie un nombre important d'effectifs et dépend à 90% des projets et des chantiers. Au troisième trimestre, ce secteur connait une baisse drastique de l'activité en plus de plusieurs faillites attendues pour la filière. Il ne tourne qu'à 30% de sa capacité. Le « *secteur accuse une perte de 15.000 postes de travail depuis le confinement, auxquels s'ajouteront 10.000 autres, d'ici la fin de l'année* »[130].

2.4. Le commerce extérieur : secteur en ralentissement

La crise a perturbé les chaînes d'approvisionnement mondiales et a un impact décisif sur le commerce extérieur marocain. En cas d'accentuation de la crise dans les autres pays touchés par la pandémie, les entreprises marocaines liées à l'étranger seront impactées. Pour certains économistes, ce sera « une année noire » pour le commerce extérieur ». Il s'agira alors d'« un phénomène logique au regard de la nature de la crise, qui touchera cette fois-ci l'économie réelle de façon multidimensionnelle ».

Les exportations ont reculé de 61,5 % et les importations de 37,6 %. Les recettes touristiques, ont baissé de 60% au mois d'avril, tandis que les recettes des Marocains résidant à l'étranger (MRE) ont régressé de 11% les quatre derniers mois et de 30% pour le seul mois d'avril. Parmi les secteurs exportateurs les plus impactés, celui de l'automobile. Ce dernier a régressé de 96% au mois d'avril, contre 86% au mois de mars. Les exportations dans le secteur aéronautique ont chuté de 81% contre 52% en mars. Autres secteurs frappés de plein fouet par le virus, ceux de l'électronique et du textile.

---

[130] Mohammed L, *« Le secteur de la métallurgie, un autre malade de la Covid19 » Les Inspirations Éco,* le 8/10/ 2020

Les exportations dans ces secteurs ont affiché des baisses de 93% et 86,5% en avril 2020[131].

Concernant le secteur du textile, il est en véritable crise. D'après les statistiques données pour le mois d'octobre 2020, les exportations marocaines de l'habillement vers les pays de l'Union européenne (UE) ont chuté de 35% au terme des sept premiers mois de l'année, par rapport à la même période de 2019. Avec la Tunisie (25% de baisse des exportations), le Maroc demeure le fournisseur du marché européen le plus touché par la crise. Le confinement est évidemment la première raison de cette baisse.

« Il y a eu un arrêt d'activité pendant le confinement, les donneurs d'ordres mondiaux et spécialement les clients du Maroc traversent une mauvaise passe », souligne un exportateur marocain.

« Au moment du déconfinement, les positions ont été hésitantes. Il y avait un important manque de visibilité. Les donneurs d'ordre ne pouvaient plus se déplacer au Maroc pour voir leurs sous-traitants, vérifier la qualité des marchandises, vérifier la conformité des commandes... un travail qui doit se faire essentiellement en présentiel. Il y a eu aussi des arrêts d'usines à cause des cas de contaminations, ce qui a nui à l'activité de ceux qui avaient des commandes », précise un autre exportateur[132].

Pour le CFG, la pandémie a eu un impact non seulement sur le tourisme, mais aussi sur le commerce international de biens du fait des perturbations des chaînes d'approvisionnement mondiales. Certes, l'économie marocaine est de plus en plus ouverte au reste du monde et pour satisfaire une grande partie de sa consommation. Ainsi, les volumes du commerce extérieur marocain seront affectés négativement. D'après une étude de CFG Bank, une baisse de 20% des volumes totaux de biens échangés est attendue, équivalant à une perte de 2,6 millions tonnes chaque mois à partir de mars 2020 : Baisse de la demande d'importation de biens de consommation, de produits finis et de biens intermédiaires. Ceci s'explique par deux facteurs :

---

[131] Mohammed L., « *Relance économique : le textile attend son tour* », publié le 08/10/2020, www.lebrief.ma

[132] L. Mohammed (2020), « *La machine économique se remettra en marche après l'Aid* », Médias. www.lebrief.ma, le 20/05/2020

-Le ralentissement économique attendu en Europe (66% des importations et exportations totales)

-La fermeture temporaire des usines en Chine (10% des importations totales en valeur et 15% à 20% des volumes importés, selon les estimations de CFG)

Il est à souligner que « nos principaux partenaires commerciaux (l'Espagne et la France, en plus de la Chine) sont impactés par la crise liée à la pandémie, ce qui signifie une baisse drastique des exportations, parallèlement à une hausse des importations de produits alimentaires pour combler les effets de la sécheresse »[133].

Toutefois, CFG Bank ne peint pas tout le tableau en noir. CFG BanK relève des facteurs positifs devant compenser partiellement les impacts négatifs pour le Maroc, tels que la baisse de la facture énergétique suite à la chute des cours de pétrole.

Ainsi, la CFG rappelle que le déficit de la balance des biens et services du Maroc, qui s'élevait à 15,1% du PIB en 2012, est tombé à 4,1% en 2019 grâce à la baisse de la facture énergétique suite à la chute des cours de pétrole (de 111 dollars le baril en moyenne en 2012 à 61 dollars entre 2017 et 2019), ainsi qu'à la performance du tourisme et des nouveaux métiers mondiaux du Maroc.

De même, en mars 2020, la chute du cours de pétrole de 50%, oscillant autour de 30 dollars le baril aura un impact positif sur notre balance des biens et services, compensant la contre-performance attendue de l'industrie touristique[134].

Se référant à l'étude de la CFG, la Délégation de l'Union européenne au Maroc, dans sa note publiée sur les impacts économiques du « Covid-19 » sur le Maroc note que « la crise pourrait impacter le commerce extérieur du Maroc qui représente 32% du PIB. En tant qu'économie axée sur la consommation, le commerce et le tourisme, le Maroc pourrait connaître des pertes importantes en 2020. « Etant également fortement dépendante de l'économie européenne, l'activité économique du Royaume sera

---

[133] Ce qui est sûr, pour Najib Akesbi, c'est qu'elle aura des effets dans le moyen et long terme sur l'ensemble de l'économie nationale, sans exclure «*des répercutions sur la valeur du dirham*». Najib AKESBI

[134] S.N. op.cit.

inévitablement impactée par le repli de la croissance européenne », prévient la délégation. Pour rappel, l'UE représente plus de 58% des exportations marocaines, 59% du stock d'IDE, 70% des recettes touristiques et 69% des transferts des Marocains Résidant à l'Etranger (MRE). Les menaces sont donc réelles.

D'autre part « au niveau de la balance commerciale, un ralentissement des exportations reste aussi probable au vu de la perturbation des chaînes d'approvisionnement, de l'allongement des délais de traitement des dossiers et de la baisse de la demande étrangère adressée au Maroc » explique la délégation de l'union européenne.

En parallèle, la hausse des importations des produits de première nécessité comme le blé ou le maïs pourrait, selon la même source, être compensée par le déclin des cours du pétrole devant permettre au pays de réduire sa facture énergétique[135].

Globalement, l'impact du « Covid-19 » sur le commerce varie par secteur, selon la délégation. Alors que certains secteurs exportateurs pâtissent des conséquences de la crise, d'autres, notamment le secteur des fruits et légumes, en bénéficient.

Selon certains analystes, « L'UE continuera donc naturellement d'avoir des effets d'entraînement positifs ou négatifs sur notre économie, en fonction de ses propres performances »[136].

Quant aux relations économiques sino-marocaines, l'impact de la pandémie qui touche actuellement la Chine (l'Empire du Milieu, accessoirement quatrième partenaire commercial du Maroc) et par ricochet le monde entier, commence à se faire sentir sur l'économie du royaume. On parle de 1,63 milliard de dirhams d'exportations pour ce qui est des minéraux nationaux, et de 375 millions de dirhams de produits de grande consommation, notamment l'eau, les agrumes et les conserves de poissons.

Selon les données de l'Office de change, les produits exportés depuis le Maroc vers la Chine concernent des demi-produits (211 MDH), des biens finis d'équipement (190 MDH), mais aussi des produits bruts d'origine

---

[135] Mounia Kabiri Kettani (2020), « *L'impact du Covid-19 sur le secteur du commerce marocain vu par l'UE* », www.aghress.com, le 28/03/2020

[136] Abdellah Ouardirhi op. cit.

animale et végétale (84 MDH), et des produits finis de consommation (44,8 MDH)[137].

De plus, l'Office de change indique qu'à fin juin 2019, les importations de produits chinois vers le Maroc (le thé vert, les produits industriels légers, les textiles, les produits mécaniques et électroniques) se sont chiffrées à 1,4 MMDH, alors que les exportations ont été de 1,36 MMDH durant cette période. Avec l'accentuation de la crise, les importateurs marocains de produits en provenance de la Chine s'inquiètent du sort de leur activité, car ils sont les premiers touchés[138].

Les relations d'échange entre le Maroc et la Chine se développent aussi à travers le commerce en ligne. Les produits chinois, font leur entrée au sein du pays, en provenance des plateformes de commerce en ligne, notamment Ali Express et Wish.

Cependant, selon le président de la Fédération Marocaine des Droits des Consommateurs, le problème avec les achats sur ce type de plateformes réside dans le fait qu'il n'y a pas de contrôle individuel des produits. De plus, avec le commerce en ligne, les délais de réponse des fournisseurs chinois s'allongent. Certes, le problème qui se pose est que si habituellement, les industriels chinois répondaient dans les 24 heures, avec la crise, les chinois peuvent tarder à répondre aux commandes des commerçants marocains, mais de plus, leur marchandise placée en quarantaine à son arrivée dans les ports. L'une des marchandises les plus concernées est sans doute le thé chinois, dont le Maroc est le premier importateur mondial avec 77.562 tonnes importées en 2018.

Face à la carence en thé chinois, les commerçants peuvent se tourner vers d'autres pays asiatiques tels que l'Inde ou le Vietnam pour s'approvisionner en thé.

---

[137] S.N. op.cit.

[138] *"En temps normal, les commerçants se déplacent régulièrement en Chine pour rencontrer leurs fournisseurs, s'enquérir des nouveaux produits, choisir leur marchandise et sceller les transactions. Aujourd'hui, ils n'osent plus y aller, d'abord de peur de contracter le virus, mais aussi pour ne pas avoir à être placés en quarantaine à leur retour de Chine"*, explique Bachir Ahechmoud, président du conseil national du Syndicat national des commerçants et des professionnels (SNCP). Omar KABBADJ (2020), « *La peur des importateurs marocains* ». Telquel N°901 du 17au 23 avril 2020

Outre le thé, les produits alimentaires les plus menacés sont la vermicelle de Chine, les lentilles et le maïs dont les prix commencent à augmenter. En plus des produits alimentaires, le textile, l'électroménager et l'électronique (accessoires et pièces de téléphones) sont les segments les plus impactés.

Par ailleurs, dans sa note de conjoncture N° 37, Octobre 2020, le HCP souligne qu'au troisième trimestre 2020, le contexte international aurait été moins pénalisant pour l'économie nationale, avec la légère reprise apparue dans les principaux pays avancés, après une baisse de 12,1% de la croissance en zone euro et de 9,1% aux Etats-Unis, au deuxième trimestre 2020, la levée partielle des restrictions au niveau des transports et l'amélioration progressive de l'activité au niveau mondial. Les pays développés connaissent une légère amélioration de leurs activités industrielles, mais sans pour autant retrouver son niveau d'avant crise.

Au niveau du commerce mondial, les échanges internationaux auraient gagné un peu d'élan au troisième trimestre 2020. Bénéficiant d'un léger regain de dynamisme des importations des principaux partenaires commerciaux, la demande mondiale adressée au Maroc se serait améliorée de 9,3% par rapport au deuxième trimestre. Sa baisse en variation annuelle se serait atténuée, pour atteindre 10,2%, après une chute de 17,9% un trimestre plus tôt.

Au niveau national, le déficit commercial des biens et services, en volume, se serait allégé de 10,2% au troisième trimestre 2020. Les exportations, moins pénalisées par le contexte extérieur et les mesures sanitaires restrictives, auraient baissé de 16,9% en variation annuelle, au lieu de -28,7% un trimestre plus tôt. Les données disponibles pour les mois de juillet et août 2020 auraient témoigné d'un recul moins prononcé des exportations des biens en valeur. Les exportations de l'automobile auraient renoué avec une croissance positive (+3%), tirées par la hausse des ventes extérieures des voitures de tourisme. Les exportations du secteur agro-alimentaire auraient, pour leur part, enregistré une hausse de 12,6%, alimentées par la reprise de la demande extérieure qui lui est adressée. Pour les exportations des autres secteurs, leur évolution serait restée relativement contrastée. Les exportations de la branche 'textile et cuir' se seraient améliorées de 7,7%, profitant de la reprise des exportations de la bonneterie, alors que celles des vêtements confectionnés et des chaussures auraient poursuivi leur baisse, avec cependant un rythme en léger retrait. Les exportations des industries aéronautique et électronique n'auraient pas encore retrouvé leur sentier de croissance positive, affichant des baisses respectives de 52,7% et 28%, en variations annuelles. Celles des phosphates et dérivés auraient connu, quant à elles, un profil heurté, pénalisées par la baisse des ventes extérieures du phosphate brut. Les importations de biens et services, en volume, auraient, pour leur part, continué sur leur trend baissier au troisième trimestre 2020, mais à un rythme moins prononcé qu'au trimestre précédent, soit -15,4% au lieu de -25,7%. Pour les mois de juillet et août 2020, la baisse des importations de biens en valeur aurait été impactée par le recul des achats des produits énergétiques, des biens d'équipement et des biens de consommation. En revanche, les importations des biens alimentaires se seraient inscrites en hausse de 17,3%, alimentées par les importations de blé, d'orge et de thé, alors que celles du maïs se seraient repliées[139].

2.5. Détérioration de la Balance de paiement et des réserves de change

Quant à la balance de paiement et aux réserves de change, la crise s'explique par les conséquences de la pandémie mondiale et de la récession en Europe notamment par la faiblesse de la demande extérieure, le ralentissement des transferts des MRE et l'interruption des recettes du tourisme d'où la faiblesse des réserves de devises. Certes, l'année touristique risque d'avoir un avenir incertain, même si les choses se remettent en marche durant la haute saison estivale d'où la baisse des recettes du tourisme auxquelles il faut ajouter la forte baisse des transferts de MRE d'autant plus que la pandémie a touché les trois pays où la communauté marocaine est nombreuse : (France, Espagne, Italie) sans négliger la baisse des transferts des investissements directs étrangers (IDE)[140].

Selon les derniers chiffres avancés par le ministre de l'économie et des finances, les exportations ont reculé de 61,5%, les importations ont baissé de 37,6%, les recettes touristiques ont baissé de 15% et 60% pour le seul mois d'avril. Les recettes des MRE ont pour leur part enregistré une baisse de 11% sur les 4 premiers mois et 30% en avril seulement[141]

Cependant, bien que la baisse des prix du pétrole en 2020 puisse réduire les dépenses d'importation d'énergie et contrebalancer la perte de devises, elle ne compensera pas entièrement les effets négatifs de la pandémie sur les exportations de biens et de services. Il serait difficile de financer le déficit de la balance des paiements, car les IDE devraient ralentir et la prime de risque sur les marchés financiers internationaux augmenter. D'où l'importance

---

[139] HCP : Note de conjoncture N° 37, Octobre 2020

[140] Jawad KERDOUDI op.cit

[141] Intervention du ministre d'économie et des finances devant le parlement le 19/05/2020 Op.Cit.

cruciale des programmes spécifiques « Covid-19 » des institutions financières multilatérales pour aider les pays en développement, dont le Maroc, à combler leurs déficits de financement.

Face aux perturbations des réserves de change, La Commission de l'Union européenne au Maroc ajoute : « De surcroit », le Maroc dispose de plus de cinq mois d'importations de devises ainsi que la possibilité de faire appel à la LPL (Ligne de précaution et de liquidité) du FMI, sans oublier la souplesse supplémentaire, même limitée, introduite dernièrement par Bank Al-Maghrib à travers l'élargissement de la bande de fluctuation du dirham (+/- 5%), qui pourrait aussi limiter les incidences sur les réserves de change. L'administration de la douane a pris aussi des dispositions favorables dans ce sens ». Certes, dans le cadre de la politique de réponse proactive de notre pays à la crise de la pandémie de « Covid 19 », le Maroc a procédé, le mardi 7 avril, à un tirage sur la Ligne de Précaution et de liquidité (LPL) pour un montant équivalent à près de 3 milliards de dollars, remboursable sur une période de 5 ans, avec une période de grâce de 3 ans[142].

2.6. Offshoring : préserver les emplois !

Pour les entreprises du secteur, le télétravail et la possibilité de baisser les flux d'activité pour garder le strict minimum de collaborateurs sur les plateaux avec des systèmes de rotation restent les principales démarches adoptées. Notons qu'à 2019, l'offshoring au Maroc employait 110 000 individus autour de trois métiers principaux : ITO (technologies de l'information), BPO (l'externalisation des processus d'affaires) et CRM (gestion de la relation client).

2.7. L'événementiel : la pire crise de son histoire

Le secteur de l'événementiel est confronté à la pire crise de son histoire en raison de la pandémie de « Covid-19 » et de ses conséquences. Les opérateurs de ce secteur déclarent qu'il est toujours au point mort malgré le protocole sanitaire proposé en juillet 2020 par le Groupement professionnel des prestataires de l'événementiel au Maroc (GPPEM) et le Bureau Veritas ainsi que les multiples interpellations des autorités concernées.

---

[142] *« La mobilisation de cette facilité intervient dans le cadre de l'accord au titre de la LPL conclu avec le FMI en 2012 et renouvelé pour la 3ème fois en décembre 2018, pour une période de deux ans, avec l'intention de l'utiliser comme assurance contre les chocs extrêmes, comme ceux que nous vivons actuellement »*, indique un communiqué de Bank Al-Maghrib (2020), *« Le Maroc tire 3 milliards de dollars sur la ligne de précaution et de liquidité »*. Les info.ma le 08/04/2020

Selon une étude réalisée par le GPPEM et publiée le15 février, les opérateurs (sur les 206 professionnels sondés, qui opèrent principalement à Marrakech, Fès, Casablanca et Tanger) notent que ce secteur affiche à fin 2020 une baisse de plus de 75% de son chiffre d'affaires, 93% d'entre eux déplorant que leur activité traverse la pire conjoncture de son histoire.

L'étude souligne que la majorité d'entre eux a dû réduire les effectifs afin de faire face aux effets de la crise sanitaire, 54,5% ayant même licencié une partie de leur personnel permanent. De plus, 51% des entreprises recensées se sont séparées de plus de 50% de leurs employés en mode freelance.

Face à la gravité de leur situation, 63% des professionnels de ce secteur se sont tournés vers la Caisse nationale de la sécurité sociale (CNSS), afin qu'elle vienne en aide à leurs collaborateurs. Ces derniers ont également recouru au crédit bancaire, 30% ayant opté pour le produit Damane Oxygène et 20% pour Damane Relance. Cependant, malgré l'adoption de ces solutions, le rapport du GPPEM estime que ces montants n'étaient pas assez suffisants pour sauver les entreprises impactées, dont 23,5% ont ainsi été forcées de vendre une partie ou l'ensemble de leur matériel et 22,5% ont même envisagé d'arrêter leurs activités après le confinement.

Seulement, selon les opérateurs qui ont participé à cette étude, l'avenir est incertain, mais l'espoir persiste. Pour 87 agences organisatrices, 69 prestataires y compris les freelances et sites d'accueil, et 50 agences-conseils, c'est le manque de visibilité quant à la reprise de leur activité qui les préoccupe le plus.

D'ailleurs, environ 60% des répondants indiquent n'avoir aucune visibilité commerciale sur les prochains mois, tandis que 47% déclarent qu'ils ont été consultés pour un projet d'événement prévu en 2021. Toutefois, les acteurs de l'événementiel ne perdent pas espoir. 97,5% d'entre eux assurent être prêts à reprendre leur travail, tout en respectant le protocole sanitaire mis en place par le ministère de la santé[143].

---

[143] HLB(2021) « *Covid-19 : L'événementiel confronté à la pire crise de son histoire* », Média, le 16/02/2021

III Les conséquences sociales de la pandémie « Covid-19 »

1. Crise sociale et chômage : Lourds dommages sur le marché de l'emploi

La pandémie de « Covid-19 » a provoqué de lourds dommages sur l'emploi et les revenus. La crise sanitaire est en passe de donner un coup de grâce au marché du travail marocain, à la base très précaire. Déjà situé à des niveaux jugés élevés en temps normal, le taux de chômage s'est détérioré davantage dans ce contexte de crise sanitaire.

Outre les nouveaux actifs qui rejoignent annuellement le marché de travail (350000), viennent s'ajouter des milliers d'autres qui ont perdu leur travail.

En l'absence d'un retournement de la situation économique, l'année 2020 connaîtra un triste record du taux de chômage avec plus d'un million de postes menacés. Certes, cette augmentation du taux chômage a été enregistrée exclusivement parmi les personnes ayant déjà travaillé, dont la plus forte a été marquée parmi les jeunes âgés de 15 à 24 ans (+11,2 points à 33,4%), d'où le risque d'une explosion d'une bombe sociale[144]. Or, la pandémie sanitaire se poursuivant de plus belle et les mécanismes de retournement de tendance sont encore à leur début. Ce qui laisse craindre le pire taux de chômage jamais enregistré dans le pays qui n'échappera pas à une tendance mondiale des plus désastreuses.

A l'échelle mondiale, l'Organisation internationale du travail estime que l'équivalent de 400 millions d'emplois à temps plein ont été perdus au deuxième trimestre de 2020.

Au Maroc, selon le HCP, le marché de l'emploi a connu au courant du deuxième trimestre une perte de 589.000 postes dont 520.000 postes situés en milieu rural et 69.000 en milieu urbain. Au cours de la même période, le taux de chômage a atteint un pic historique, depuis 2004, de 12,3% en augmentation de 4,2 points par rapport à l'année précédente. Ce taux s'est situé à 15,6% dans les villes, après 11,7% un an plus tôt, et à 7,2% en zones rurales, après 3%.

Au niveau sectoriel et aux premiers rangs du classement, figurent l'agriculture avec une perte de près de 416.000 postes, suivie de l'industrie du textile-cuir et du commerce avec des pertes respectives de près de

---

[144] S. Es-Siari (2020), « *Chômage, une bombe à retardement* », Economie www.ecoactu.ma, 27/10/ 2020

204.000 et 165.000 emplois. De même, le HCP relève que près de 38% des entreprises ont réduit les effectifs de leurs employés, à fin 2020. Par secteur d'activité, les entreprises de la construction (56%) et celles opérant dans l'hébergement et de la restauration (64%) ont réduit de plus de la moitié leurs effectifs durant le deuxième semestre 2020 par rapport à la même période 2019.

Ainsi, le HCP prévoit un taux de chômage qui frôlera les 15 % en 2020 pour une récession de -5,8%. Or, la récession dépassera les 6%, selon les prévisions et scénarios des économistes, ce qui augure d'un taux de chômage plus élevé et une perte de postes d'emploi plus conséquente.

Autre phénomène remarqué concerne les cadres travaillant pour des multinationales qui ont réduit drastiquement leurs effectifs, notamment au Maroc qui se retrouvent sur un marché de travail déjà en crise donc avec peu de débouchés à offrir dans ce contexte de crise.

D'ailleurs, la perte d'emplois pour l'année 2020 est estimée à 1,25 million de postes, soit un doublement du taux de chômage alors que le taux d'activité demeurerait inchangé, selon l'estimation de l'ERECA.

Ainsi, sous l'effet de la crise sanitaire, l'année 2020 risque d'être la pire année en termes de pertes de postes d'emplois sans parler de l'informel qui constitue la partie cachée de l'iceberg[145].

Certes, sur le plan social, la situation devient alarmante avec l'augmentation du chômage notamment dans le secteur informel. Certes, le marché du travail fait face à un choc de proportions historiques, les travailleurs vulnérables étant particulièrement touchés. Les effets négatifs combinés ont conduit à des pertes d'emplois et de revenus généralisées, en particulier dans le secteur informel où 66% des travailleurs ont perdu leur emploi.

L'aide gouvernementale a en partie atténué la perte pour 19% des ménages en particulier dans le secteur informel.

Nous avons donc un déséquilibre global entre la capacité de création d'emplois de l'économie et les besoins réels (du fait de la population, de sa jeunesse, de ceux qui quittent le système éducatif, etc.).

---

[145] Imane Bouhrara (2020), « *Chômage : un véritable tsunami en gestation* », www.ecoactu.ma, le 10/09/ 2020

Il s'agit de données structurelles indépendantes de l'année. L'accentuation du chômage accentue le manque de confiance des ménages, impacte négativement leurs dépenses, ce qui fait baisser la demande intérieure, mettant à mal les entreprises et la boucle "infernale" est bouclée.

Le Maroc souffrira également si la demande intérieure continue de baisser en raison de la fermeture prolongée des activités pour contenir la propagation de la pandémie et son impact sur les revenus des salariés et des entreprises. Certes, l'incertitude globale sur le marché du travail conduit à la perte d'emplois et de revenus, sans savoir à quel moment ils pourraient être rétablis.

2. Impact de la pandémie « Covid-19 » sur la pauvreté, le taux de vulnérabilité et les inégalités sociales.

L'ombre de la pauvreté plane sur 10 millions de marocains. Dans la première partie des années 2010, le Maroc a connu une réduction significative de la pauvreté. Les prévisions basées sur le PIB par habitant indiquent cependant que le taux de pauvreté (en utilisant un seuil de pauvreté de 3,2 USD PPA) augmentera d'au moins environ 1 point de pourcentage. En d'autres termes, environ 300.000 marocains devraient sombrer dans la pauvreté.

La volatilité économique peut également affecter le bien-être de ceux dont les dépenses de consommation sont justes au-dessus du seuil de pauvreté. Un petit choc négatif peut ramener ce groupe dans la pauvreté.

Le pourcentage de la population « vulnérable » à la pauvreté varie en fonction des dépenses des ménages retenues comme seuil. En utilisant un seuil de dépenses de 5,5 dollars, le nombre de pauvres et de non pauvres mais vulnérables à la pauvreté est étonnamment élevé : environ 25% en 2019 et devrait augmenter à 27% en 2020.

Par conséquent, en raison de la crise économique, près de 10 millions de marocains peuvent devenir pauvres ou risquent de tomber dans la pauvreté[146].

Le Haut-Commissariat au Plan a rendu publique le 25 mars 2021 une note consacrée à « l'évolution du niveau de vie des ménages et impact de la pandémie « Covid-19 » sur les inégalités sociales ». Une enquête nationale a

---

[146] Boursenews op.cit.

été réalisée du 1er décembre à fin mars 2020 auprès de 3.290 ménages. Cette dernière a révélé que le confinement a eu une forte incidence sur la pauvreté et le taux de vulnérabilité, mais que ces derniers ont été amortis par les aides publiques.

Selon les résultats de l'enquête nationale sur les sources de revenus de 2019, le niveau de vie des ménages a augmenté au Maroc. Le revenu est passé de 15.900 DH par personne en 2013 à 20.389 DH en 2019. Ce niveau de vie a augmenté aussi bien dans le milieu urbain que rural. Pour les citadins, le niveau de vie est passé de 19.500 DH en 2013 à 24.500 DH en 2019, et pour les ruraux, de 10.425 DH à 13.360 DH au cours de la même période.

Le niveau de vie par ménage, mesuré par la dépense de consommation annuelle moyenne des biens et services acquis par les ménages marocains, est estimé à 86.094 DH par an, soit 7.175 DH par mois. Ce montant atteint 95.950 DH en zones urbaines (8.000 DH/mois) et 64.530 DH en zones rurales (5.378 DH/mois).

Il en ressort que 66,1% des ménages ont un niveau de vie inférieur à la moyenne nationale, 59,9% en milieu urbain et 79,6% en milieu rural.

Le HCP fait savoir que la moitié des ménages dépense moins de 67.500 DH par an, soit 5.625 DH par mois. Cette valeur médiane s'élève à 74.090 DH par an en milieu urbain (6.174 DH/mois) et à 54.900 DH/an en milieu rural (4.575 DH/mois).

Mesuré par personne, le niveau de vie médian montre qu'un marocain sur deux vit avec une dépense annuelle inférieure à 15.187 DH en 2019 (1.266DH/mois). Ce niveau de vie médian est de l'ordre de 18.040 DH/personne dans les villes (1.503 DH/mois) et de 11.233 DH dans la campagne (936 DH/mois).

Par ailleurs, la note fait remarquer que cette augmentation du niveau de vie, entre 2013 et 2019, a profité à l'ensemble des ménages, particulièrement aux catégories les plus modestes.

Par catégorie sociale, le niveau de vie par habitant a connu, au cours de cette période, une amélioration de 3,5% pour les 20% des ménages les plus défavorisés, de 2,9% pour la catégorie sociale intermédiaire et de 2,5% pour les 20% des ménages les plus aisés.

Le schéma de la répartition sociale du niveau de vie fait ressortir que la moitié la plus aisée de la population (50% de la population appartenant au haut de l'échelle sociale) réalise 75,1% de la masse totale des dépenses, alors que la moitié la plus modeste ne dispose que de 24,9% (24,2% en 2014).

Les 10% des personnes les plus aisées ont un niveau de vie supérieur à 37.631 dirhams et réalisent près de 30,9% des dépenses totales de consommation. Les 20% des personnes les plus aisées totalisent 46,1% de la consommation totale des ménages (47% en 2014). De l'autre côté, les 20% des personnes les plus modestes représentent 7% de la consommation totale des ménages et les 10% les plus modestes ne représentent que 2,9% de la consommation des ménages. Il en résulte que les plus aisés dépensent trois fois plus que la classe moyenne.

La crise engendrée par le nouveau coronavirus a eu un impact négatif sur le pouvoir d'achat des ménages, plongeant ainsi plusieurs familles dans une situation financière très difficile. Le Haut-Commissariat au plan (HCP) a livré quelques données chiffrées sur la situation actuelle.

Dans une note dédiée à *"l'évolution du niveau de vie des ménages et impact de la pandémie Covid-19 sur les inégalités sociales"*, le HCP remarque que les aides financières accordées par le Fonds de soutien dédié à la gestion de la pandémie ont réussi à amortir le choc du confinement et d'éviter le pire. Certes, le HCP indique que sans les aides publiques, la pauvreté aurait aujourd'hui été sept fois plus élevée et la vulnérabilité multipliée par deux. Ainsi, le taux de pauvreté absolue est passé de 11,7%, avant le transfert des aides publiques, à 2,5% après le transfert, passant ainsi de 7,1% à 1,4% en milieu urbain et de 19,8% à 4,5% en milieu rural.

Pour sa part, le taux de vulnérabilité a plus que doublé, passant de 7,3%, avant le confinement, à 16,7% pendant le confinement. Les aides publiques ont réussi à amortir ce taux à 8,9% (voir tableau ci-dessous)[147]. Dans ces conditions, l'indice inégalité sociale s'est stabilisé à 38,4% (38,5% avant confinement). Les aides publiques ont permis au pays d'éviter le taux dramatique de 44,4%, qui dépasse largement le seuil socialement intolérable (42%).

Rappelons enfin que cette note du HCP regroupe les résultats du 2e panel de l'enquête « Covid-19 » de 2020 et les données de l'enquête nationale sur les sources de revenus de 2019 réalisée avec la contribution financière de la

---

[147] Mohamed L. (2021), « *Pauvreté-Covid-19 : les aides publiques ont permis d'amortir le choc* », Media, le 25/03/2021

Banque Mondiale et le soutien méthodologique de l'Institut national de statistique d'Italie.

Situation de la pauvreté, de la vulnérabilité et des inégalités avant et après les transferts publics (en %)

Mesures de la précarité sociale	Avant confinement	Au temps du confinement, sans les aides publiques	Après transferts des aides publiques
Taux de pauvreté absolue au seuil national (en %)	1,7	11,7	2,5
Taux de vulnérabilité (en %)	7,3	16,7	8,9
Indice d'inégalités sociales-Gini (en %)	38,5	44,4	38,4

Source : HCP, ENSR de 2019 & 2ème panel de l'enquête COVID-19 de 2020.

Face aux conséquences économiques et sociales négatives de la pandémie, le Maroc souffrira grandement si la récession attendue s'aggrave davantage à l'échelle mondiale et en Europe. Cependant, le fonds Covid-19 nouvellement créé pour atténuer l'impact économique et social de la pandémie, permettant des allocations de santé plus élevées et des mesures ciblant les ménages et les entreprises, en plus des mesures monétaires, pourrait bien éviter la faillite d'un bon nombre d'entreprises et sauver des emplois.

3. Analyse genre et impact de « Covid-19 » sur la situation économique, sociale et psychologique des ménages

La crise sanitaire fait ressortir les inégalités structurelles qui existent dans tous les domaines, depuis la santé et l'économie jusqu'à la sécurité et la protection sociale. Il va de soi que la différenciation selon le genre des contrecoups de la crise se situe naturellement dans le contexte de la position de la femme (et même de la fille) dans la société marocaine.

En temps de crise, lorsque les ressources s'amenuisent et que les capacités institutionnelles sont mises à rude épreuve, les situations auxquelles les femmes et les filles sont confrontées ont des impacts disproportionnés, et leurs effets sont d'autant plus amplifiés dans les contextes fragiles, de conflit ou d'urgence. Les acquis, arrachés de haute lutte en matière de droits des femmes, sont également menacés.

Le Haut-Commissariat au Plan (HCP) a partagé un communiqué annonçant la publication du *rapport d'analyse genre de l'impact de la pandémie sur la situation économique, sociale et psychologique des ménages*. Cette enquête, réalisée en partenariat avec l'entité des Nations Unies pour l'égalité des sexes et l'autonomisation des femmes (ONU Femmes), a été menée auprès des ménages pendant et à la fin du confinement. Elle *« analyse les conséquences de la crise sanitaire ainsi que des diverses dispositions prises pour en atténuer les effets »*.

De plus, ce rapport, qui s'inscrit dans le cadre du programme de partenariat entre le HCP et l'ONU Femmes, intitulé "Les Femmes Comptent", *« met en exergue la dimension genre dans l'acuité du vécu de la crise et les bénéfices tirés des politiques publiques palliatives implémentées »*[148].

A partir d'informations réunies grâce à deux enquêtes réalisées par le HCP auprès des ménages pendant et à la sortie du confinement, le rapport analyse les conséquences de la crise sanitaire sur les différences de genre en prenant en considération les indicateurs de santé, l'impact sur l'éducation (différences entre garçons et filles), les contraintes financières ainsi que les conditions générales de vie des ménages (différences selon le genre du chef de ménage), les effets sur l'accès différencié aux biens et sur les équilibres émotionnels au sein des ménages ainsi que les diverses dispositions prises pour atténuer ces effets[149].

---

148 Le Haut- Commissariat au Plan (HCP) a réalisé une double enquête pour tirer des informations afin d' évaluer l'impact socio-économique de la crise sanitaire sur les ménages et l'analyse genre. Outre celles portant sur le choc subi par l'appareil productif national grâce à une enquête auprès des entreprises (HCP(2020)), une enquête a été réalisée auprès d'un échantillon de 2350 ménages représentatifs des différentes couches socio-économiques. Réalisée en deux passages, cette enquête vise à mesurer les conséquences de la crise, en particulier lors du confinement (entre le 14 et le 23 avril) et à la sortie (entre le 15 et le 24 juin), sur le vécu des ménages à divers niveaux. Les informations réunies lors de l'enquête ont permis de construire des variables susceptibles d'aider à modéliser les comportements : Le suivi de l'enseignement à distance, les caractéristiques des individus susceptibles d'expliquer les phénomènes en question. Il s'agit du genre des individus, de leur âge, du niveau d'éducation, du chef de ménage auquel ils appartiennent, de leur milieu de résidence (urbain ou rural), etc… HCP (2021) « Analyse Genre de l'impact du coronavirus sur la situation économique, sociale et psychologique des ménages ». Février 2021.

149 Khansaa B. (2021), Publication du rapport d'analyse genre de l'impact de la pandémie, Media, le 24/02/2021

L'objet spécifique est de mettre en exergue la dimension genre dans l'acuité du vécu de la crise dans les bénéfices tirés des politiques publiques palliatives implémentées.

Selon les résultats de cette enquête, durant le confinement, les ménages dirigés par des femmes ont davantage pâti de la crise sanitaire que ceux dirigés par des hommes. Les disparités ont concerné d'abord l'accès aux soins dont les principales raisons tiennent aux difficultés de déplacement (notamment en milieu rural).

Pour le suivi de l'enseignement à distance, les difficultés des enfants des ménages tenus par des femmes tiennent à la moindre disponibilité des outils didactiques et aux faibles moyens et disponibilités pour garantir leur accompagnement. De plus, les filles ont été plus affectées par l'annonce du report ou annulation des examens que leurs camarades garçons.

De plus, les résultats des enquêtes ont révélé de nettes disparités au niveau de la stabilité dans l'emploi et celle des revenus, mais aussi des modalités spontanées de faire face à leur dégradation et les chances de retrouver son activité après le confinement. Certes, la crise actuelle a remis au grand jour, la fragilité bien existante de la situation de la femme sur le marché du travail. Toutes les informations révèlent l'impact négatif de la crise plus marqué chez les femmes actives occupées comparativement à leurs homologues hommes. Les femmes ont été plus touchées par la perte d'emploi en tant que salariées du secteur privé ou le blocage de leurs activités (dans le cas des indépendantes exerçant dans le petit commerce par exemple).

Ainsi, la capacité à retrouver une activité à la sortie du confinement s'est révélée moins élevée pour les femmes[150].

De plus, pour faire face à la crise financière qu'a engendrée la perte d'activité et de revenu, les cadres moyens hommes ont facilement pu recourir à l'épargne. Par contre, seules les cadres moyens et supérieurs femmes ont eu accès au crédit.

Par la suite, il apparaît que les stratégies en matière de distribution des aides n'ont pas réussies à corriger ces disparités, du fait des modes de

---

[150] La plus forte précarité des femmes sur le marché du travail a été corroborée par les données d'une enquête récente de la Banque Mondiale auprès des entreprises. Cette situation d'instabilité contribue à élucider le fait que les femmes ont plus souffert du poids des contraintes financières.

ciblage mis en œuvre. Le plus faible accès des femmes aux aides publiques par les autorités pour pallier la perte d'activité et de revenus, s'explique par leur moindre fréquence d'enregistrement à la CNSS. Pour celles exerçant dans l'informel, il s'est avéré qu'elles sont moins candidatées pour obtenir une aide. Elles ont cependant assez bien profité des aides via les inscriptions sur les registres du RAMED. De ce fait, elles sont plus nombreuses à compter sur les transferts familiaux, qui sont plus aléatoires.

Par ailleurs, le rapport revient, dans la dernière section, sur les effets différenciés selon le genre de l'accès aux biens suite à la crise sanitaire.

Bien que les femmes dirigeantes de ménages semblent être plus optimistes sur la disponibilité des produits de base que leurs homologues hommes, elles sont moins nombreuses à déclarer pouvoir se procurer ces produits ainsi que les produits d'hygiène et les médicaments. Cela est en conformité avec la dégradation de leur situation financière et du ciblage de l'aide publique qui était en leur défaveur.

Enfin, en raison de l'aggravation de ces diverses disparités, les femmes ont été plus en proie à l'anxiété et aux troubles psychologiques. Certes, l'état de santé psychologique des femmes a connu une dégradation comparativement à ce que l'on a pu observer chez les hommes.

En effet, au courant de la crise sanitaire, les femmes cheffes de ménage souffrent le plus d'anxiété, des troubles du sommeil, des comportements obsessionnels et de la peur. Elles sont généralement plus inquiètes à propos des retombées potentielles de cette crise sur elles et sur leurs familles. Dans ce cadre, la réponse à la pandémie ne se limite pas à rectifier des inégalités de longue date, il s'agit également de bâtir un monde résilient dans l'intérêt de tous, où les femmes sont au centre et aident au relèvement.

Conclusion

Le Maroc a opté depuis le début de l'indépendance politique vers un modèle de développent basé sur l'ouverture de son économie, sa libéralisation et son intégration dans l'économie mondiale. De plus, durant les deux dernières décennies, le Maroc s'est lancé vers plusieurs réformes conjoncturelles et structurelles. Cependant, malgré l'ensemble de ses réformes qui ont permis au Maroc d'avoir plusieurs acquis et de se positionner au niveau mondial comme pays émergent, le pays a connu avant le « Covid-19 » un essoufflement qui a poussé les autorités à penser à un nouveau modèle de développement.

Avec la crise du « Covid-19 », le Maroc, à l'image des autres pays du monde n'échappe pas à cette pandémie. L'économie du Maroc est touchée de plein fouet par l'impact de la récession économique liée au « Covid-19 », tant au niveau mondial qu'en Europe, son principal partenaire commercial. Certes, la crise du « Covid-19 » a le potentiel de générer un impact social et économique durable et dommageable. Seulement, si la situation sanitaire semble maîtrisée, sur le plan économique et social, les conséquences sont lourdes. L'évaluation de l'impact socio-économique de la crise sanitaire mondiale du « Covid 19 » sur l'économie marocaine a révélé que cette pandémie a des conséquences néfastes sur l'économie nationale avec la baisse de la demande intérieure et extérieure, l'arrêt total ou partiel des entreprises, la baisse des investissements, la hausse du déficit budgétaire, la baisse des taux d'intérêts sur le marché monétaire, les variations baissières du marché boursier, la crise sociale avec de lourds dommages sur le marché de l'emploi notamment dans le secteur informel, les conséquences sur la pauvreté, le taux de vulnérabilité et les inégalités sociales, sur l'impact-genre et sur la situation sociale et psychologique des ménages.

De même, la pandémie a touché durement les secteurs de l'économie notamment ceux liés au tourisme, à l'automobile au textile et au commerce extérieur marocain touchés par la récession mondiale. En réalité, si certains secteurs continuent leur rythme, certaines activités sont à l'arrêt. Certes, la crise ne se limite pas à la Chine berceau de la pandémie, mais elle s'étend à d'autres pays du monde notamment à, la France, l'Espagne, le Canada, les pays arabes, africains etc., qui sont des partenaires économiques du Maroc.

Ainsi, avec la pandémie du « Covid-19 », l'économie marocaine a révélé davantage ses fragilités et ses faiblesses, qui se traduisent par des défis sans précédent et redoutables pour le pays qui tente d'atténuer à la fois l'impact sanitaire et économique de la pandémie et donc de trouver le bon équilibre de son action tout en veillant à ce que l'économie soit prête à se remettre rapidement, d'où la nécessité de dégager les mesures prises pour une relance économique, de tirer des enseignements et des leçons pour l'avenir pour l'élaboration d'un nouveau modèle de développement durable et inclusif.

CHAPITRE IV : Evaluation et Plans de relance de l'économie marocaine

Le Maroc, à l'instar des autres économies, a fourni des efforts louables pour faire face à la crise de « Covid-19 » et a mis en place des mesures anticipatives pour, d'un côté, contenir la propagation du virus et stopper l'hémorragie et, de l'autre relancer l'économie nationale et la sauver des effets néfastes de cette pandémie tant sur le plan économique que sur le plan social. Mais, quelles que soient les mesures prises et les aides fournies, il est difficile de remettre un appareil de production définitivement arrêté en marche.

C'est ainsi que depuis le début de la pandémie, le plan de relance de l'économie nationale est au centre des réflexions du Comité de veille économique (CVE) qui se penche sur les scénarios de sortie de la crise, car les risques résultant de retards dans la mise en œuvre des réformes structurelles et financières pourraient nuire au potentiel de reprise et mettre en danger la stabilité macroéconomique du Maroc[151].

Il s'agit d'un plan de relance intégré et cohérent basé sur des suggestions et propositions de politiciens, économistes et cadres institutionnels qui vont toutes dans le même sens, le lancement des travaux visant à redémarrer l'économie nationale et relancer la machine économique du pays. Le plan de relance qui sera mis sur pied par le Comité de veille économique sera scruté de près par les analystes des organisations internationales et des agences de notation[152].

151 Dans le cadre des efforts du gouvernement pour anticiper les répercussions économiques de la crise sanitaire du « Covid-19 », le ministère de l'Economie et des Finances a annoncé le 11 mars 2020 la mise en place d'un Comité de veille économique qui regroupe plusieurs ministères ainsi que les représentants du secteur privé) Jawad Kerdoudi (2020), « *Epidémie de coronavirus : Alerte sur l'économie mondiale et marocaine* ». L'Economiste.com édition N° : 5719 le 16/03/2020

152 Mohammed L (2020), « *Le plan de relance de l'économie bientôt dévoilé* », publié dans Le Matin, www.lebrief.ma, le 30/04/2020

Le CVE se penchera d'abord sur l'évaluation de la situation macroéconomique du pays, puis la mise au point d'un programme basé sur des plans de relance sectoriels et l'appui des PME. Cependant, si les mesures prises par le Comité de veille économique (CVE) vont sans doute soulager quelque peu les entreprises, la relance de la machine économique durera plusieurs mois. De plus, la reprise de l'économie ne saura se faire sans une Loi de finance rectificative qui déterminera la nature, les montants et l'affectation des ressources et des charges de l'Etat.

I- Evaluation de la situation macroéconomique

1. Les mesures pour la relance économique

Inspirés du "Cadre de réponse socio-économique immédiate à la Covid-19" élaboré par le secrétaire général des Nations Unies (ONU), le Haut-Commissariat au Plan (HCP), le Système des Nations Unies au Maroc (SNUD) et la Banque mondiale (BM) ont présenté une "note stratégique" portant sur la situation pandémique au Maroc. A travers une approche unique, inclusive et collaborative, cette note expose l'analyse de l'évolution de la situation socio-économique du pays depuis le début de la crise et offre des recommandations stratégiques basées sur des données fiables[153].

Certes, depuis le début de la pandémie et afin de limiter les dégâts de cette crise économique et faciliter la reprise, le roi Mohammed VI a donné ses instructions pour la mise en place d'un comité de veille économique (CVE) pour suivre la situation comprenant les départements ministériels concernés, le Groupement professionnel des banques du Maroc, la CGEM, la Fédération des chambres marocaines de commerce, d'industrie et de services, et la Fédération des chambres d'artisanat. De même, Sa majesté a donné ses directives pour la création d'un fonds de gestion de la pandémie, qui sera doté de 10 milliards de dirhams afin de financer la mise à niveau du système de santé et soutenir l'économie nationale. Et il a décidé de recourir la ligne de précaution et de liquidité (LPL) du Fonds Monétaire International (FMI), et ce, pour un montant de 3 milliards de dollars.

Cependant, malgré les aides de l'Etat, la situation socio-économique reste difficilement maitrisable.

[153] H.L.B. (2020), « *Impact socio-économique de la Covid-19 : La note stratégique du HCP, du SNUD et de la BM* », le 18/08/2020

Sur le plan économique, malgré les aides publiques allouées aux entreprises en supportant une partie des coûts fixes des entreprises (salaires et fiscalité) et en facilitant la trésorerie, ce système de soutien actuel reste peu viable à court et moyen terme. La reprise des activités des entreprises sera difficile après l'arrêt de l'appareil productif, la stagnation des ressources et l'augmentation de certains coûts fixes et variables (salaires et créances de leurs fournisseurs). La seule option viable est donc celle du redémarrage progressif de la majorité des activités économiques, en s'appuyant essentiellement sur la demande intérieure et les composantes résilientes de la demande extérieure comme le secteur des phosphates ou de l'automobile, tout en offrant des alternatives aux secteurs ne pouvant redémarrer immédiatement.

Sur le plan social, vu la pression exercée sur les finances publiques, le Maroc ne pourra pas continuer, à court terme, sa politique audacieuse de soutien des couches sociales vulnérables et des salariés en arrêt de travail.

De plus, dans un contexte d'incertitude, ces derniers orientent leurs ressources disponibles vers l'épargne et exacerbent ainsi les difficultés de l'économie nationale en freinant la reprise de l'outil de production au moment où la demande extérieure est fortement volatile.

Selon l'ex-ministre des finances Mohammed Berrada, notre pays entre dans un coma économique dont on ignore la date de sortie. Plus le coma économique est long, plus on assistera à des faillites, et plus le réveil sera douloureux.

« *Le processus de dé-confinement permettra rapidement une reprise d'activité. Elle dépendra du rythme de dé-confinement adopté par les autres pays et de reprise progressive de leurs activités. Elle dépendra du temps d'adaptation humaine et psychologique pour reprendre confiance et vivre probablement avec le virus. Mais surtout elle dépendra de la découverte et de la diffusion d'un nouveau vaccin anti-covid-19* »[154].

Dans notre stratégie économique depuis bien longtemps, on a voulu faire de la demande la locomotive de la croissance. Alors une bonne partie de cette demande se transforme en importations et contribue au déficit de la balance commerciale, lui-même financé en grande partie par les transferts du tourisme et des marocains résidant à l'étranger (MRE). Avec la crise du

---

[154] Mohammed Berrada (2020), « *Il faut injecter massivement des fonds destinés à assurer la survie des entreprises* », finances News fnh.ma, le 17/05/2020

coronavirus, ces recettes sont en train de fondre, mettant en péril le niveau de nos réserves de change.

Selon Mohammed Benchaaboun, ministre de l'Economie, des finances et de l'administration, *« le manque de visibilité qui marque l'évolution de l'épidémie, le processus de dé-confinement et les risques de deuxième vague sont tous des éléments qui rendent difficile de statuer sur un scénario macro-économique tranché »*[155].

Il ajoute que dans le cadre du plan de relance, *chaque scénario aura un impact différent sur les indicateurs macroéconomiques en fonction, d'un côté, de la rapidité de reprise d'activité des secteurs économiques, et de l'autre, la trajectoire d'évolution de chaque secteur.*

Certes, dans le cadre de la relance économique, il s'agit de résoudre l'équation de la crise que nous traversons caractérisée par une crise simultanée de l'offre et de la demande auquel il faut ajouter le choc des finances publiques.

Après les premières mesures sociales et économiques, le CVE s'apprête à annoncer de nouvelles dispositions afin de relancer la machine économique nationale notamment sur les solutions de financement à long terme et leurs adaptabilités à chaque secteur[156].

Donc, le Comité de veille économique (CVE) a mis en place des mesures d'urgence en particulier au niveau des salariés en arrêt d'activité. C'est une action sur la demande. Il faut l'accompagner aussi par une action sur l'offre. L'entreprise est une source de production et de revenus pour les salariés, mais aussi pour l'Etat. La priorité est la survie de ces entreprises, dont les équilibres financiers sont aggravés par les impayés.

Il faut veiller à la pérennité de l'outil de production, à sa modernisation pour le rendre compétitif. Pour cela, il faut injecter massivement des fonds destinés à assurer la survie des entreprises et se préparer pour la reprise. Quelle que soit la situation, des entreprises qui ferment définitivement auront un coût économique et social pour le pays bien plus élevé.

---

[155] rapporte le journal *les Inspirations éco* dans son édition du 4/05/ 2020. Mohammed L. « *Le Comité de veille économique : des mesures attendues pour la relance économique* ». LEBRIEF.ma le 04/05/2020 (38) Déclaration du ministre de l'économie, des Finances et de l'administration Benchaaboun.

[156] Idem

Ainsi, la politique d'injection de fonds doit s'inscrire dans une vision globale en interaction avec d'autres mesures. A ce niveau, le court terme s'inscrit naturellement dans une vision globale de long terme.

2. Les priorités du plan de relance économique

Le plan de relance doit être basé sur un dé-confinement progressif d'abord au niveau local puis régional en tenant compte des spécificités régionales. De même, les frontières extérieures devaient rouvrir progressivement tenant compte de la propagation du coronavirus à l'extérieur du Maroc. La reprise de l'activité devait être progressive, pour faire en sorte que les autorités et les entreprises puissent s'adapter correctement à une augmentation des activités.

Lors de l'évènement dédié à « l'Expérience du Maroc en réponse à la crise du « Covid-19 », les mesures prises pour limiter les dégâts économiques du coronavirus, les priorités du plan de relance économique au Maroc et le rôle que jouera notamment le Fonds Mohammed VI pour l'investissement, ont été présentés par le ministre de l'Économie, des finances et de la réforme de l'administration, Mohamed Benchaâboun, lors d'une conférence virtuelle, à l'occasion des Assemblées annuelles du Fonds monétaire international (FMI) et de la Banque mondiale.

L'avènement du « Covid-19 » a mis en évidence un certain nombre de fragilités au Maroc et a obligé les pouvoirs publics à revoir les priorités du moment énoncées par SM le Roi Mohammed VI dans un discours à l'ouverture du parlement :

-Sur le plan social, la nécessité de « renforcer les filets sociaux à une vitesse suffisamment forte pour que l'ensemble des marocains puissent disposer d'une assurance maladie, d'un régime de retraite et d'une allocation familiale en fonction du nombre d'enfants et de la taille de chaque famille ». « Ce programme va démarrer au 1er janvier de l'année prochaine et le Maroc en a fait une priorité absolue », a-t-il souligné, notant qu'il constitue « un challenge extraordinaire » du fait qu'il faudra intégrer 22 millions de Marocains à l'Assurance maladie obligatoire en deux ans.

-Sur le plan économique, la relance économique qui s'impose « du fait des perturbations qui ont touché un certain nombre de secteurs », notamment ceux en lien avec l'environnement extérieur, comme le tourisme.

A ce niveau et afin de relancer l'investissement, une enveloppe globale de 11% du PIB a été mobilisée pour relancer l'économie dont 7% seront dédiés aux garanties accordées par l'Etat à l'économie et 4% sont consacrés à un fonds d'investissement stratégique, à savoir le Fonds Mohammed VI d'investissement. « Le tiers de ce Fonds sera couvert par des dotations budgétaires, et deux tiers à travers les bailleurs de fonds et les partenaires du Royaume notamment les partenariats public-privés »[157].

II- Elaboration des plans de relance sectoriels et plan d'appui aux PME

1. Elaboration des plans de relance sectoriels

Toutes les propositions relatives à l'élaboration des plans sectoriels seront examinées dans le cadre des travaux du CVE qui doit tenir compte de la phase de redémarrage propre à chacun des secteurs économiques impactés par la pandémie du « Covid-19 » selon ses spécificités et ses caractéristiques et examinera enfin les moyens de financement à court terme, à moyen et long terme.

« Les critères déterminant le choix des secteurs et des filières aptes à redémarrer sont laissés au pouvoir discrétionnaire des ministères sectoriels de tutelle en cohérence avec le schéma de dé-confinement qui sera retenu ».

« L'ampleur et la profondeur du choc sanitaire demeurent très différenciées d'un secteur à l'autre au même titre que les schémas de reprise et la vitesse de normalisation »[158].

L'enjeu est d'assurer une résistance, une continuité de création de valeur tout en empêchant qu'un secteur soit détaché du corps économique. Pour ainsi dire, la priorité doit être donnée aux secteurs prioritaires dont la santé touche directement toute l'activité marocaine telle que l'industrie, le tourisme, l'agriculture, l'agroalimentaire, le transport et le commerce.

---

157 Assemblées annuelles FMI-BM: Benchaâboun présente le plan de relance économique du Maroc, le 14 octobre 2020, Économie et Finance

158 Interview accordée par le ministre de l'Économie, des Finances et de l'administration Benchaaboun au site Eco Actu affirmant que la date limite convenue par le Comité pour la finalisation des plans est fixée pour le 12 mai. Op.cit

1.1. Politique industrielle : Diversification des niches industrielles et attractivité des IDE

Sur le plan industriel, le Maroc est déterminé à relever plusieurs défis. Selon Moulay Hafid Elalamy ministre de l'Industrie, du commerce et de l'économie verte et numérique, le Maroc affiche à fin juin 2020 une baisse de l'activité industrielle de 20%, celle du commerce de - de 15% par rapport à juin 2019. « *Les impacts de la crise ont été importants et nous espérons que dans un futur proche, des opportunités nous permettront de rebondir* », déclare-t-il[159].

D'après le ministre, le Maroc a une carte à jouer et peut bénéficier de la volonté des partenaires étrangers de diversifier leur partenariat international. « *Lors de cette crise, tous les pays ont pris conscience qu'ils ont une relation commerciale particulière avec la Chine. Il s'est avéré que plusieurs produits dans le secteur sanitaire comme les masques médicaux, les respirateurs, entre autres produits sont importés de Chine. Plusieurs pays envisagent de diversifier leurs relations commerciales et ne plus avoir que la Chine comme partenaire* », précise le ministre. Et de rajouter que « *la compétitivité de la Chine est en train de baisser. Le SMIG chinois qui était de 100 dollars est arrivé aujourd'hui à 700 dollars et il va atteindre les 1500 dollars* ».

Le ministre ajoute « *Dieu merci, nous avons au Maroc de l'énergie renouvelable. Nous travaillons sur un projet important. L'industrie marocaine consommera à l'avenir de l'énergie renouvelable pour améliorer sa compétitivité* ».

De plus, nul doute que le Maroc est un pays très compétitif et doté de compétences dans l'export d'automobiles. Rappelons que l'automobile est le premier secteur exportateur du Maroc. Le royaume table sur un chiffre d'affaires à l'export de l'ordre de 100 milliards de DH dès 2021. L'objectif du royaume aujourd'hui est de se hisser à hauteur des plus grands. Dans ce contexte, le royaume a dépassé l'Europe de l'Est, la Turquie et bien d'autres pays, mais reste encore loin de la Chine et de l'Inde, deux pionniers de cette industrie. « *Nous avons une stratégie sur les deux années à venir pour permettre à la compétitivité du Maroc d'être au même niveau que celle de l'Inde, en utilisant l'énergie renouvelable, la taxe carbone ne sera donc pas appliquée sur le produit marocain* ». « *Nous importons 43 milliards de*

---

[159] Intervention de Moulay Hafid Elalamy ministre de la Chambre des représentants par Mohamed L « *Nouvelles stratégies industrielles* », www.medias24.com, le 25/09/2020

dirhams de produits qui peuvent être fabriqués au Maroc lors des prochaines années. Pour près de 22 milliards dirhams, nous avons des business plans prêts et nous savons précisément ce qu'il faut faire pour ne plus les importer. Nous travaillerons sur cela dans les prochaines semaines et nous allons lancer le projet et l'adresser aux jeunes marocains et aux investisseurs », conclut le ministre.

Par ailleurs, dans le cadre du plan de relance, l'ancien dirigeant de Morgan Stanley et membre de la Commission sur le modèle de développement, le banquier d'affaires prévoit une forte chute des IDE et conseille aux groupes marocains de se diversifier dans de nouvelles niches industrielles. Le Maroc doit selon lui mobiliser tous les moyens, internes et externes pour relancer son économie, quitte à faire sauter les verrous de l'orthodoxie budgétaire et monétaire[160].

De son côté, pour l'ex-ministre des finances, Mohammed Berrada, l'un des secteurs prioritaires vers lesquels le soutien de l'Etat doit être orienté est d'abord l'industrie qui crée plus d'emplois directs et indirects.

Il faut donc protéger notre industrie (dans un contexte de concurrence internationale déloyale, certains pays utilisent des subventions déguisées, et des politiques de taux de change agressives) et mettre en place une sorte de politique rénovée d'industrialisation par substitution d'importation, susceptible d'attirer les investisseurs nationaux mais aussi les IDE d'où la nécessité de renforcer la compétitivité notamment par l'investissement dans le capital immatériel. L'ex-ministre des finances Mohammed Berrada ajoute qu'Il y a donc des conditions préalables à l'injection de fonds de soutien aux entreprises. L'injection de fonds de soutien aux entreprises n'est pas une fin en soi. C'est leur pertinence et leur efficacité qu'il faut privilégier. « Cela signifie que si nous empruntons des dollars et des euros pour irriguer le marché intérieur en dirhams et relancer l'économie par la demande, une bonne partie de cet argent va partir sous forme d'importations et aider des entreprises étrangères.

Le niveau des réserves de change va baisser avec le risque de difficulté de remboursement par la suite des crédits obtenus. Si donc on injecte de l'argent massivement sous différentes formes sur le marché, il faut accompagner cette action par une sorte de patriotisme tous azimuts et un soutien évident aux entreprises industrielles nationales, en leur donnant par

---

160 Mehdi Michal (2020), « *Crise du Covid 19. L'analyse de Michael Zaoui* » dans un débat organisé par le Club marocain d'études en relations internationales le O6/05/2020 quid.ma

exemple la priorité au niveau des marchés publics, en soutenant leurs actions à l'export, ou le coût de l'énergie qui handicape leur compétitivité »[161].

De plus, dans cette course mondiale à la reprise, la question de la relocalisation des entreprises refait surface et fait l'objet d'un débat lancé actuellement par certains pays européens en l'occurrence la France qui déclarent leur volonté de reconquérir leurs entreprises notamment dans des secteurs stratégiques. Le Maroc risque-t-il une vague de relocalisation des entreprises étrangères notamment dans les secteurs de l'automobile et de l'aéronautique [162]?

Aussi, le Maroc doit être en mesure de garder son attractivité acquise grâce à la politique industrielle construite sur des facteurs d'attractivité (incitations fiscales, formations, disponibilité du foncier industriel…).

A noter également que l'approche des écosystèmes n'est pas uniquement destinée à accueillir les nouveaux métiers mondiaux (automobile, aéronautique…) mais elle doit être appliquée à toutes les composantes de l'industrie notamment la mécanique, l'agroalimentaire, le pharmaceutique, la transformation minière…

Cette approche de l'écosystème basée sur une vision commune entre l'Etat et les acteurs et bâtie sur un certain nombre de facteurs d'incitation, est un déterminant essentiel d'attractivité et de la capacité d'attirer les IDE.

1.2. Commerce extérieur : Diversification et faire des exportations un levier de croissance économique

Face aux difficultés rencontrées par les exportateurs marocains face à la faiblesse de la demande étrangère notamment de la part des partenaires

---

[161] Mohamed Berrada (2020) *« Il faut injecter massivement des fonds destinés à assurer la survie des entreprises »* propos recueillis par F.Z.O. le 17/05/2020, fnh.ma

[162] Non, il n'y a pas de risque immédiat. Et pour cause, la décision de relocalisation ne peut pas s'improviser et ne peut donc se faire dans un délai court puisqu'elle dépend de plusieurs facteurs qui relèvent des Etats concernés et des politiques d'incitation de relocalisation, des stratégies des entreprises notamment dans l'automobile et l'aéronautique qui ont des visions, des objectifs, des actionnaires…Pour le cas des secteurs de l'automobile et l'aéronautique au Maroc, il ne s'agit pas uniquement de l'installation d'un constructeur mais de tout l'écosystème à savoir les entreprises de premier et deuxième niveau ayant des nationalités diverses. La relocalisation ne veut pas dire nationalisation. Lamiae Boumahrou, « *Risque de relocalisation : ce que pense Larbi Jaidi* » (entretien), 19 mai 2020. www.ecoactu.ma

commerciaux européens (France et Espagne) et de limiter la dépendance vis-à-vis de ces pays, il est judicieux de diversifier les partenaires économiques et de faire des exportations un levier de croissance et de relance économique nationale. Cela passe par l'amélioration de l'offre exportable et la régionalisation de l'exportation.

Il est donc nécessaire de sensibiliser l'exportateur marocain sur la manière la plus efficace pour assurer sa marchandise à l'international que ce soit par voies maritime, terrestre ou aérien, et aussi la plus pratique pour réaliser une transaction avec un nouvel acheteur ou dans un pays à risque. Cela permet aussi d'être plus compétitif dans le commerce international.

De ce fait, face aux défis que les exportateurs marocains doivent relever pour réussir l'après « Covid-19 », l'Association marocaine des exportateurs (ASMEX) renouvelle son engagement auprès de ses membres pour les accompagner et les aider à promouvoir le produit national et à s'ouvrir sur de nouveaux marchés porteurs et appelle à une forte mobilisation des exportateurs afin de permettre au secteur de jouer pleinement son rôle de levier de croissance et de relance économique nationale. A titre d'exemple, de plus en plus de sociétés prennent en compte, dans leurs actions de gestion et de prévention, la nécessité de se couvrir par une assurance-crédit à l'exportation. C'est ainsi que dans le but de sensibiliser les sociétés marocaines impliquées dans le commerce extérieur contre les risques liés au transport international, l'ASMEX demande aux opérateurs de bien se couvrir en assurance transport international, de maîtriser et de contrôler sa Supply Chain logistique et de contracter son transport et son assurance localement, afin de réduire les coûts et les sinistres liés aux risques de transporteurs. Les risques liés au transport international de marchandises peuvent se manifester à n'importe quelle étape du processus de transport, que ce soit durant l'expédition ou même après la livraison[163].

1.3. Tourisme entre relance et agonie : Les pistes de relance du secteur du tourisme

Le tourisme est l'un des secteurs les plus impactés par la pandémie. Il est au centre du débat des réunions du Comité de veille économique (CVE) afin de chercher les moyens pour relancer le secteur. L'objectif est donc d'assurer la préservation des 548.000 emplois directs du secteur. Des

---

[163] Déclaration de Aziz Mantrach, vice-président de l'Asmex et président de la commission logistique Badr Chaou, L'ASMEX, « *Impacts du Covid-19 sur le commerce international* ». Finances News le 19/05/2020

mesures fiscales et bancaires sont attendues dans ce sens à l'égard des entreprises.

Selon l'Economiste, l'ONDA va procéder à l'ouverture de quelques aéroports et la Royal Air Maroc va collaborer directement avec l'Office National Marocain de Tourisme (ONMT) pour définir les destinations touristiques prioritaires (il en est de même de Air Arabia). Cependant, la reprise du trafic aérien vers l'international semble quelque peu compromise et risque de prendre du temps en raison de la fermeture de l'espace aérien européen jusqu'en septembre 2020.

Dans ce cadre, la ministre du Tourisme, de l'Artisanat et du Transport Nadia Fettah Alaoui a appelé les présidents des centres régionaux de tourisme à l'union de toutes les parties prenantes et au soutien des régions pour une relance effective de ce secteur. *« Cette crise nous donne l'occasion de nous mettre en ordre de bataille et de voir que nos intérêts communs sont supérieurs à nos différences. Il est extrêmement important de travailler en rangs serrés »,* déclare la ministre. Et pour insister sur le soutien des régions, elle ajoute *« Nous aurons besoin des régions, de leurs budgets et de leur soutien. Car toutes les mesures qui seront prises, que ce soit au niveau de l'aérien, du sanitaire ou de l'animation, devront être traitées région par région »*[164]. Elle précise par ailleurs qu'un renforcement du tourisme interne sera programmé.

La Confédération Nationale du Tourisme (CNT) estime que la reprise du secteur ne pourra se faire graduellement qu'à partir du mois d'avril 2021 et que la non-assistance de l'activité serait synonyme de la *« destruction du tissu économique et l'incapacité à recréer sa chaîne de valeur pour l'emploi en plus de la balance des paiements et les réserves en devises »,* tout en estimant les pertes à 138 milliards de dirhams en l'espace de 3 ans.

Pour assister le secteur du tourisme et atténuer l'impact de la crise sur les recettes du tourisme, le CNT propose un plan de relance avec un investissement supplémentaire d'une valeur de 1,7 milliard de dirhams (1,2 milliard de dirhams pour la sauvegarde du secteur, 500 millions de dirhams pour sa relance).

Les professionnels du secteur souhaitent une réaction rapide et proactive de l'Etat. Pour cela, ils proposent la mise en place d'un dispositif de

[164] Mohammed L (2020), « *Le tourisme au centre du débat actuel* ». Media Lebrief.ma le 08/05/2020

sauvegarde spécifique au secteur qui s'articule autour du maintien de l'outil de production et des emplois et la sauvegarde de la compétitivité avec un plan de relance basé sur des exonérations fiscales, un report des échéances de crédit[165] ....

La Confédération estime qu'avec ce dispositif d'aide et de relance, le redressement serait plus rapide et pourrait transformer la crise en opportunité et reprendre rapidement des parts de marché auprès des pays émetteurs.

Par ailleurs, en raison des risques de défaillances des prestataires de service du secteur du tourisme, de nombreux pays ont autorisé l'émission d'avoirs au lieu des remboursements des prestations annulées suite à la pandémie. Le Maroc emprunte la même voie. La ministre du Tourisme, de l'Artisanat, du Transport aérien et de l'Économie sociale a présenté le projet de loi 20.30 au parlement. En 13 articles, le texte édicte des « mesures particulières aux contrats de voyages et de séjours touristiques et aux contrats de transport aérien des passagers » notamment :

-Pas de remboursement en espèces, mais par « service similaire ou équivalent »

-Des avoirs valables pour 9 et 15 mois[166].

Lors d'un débat organisé par des professionnels dans le secteur du tourisme dans la région Marrakech-Safi (principale région touristique du Maroc), le président du CRT, en rappelant l'importance de la mobilisation pour se préparer à la période post-Covid-19 annonce : « Les professionnels vont être confrontés à une nouvelle ère, avec de nouvelles règles : l'hospitalité sans contact se pointe à l'horizon pour y rester », a-t-il dit, notant que l'ère post-Covid-19 aura une économie façonnée par de nouvelles habitudes et réglementations et basée sur les mesures à prévoir pour une

---

[165] Selon les estimations des professionnelles, les pertes seront réduites à 92 milliards de dirhams en devises d'ici 2022, soit une marge économisée de 46 milliards de dirhams, rapporte les *Inspirations éco* dans son édition du jeudi 23 avril 2020. Idem.

[166] Iliasse E (2020), « *Soutien au Tourisme : Les premières mesures en faveur des opérateurs* ». Lebrief.ma le 12/05/2020

reprise dans le respect total de l'hygiène sanitaire et la distanciation sociale[167].

Pour les professionnels du secteur, « Cette reprise va commencer par le tourisme interne, alors que l'international dépendra de la reprise des vols et de la levée des mesures de fermeture des frontières imposées par chaque pays ».

Ainsi, le CRT de Marrakech-Safi propose, pour le tourisme interne, la mise en place du plan d'un budget promotionnel pour stimuler la demande locale, ainsi que d'une plateforme collaborative de distribution à destination du tourisme local. La RAM est invitée ici à mettre en place des lignes intérieures cet été et éviter l'engorgement des destinations classiques.

Le CRT recommande aussi de revoir le calendrier des vacances scolaires pour étaler la saison, la mise en place de crédits vacances et de chèques vacances défiscalisées.

Pour ce qui est du marché international, les professionnels du tourisme de Marrakech-Safi, recommandent la mise en place d'un budget additionnel de promotion pour stimuler la demande internationale, un budget co-marketing pour lancer des négociations auprès des compagnies aériennes pour reconnecter la destination, la mise en place de processus sur toute la chaine de valeur pour rassurer sur les conditions sanitaires pour les touristes et l'accélération du plan digital pour la promotion de la destination Marrakech-Safi. Et par rapport à l'offre-produit, on propose la mise en place d'un fond de soutien spécifique permettant notamment le déploiement d'un plan d'investissement dans le tourisme rural, le tourisme durable, les activités d'animation et de loisir.

On propose également d'accélérer les projets structurants de la Région (palais des Expositions, Méga parc de loisirs, station Oukaimeden…), la mise en place de la plateforme E-learning pour accompagner des entreprises pour la montée en compétence des Ressources Humaines.

---

[167] Débat unissant les professionnels du tourisme de la région de Marrakech-Safi, notamment les présidents de l'AIH, l'ARAVM, l'AMHMS, l'Association des guides, les Présidents des CPTS Essaouira, Safi, Rhamna et Al Haouz, ainsi que les institutionnels des secteurs d'activités liés au tourisme CRI, ONDA, universités, artisanat, agriculture etc…Hassan Zaatit (2020), « *Tourisme : Le secteur au-devant de profonds changements post-Covid* ». La Tribune le 12/05/2020

Le CRT Marrakech-Safi appelle les professionnels de la région à se réinventer de nouvelles pistes de développement avec les différents intervenants du secteur en vue de la relance du tourisme qui nécessitera du temps, mais aussi et surtout une occasion à même de repartir sur des bases solides pour un secteur touristique responsable, durable et solidaire.

Une piste confirmée par la ministre du Tourisme, Nadia Fettah Alaoui. *« Aujourd'hui, parmi les priorités de notre plan de relance, celle de travailler sur le tourisme interne. Pas uniquement pour dépasser cette crise, mais pour en faire une des priorités du secteur de manière permanente »*, a déclaré la ministre au Parlement. Elle affirme également préparer un plan de travail s'articulant autour de trois axes.

« Il faut faire en sorte que les professionnels soient en mesure de reprendre leurs activités quand il sera temps de le faire, puis travailler dès cet été si l'état d'urgence sanitaire est levé d'ici là, à des solutions permettant de relancer le tourisme interne. Puis enfin, préparer le retour sur le marché extérieur »[168].

Durant le mois de septembre, lors d'une rencontre de la ministre du tourisme avec les professionnels du secteur touristique au Maroc, la question de la réouverture des liaisons aériennes est revenue à plusieurs reprises dans le débat devant l'incapacité du gouvernement d'apporter une réponse concrète et fixer une date à cette requête. Le PDG de la RAM souhaite renforcer l'arrivée des touristes étrangers au Maroc en déployant de nouveaux vols vers Marrakech, une des villes les plus impactées par cette crise. En effet, Marrakech (à l'image des autres villes touristiques du royaume) est à l'arrêt depuis plus de six mois et de nombreux commerces sont menacés de faillite. Relance du tourisme, c'est le mot d'ordre pour les professionnels du secteur au Maroc. Pour plusieurs métiers, tels que les guides et les restaurateurs, les étrangers sont leurs principaux clients. L'ouverture des frontières est donc pour eux, une priorité, voire plus, une nécessité.

De plus, un nombre important de sit-in a été organisé ces dernières semaines. « *Le coronavirus n'aura pas le temps de nous tuer, la faim s'en*

---

[168] Mohammed L. (2020), « *Les suggestions pour remettre l'économie sur de bons rails* », Lebrief.ma le 05/05/2020

chargera avant », souligne une banderole déployée sur la place Jamaa El Fna[169].

Par ailleurs, les restaurateurs ont demandé une intégration dans le programme de soutien au secteur estimant avoir été « *injustement écarté* » alors qu'ils représentent un pilier indispensable du tourisme national[170].

Dans le même cadre, le Maroc, vivant l'une des pires saisons touristiques de son histoire entame des démarches pour relancer le secteur du tourisme et multiplie même ses rencontres à l'étranger avec les différents acteurs internationaux du secteur. L'heure est à la promotion du produit Maroc à l'étranger.

Ainsi, Nadia Fettah Alaoui, ministre du Tourisme, de l'Artisanat, du Transport aérien et de l'Économie sociale, s'est rendue dans la capitale géorgienne Tbilissi pour prendre part à la 112ème session du Conseil exécutif de l'Organisation mondiale du tourisme (OMT).

L'objet de la rencontre est de discuter de l'état d'avancement de l'organisation de la 24ème session de l'Assemblée générale de l'OMT, prévue en 2021 à Marrakech. La ministre a profité de sa présence dans la capitale géorgienne Tblilissi pour tenir des réunions avec plusieurs de ses homologues, dont ceux de la Grèce, de l'Arabie saoudite, de l'Égypte, ainsi qu'avec la secrétaire d'État au tourisme du Portugal. Les perspectives de développement des relations entre le Maroc et ces pays ont été au centre du débat.

Parallèlement, l'Office national marocain du tourisme (ONMT) a également pris part à une rencontre internationale le 17 septembre 2020. Il expose devant l'assemblée générale des entreprises du voyage à Paris le potentiel touristique du Maroc dans le but de maintenir la programmation de la destination Maroc auprès des voyagistes historiques, tels que Karavel-Promovacances et FRAM, NG Travel, voyage privé.

D'ailleurs, selon les derniers chiffres du ministère du Tourisme, la baisse des arrivées touristiques au Maroc au premier semestre 2020 est estimée à 63% (contre une moyenne mondiale de 65%). Les nuitées ont quant à elles baissé de 55% et les recettes touristiques ont diminué de 30%. En termes de valeurs, la perte financière mondiale cumulée à fin juin 2020 est estimée à

---

[169] Mohamed L. (2020), *Tourisme entre relance et agonie, », lebrief.ma, le* 14/09/2020

[170] Badra Berrissoule (2020), « *Tourisme : Marrakech à l'agonie* », L'économiste du 14/09/2020, www.leconomiste.com

460 milliards de dollars. Une somme gigantesque, mais légitime quand on sait que le monde a enregistré 440 millions d'arrivées en moins par rapport au premier semestre 2019.

Par ailleurs, la Direction des études et prévisions financières (DEPF) a signalé une baisse des recettes touristiques de 33,2% au cours des six premiers mois de 2020. Ce chiffre représente une perte de 11,1 milliards de dirhams.

Pour retrouver la situation d'avant-crise et afin de sauver ce secteur, dont les activités contribuent pour 11% au PIB du Royaume, un contrat-programme de 21 mesures sur la période 2020-2022 a été signé le 3 août entre l'État et les acteurs privés du secteur[171].

D'après l'Organisation Mondiale du Tourisme, le secteur continuera à souffrir au moins pour le reste de l'année 2020. Les arrivées de touristes internationaux vont diminuer de près de 70% pour le reste de l'année en raison de la faible demande étrangère due à au manque de confiance et à l'incertitude de l'évolution de la pandémie. Un retour aux niveaux de 2019 en termes d'arrivées touristiques est attendu dans « 2 à 4 ans »[172]. Dans son dernier rapport du 27 octobre 2020, l'OMT a souligné que le rebond du tourisme international est attendu au troisième trimestre 2021, voire même en 2022.

Le Maroc devra encore patienter pour voir défiler ses nombreux touristes dans les grandes artères des principales villes touristiques dont Tanger, Marrakech, Agadir, Fès et Meknès. Première destination touristique de l'Afrique, le Maroc devra adopter de nouvelles stratégies pour faire face aux effets négatifs de ce secteur qui a généré plus de 70 milliards de recettes de devises. Le tourisme, représentant 7,1% de son PIB, a besoin impérativement d'un « plan de relance efficace ».

Ainsi, selon la ministre du tourisme, le Maroc doit relancer le tourisme avec plus de sérénité et d'ambition, chercher les solutions louables pour ce

---

[171] KHansaa B (2020), « *Covid-19 : 18MMDH de perte pour le tourisme* », Lebrief.ma, le 23/09/2020,

[172] Mohamed L. « *Participation du Maroc à la 112ème session du Conseil exécutif de l'Organisation Mondiale du Tourisme (OMT* », , www. Medias24.com, le 17/09/2020

secteur-clé qui a connu une perte de plus d'un milliard d'euros dans la crise sanitaire[173].

D'ailleurs, à la fin du premier trimestre de l'année 2021, les indicateurs d'activité du secteur du tourisme ont enregistré une baisse de près de 70% depuis le début de la pandémie. La crise sanitaire de « Covid-19 » devient de plus en plus agressive et ses répercussions deviennent plus lourdes que jamais. Le tourisme est parmi les secteurs les plus affectés par cette pandémie.

C'est pour échanger sur l'étendue de cet impact et les moyens de l'amortir que le Conseil économique, social et environnemental (CESE) a tenu le mardi 30 mars 2021 une réunion dédié à la thématique "Le tourisme, levier de développement durable et d'intégration : pour une nouvelle stratégie nationale du tourisme".

D'après Réda Chami, président du Conseil économique, social et environnemental (CESE), bien que l'industrie touristique ait été mise en difficultés par le passé, la pandémie du nouveau coronavirus « covid-19 » a fortement exacerbé ces difficultés et a eu de forts impacts économiques et sociaux sur son évolution. La pandémie n'a fait qu'aggraver et mettre la lumière sur les lacunes déjà existantes de ce secteur, notamment aux niveaux structurels, financiers et de développement. Il a rappelé que malgré ces difficultés et le fait d'être sous *« respiration artificielle »* depuis déjà un an et demi, le tourisme contribue à hauteur de 7% au Produit intérieur brut (PIB) et à 20% aux exportations des biens et services du pays. Aussi, ce secteur concentre quelque 550.000 emplois, soit un total de 5% de la population active au Maroc (en 2020). D'où la nécessité d'adopter une nouvelle stratégie qui serait à même de mettre fin aux différents dysfonctionnements récurrents dont souffre le tourisme marocain depuis près de 20 ans, et qui lui permettra ainsi qu'à ces opérateurs de réaliser un certain nombre d'objectifs pour assurer sa relance post-Covid-19.

Ainsi, Ahmed Reda Chami a souligné l'importance de la mise en place d'une nouvelle stratégie, basée sur une vision globale et intégrée, visant à promouvoir un tourisme durable, résilient et inclusif. Il précise que cette stratégie vise à favoriser le développement d'un tourisme de régions et la

---

[173] Ibrahima jr Dia (2020), « *Maroc : le tourisme continue sa descente aux enfers* », 28/10/ 2020

création de richesses et d'emploi en particulier au profit des femmes et des jeunes »[174].

C'est dans ce sens que pour réussir la relance du secteur du tourisme et son repositionnement stratégique à l'échelle nationale et internationale, le CESE a mis en avant des propositions et livré une liste de recommandations pour redonner vie à ce secteur qui est sous « respiration artificielle » depuis déjà un an et demi :

-Axe de la gouvernance : l'instauration d'une loi-cadre du tourisme et la promotion d'une planification stratégique intégrée, qui implique une consolidation des moyens et des ressources ainsi qu'un suivi-évaluation pour toute la chaîne de valeur ;

-Axe du tourisme durable et responsable : l'opérationnalisation de la charte marocaine du tourisme durable, la mise en place d'un nouveau système fiscal pour promouvoir les investissements durables, productifs, créateurs d'emplois et catalyseurs de la valeur au niveau des territoires hôtes, et l'adoption d'une approche "Tourisme 365 jours" ;

-Axe du tourisme national : la proposition de produits touristiques spécifiquement dédiés et adaptés au touriste marocain et à son pouvoir d'achat, la promotion du tourisme social et solidaire, le développement des auberges des jeunes et la mise en place d'une offre spéciale pour les Marocains résidant à l'étranger, qui prend en compte leurs styles de vie et leurs modes de consommation des loisirs et sports ;

-Axe de la digitalisation : l'utilisation de la communication, de la connectivité et de la digitalisation pour promouvoir des destinations et des produits touristiques durables, et ce, afin d'établir un circuit de réservation et de paiement marocain qui empêcherait la sortie de devises et des commissions hors Maroc, et l'amélioration de l'expérience client à travers l'adoption d'une communication numérique officielle ;

-Axe du capital humain : l'investissement dans l'amélioration de la formation des ressources humaines de ce secteur afin d'aligner leurs compétences sur les tendances mondiales, tout en visant l'excellence à travers la mise à jour de la cartographie de l'emploi dans le tourisme et l'initiation de la signature d'une convention sectorielle collective en matière de formation et de renforcement des compétences ;

---

[174] J.R.Y (2021), « *Post-Covid-19 : quelle stratégie touristique ?* », Media, le 30/03/2021

-Axe de la territorialisation : assurer la coordination entre l'échelle nationale et régionale grâce à de nouvelles stratégies plus adaptées, la mise en corrélation des stratégies nationales du tourisme, de la culture, de l'artisanat, de la jeunesse et du sport et du développement durable afin d'assurer la déclinaison territoriale, et le soutien de la mise en œuvre de stratégies régionales du tourisme durable en appuyant les conseils régionaux et la conception d'une offre diversifiée autour de corridors traversant plusieurs territoires avec une thématique touristique commune.

Enfin, notons que le CESE estime que la régionalisation avancée et la charte de la déconcentration pourraient rééquilibrer le développement du tourisme entre territoires et destinations[175].

De son côté, l'Office national marocain de tourisme (ONMT) a présenté le 22 avril 2021 les grandes lignes de sa stratégie pour relancer le secteur en été. Les préparatifs démarrent déjà à moins de deux mois du coup d'envoi de la prochaine saison estivale. Ainsi, une campagne publicitaire nommée "Ntla9awfbladna" et un plan de communication internationale seront lancés dans les prochains jours au profit des citoyens locaux, des Marocains résidant à l'étranger et des touristes internationaux[176]. La saison estivale 2020 a été un véritable désastre pour l'économie du pays. L'activité était quasiment à l'arrêt et les pertes étaient comptées en milliards de DH. En 2021, comme le tourisme est un secteur clé de la croissance économique, le Royaume compte bien se ressaisir et le relancer.

Pour cela, différentes actions sont envisagées. La première étant le lancement de la campagne "Ntla9awfbladna" dédiée aux citoyens locaux et aux Marocains du monde. Selon Adel El Fakir, directeur général de l'ONMT, l'objectif de cette campagne est de renforcer le sentiment d'appartenance du citoyen marocain et de lui donner envie de découvrir le pays autrement.

Concernant la campagne internationale, Adel El Fakir a souligné qu'elle sera lancée dans un premier temps dans les principaux pays clients du Maroc (France, Espagne, Angleterre, Allemagne, États-Unis, Israël) et sera élargie aux autres nations quand les conditions sanitaires le permettront.

---

[175] Nora Jaafar (2021), « *CESE : comment réussir la relance du tourisme ?* », Media le 31/03/2021

[176] Mohamed Laabi (2021), « *Tourisme : comment le Maroc compte relancer la machine cet été* », Media, le 23/04/2021

Le directeur de l'ONMT a assuré que cette dernière sera très différente des campagnes précédentes. « *Préparée par l'une des plus grandes agences de communication mondiales, la nouvelle campagne traduit l'essence de la destination Maroc, à travers un concept novateur, en rupture totale tant en matière de concept et positionnement, de prise de vue, de ton que d'image du Maroc véhiculée et de mode de communication et de diffusion* », a-t-il indiqué. Et de préciser que le digital aura une place prépondérante dans son plan de relance : *« on ciblera notamment les millennaux, âgés de 21 à 35 ans, très présents sur les réseaux sociaux ».*

Commentant la stratégie de l'ONMT, certains économistes indiquent que les professionnels du secteur ont un rôle très important à jouer pour donner un nouvel élan au secteur touristique. « *Les différentes cibles de clientèle devraient pouvoir trouver, dans n'importe quelle région du pays, une variété d'offres alliant compétitivité, qualité et sécurité* ». Ils ajoutent que « *bon nombre de structures hôtelières devraient s'atteler à une mise à niveau", et invitent les régions à « s'investir au plus vite dans une dynamique de marketing territorial* ».

D'autres économistes estiment que « *l'après-Covid touristique risque d'être une méga compétition mondiale encore plus rude et plus disputée qu'elle ne l'était avant la pandémie, car les opérateurs du monde entier ont souffert* ». Ils pensent que « *la crise sanitaire va changer profondément la vision des clients et leur conception du voyage et des vacances* ». En effet, par peur de changement rapide de la situation sanitaire du pays dans lequel ils se rendront, beaucoup de touristes préféreront rester dans leur pays de résidence ou aller dans un état voisin. Ils se demandent ainsi si les acteurs marocains du tourisme ont pris en considération tous ces éléments pour "repenser leur métier".

Quant aux pays clients du Maroc, la France, la Grèce et l'Espagne pensent alléger les restrictions

La France a annoncé a annoncé qu'elle lèvera les restrictions de déplacements à l'intérieur du pays à partir du lundi 3 mai. Cependant, le couvre-feu restera en vigueur jusqu'à 19 heures, le temps que la pandémie soit maîtrisée, souligne Jean Castex, ministre de l'Intérieur français.

De son côté, à l'instar de la France sur son application "Tous Anti Covid", l'Espagne a décidé de lancer le passeport vaccinal. Reyes Maroto, ministre de l'Industrie, du Commerce et du Tourisme, a indiqué que le certificat numérique vert sera lancé à la mi-juin. Le gouvernement espagnol a décidé de ne pas prolonger l'état d'urgence sanitaire au-delà du 9 mai

2021. Le pays ibérique qui a frôlé les 84 millions de touristes en 2019 a pour ambition de récupérer cet été la moitié de sa saison touristique habituelle.

La Grèce a pour sa part confirmé la reprise du tourisme à partir du 15 mai. Le Premier ministre grec Kyriakos Mitsotakis a souligné qu'à partir du 10 mai, les restaurants pourront rouvrir avec des tables en extérieur et le couvre-feu sera décalé à 23 heures. La Grèce a également fait savoir que tous les voyageurs partiellement vaccinés ou non vaccinés peuvent se rendre dans le pays en présentant les résultats (en anglais) d'un test PCR négatif effectué au plus tard 72 heures avant le départ.

Le monde se prépare donc enfin à la reprise de l'activité touristique pour le plus grand plaisir des citoyens assoiffés de déplacements, d'évasions, de voyages, et de renouement avec un mode de vie “normal”.

D'ailleurs, pour la troisième semaine consécutive, *Tourlane, une plateforme de réservation de vacances*, a classé le Maroc dans le top 5 des destinations de voyage les plus sûres. Ce classement est réalisé en collaboration avec Johann Jones, ancien directeur de l'OTAN, aujourd'hui conseiller en sécurité chez Tourlane[177].

Le Royaume est apparu pour la première fois sur la liste de Tourlane en mi-février dernier, deux semaines après le lancement de sa campagne de vaccination. Il a depuis gagné quatre places pour occuper le 5e rang, devant la Nouvelle-Zélande, l'Islande et le Zimbabwe. Avec l'Égypte, le Maroc est le seul pays d'Afrique du Nord à figurer dans cette liste. Pour évaluer les pays de ce classement, la plateforme de réservation prend en compte les facteurs de risque qui sont liés à l'évolution de la pandémie de « Covid-19 », notamment le taux de notification des cas de contamination sur 14 jours ou encore le score du règlement sanitaire international (RSI).

Grâce à son guide de voyage, Tourlane vise à assurer la sécurité de ses voyageurs tout en réduisant le risque de tout danger potentiel. *« En collaboration avec notre équipe d'intervention d'urgence, Johann assure la sécurité des voyageurs de Tourlane à chaque étape de leur voyage »*, a expliqué Tourlane. Et d'ajouter que Johann surveille et évalue constamment les facteurs de risque dans chaque destination afin de s'assurer que les voyageurs disposent d'informations actualisées sur la sécurité avant leur départ, et qu'ils bénéficient d'un soutien pendant leur voyage.

---

[177] Nora Jaafar (2021), « *Tourisme : le Maroc parmi les destinations de voyage les plus sûres* », Media, le 23/03/2021

Le succès du Maroc dans le maintien d'une campagne de vaccination révolutionnaire aura probablement un impact positif sur le secteur du tourisme cet été, car les voyageurs rechercheront les pays où le nombre d'infections au « Covid-19 » est le plus faible et où le taux de vaccination est élevé.

1.4. Les pistes de relance du secteur artisanal : Promotion digitale de l'artisanat marocain

Dans le cadre des efforts déployés par l'Etat marocain pour relancer le secteur de l'artisanat, promouvoir les produits artisanaux marocains, encourager les artisans marocains à adhérer à la vente en ligne, plusieurs conventions de partenariats entre la Maison de l'Artisan, et des plateformes d'e-commerce ont été signées en présence de la ministre du Tourisme, de l'artisanat, du transport aérien et de l'économie sociale, Nadia Fettah Alaoui.

Cette rencontre a permis de s'allier à sept acteurs du commerce électronique au Maroc, à savoir Chic Intemporel, Jumia, Epicerie verte, My Tindy, Tribaliste, Anou et Gold In. D'ailleurs, ces différentes plateformes représentent les principaux acteurs de la vente en ligne qui opèrent sur des marchés divers et proposent une large gamme de produits d'artisanat. Cette sélection est le mélange entre des plateformes généralistes, des plateformes spécialisées dans les produits d'artisanat ou dans des marchés de niches et des plateformes d'artisans ou de coopératives d'artisans du monde rural.

Lors de cette rencontre, la ministre a affirmé que « cette initiative s'inscrit dans le cadre des efforts consentis par les pouvoirs publics pour limiter les impacts de la pandémie de « Covid-19 » sur les secteurs socio-économiques et notamment sur l'artisanat qui emploie près de 2,4 millions d'artisans. Elle va permettre de promouvoir les produits artisanaux marocains, encourager les artisans marocains à adhérer à la vente en ligne et exploiter le potentiel offert par les plateformes de commercialisation digitale pour augmenter leurs chiffres d'affaires et leurs revenus »[178].

Pour les artisans qui souhaitent bénéficier de cette initiative, il leur suffit tout simplement de rejoindre la plateforme de leur choix, y exposer leurs produits et profiter des multiples avantages et services. Les vendeurs vont pouvoir profiter de la création gratuite de la boutique en ligne, de catalogue

---

[178] Salaheddine ATFI (2020), « *E-commerce : signature de conventions pour relancer le secteur de l'artisanat* », les info.ma, www.lesinfo.ma, le 04/09/2020

pour l'exposition des produits, mais également d'un support et d'une assistance dans le cadre de l'inclusion numérique.

1.5. Les pistes de relance du secteur immobilier

L'immobilier, à l'instar d'autres secteurs, a été lourdement impacté par la crise du « Covid-19 », d'où la nécessité d'entamer une réflexion stratégique sur les modalités de relance de ce secteur qui contribue à hauteur de 6,3% dans le PIB marocain.

Certes, l'activité du secteur a été stoppée dès la mi-mars suite à l'instauration des mesures restrictives dans le cadre de l'état d'urgence sanitaire. Cette période de crise est caractérisée par la baisse des demandes de crédit, une augmentation des coûts de production et une baisse des ventes, chose qui impacte la trésorerie des opérateurs du secteur. C'est dans ce sens que des sociétés immobilières (Société Injaz), des professionnels du secteur de l'immobilier en partenariat avec des banques notamment la banque CIH se sont réunis pour sonder l'ampleur de la crise que connaît le secteur, et de proposer des mesures à mettre en place en vue de le relancer : les types de financements, les stratégies et les outils marketing à privilégier, la simplification des procédures à travers plusieurs moyens comme la digitalisation en vue d'augmenter la demande à la reprise, la place que doit occuper la vente en l'état futur d'achèvement (VEFA) qui demeure peu exploitée par les promoteurs immobiliers. Cette dernière devrait permettre de remédier au problème de l'accroissement des stocks, et aurait pour effet de booster la relance du secteur.

D'autres professionnels du secteur Immobilier ont affirmé que la réduction des droits relatifs à l'acquisition, la baisse de la TVA et la révision du référentiel des prix immobiliers de la Direction générale des impôts et de la conservation foncière, devraient favoriser la relance du secteur, et améliorer l'accessibilité au logement[179].

En réalité, les différentes parties prenantes doivent se mobiliser afin de résoudre le problème d'inadéquation entre l'offre et la demande. Relancer la construction aura un effet induit sur les autres secteurs y compris l'informel (tous les matériaux qui s'incorporent dans le BTP) : menuiserie, carreaux, fer rond, sanitaire, aluminium, mais à condition qu'ils soient fabriqués localement.

---

[179] C'est dans ce sens que la société Injaz Solutions, a organisé ce mercredi 20 mai, un webinaire sous le thème « *L'immobilier après le Covid-19* », en partenariat avec la banque CIH. *Fatima-Zahra Coundi, les info.ma le 21/05/2020*

C'est ainsi que face à la crise du secteur immobilier (Une baisse du chiffre d'affaires de 65% selon les promoteurs immobiliers), le CVE a décidé d'accompagner les entreprises du secteur immobilier sévèrement touchées par la crise en leur offrant des garanties de crédits de moyen et long terme destinés à couvrir les besoins de financement pour l'achèvement de leurs projets immobiliers, et ce à travers un produit spécifique dénommé « Damane Relance Promotion Immobilière ».

Le crédit garanti par ce nouveau produit, plafonné à 50 millions de dirhams par projet, est ouvert aussi bien aux projets ayant déjà bénéficié d'un crédit de promotion immobilière) qu'à ceux ayant fait appel uniquement à de l'autofinancement[180].

1.6. Soutien au secteur de l'événementiel et des loisirs

Le CVE a signé un contrat-programme pour la relance du secteur de l'événementiel. Composé de 5000 entreprises et assurant 190 000 emplois directs et indirects, ce secteur est en crise depuis le mois de mars. Les professionnels de ces branches connaissent un arrêt de leurs activités et vivent une situation désastreuse. Les acteurs concernés *sont* les traiteurs, les loueurs d'équipements techniques liés à l'événementiel (son, lumière, vidéo, etc.), les loueurs d'espaces dédiés à l'événementiel (salles, chapiteaux, etc.), les loueurs de mobilier dédié à l'événementiel et les prestataires de services pour l'événementiel.

Le CVE a signé un second contrat-programme lié aux loisirs. Il concerne le secteur des parcs d'attractions et de jeux, à savoir les patinoires, les espaces de jeux pour enfants, les salles de jeux vidéo, celles actives dans les espaces de jeux en plein air ainsi que les parcs animaliers et zoologiques.

Pour les salariés de ces secteurs, l'indemnité Covid de 2000 dirhams par mois sera maintenue. Quant aux entreprises de ces secteurs, elles pourront désormais prétendre aux crédits "Damane Relance".

2. Plan d'appui aux PME

Face aux conséquences de la pandémie sur le tissu économique marocain, le gouvernement a pris un ensemble de mesures fiscales, sociales et bancaires au profit des entreprises impactées par cette crise. Selon la même

---

[180] Hafid E (2020), « *Covid-19 : Le CVE au service des secteurs en crise* », Media, www.lebrief.ma, le 05/10/2020

source, l'Etat chercherait à mobiliser les fonds nécessaires tandis que la CCG se chargera des aspects techniques, dont la sélection des gestionnaires professionnels qui auront pour mission de gérer les fonds d'investissement direct[181].

Parmi les mesures prises, le lancement de la garantie Damane Oxygéne, un produit adressé principalement aux très petites et moyennes entreprises (TPME), dont le chiffre d'affaires ne dépasse pas 500 millions de dirhams. 13200 entreprises (dont 85% de TPE) ont pu y accéder au 12 mai 2020. Ainsi, le nombre de crédits accordés a atteint 15589 crédits, pour un montant global de 7,8 milliards de dirhams. Un chiffre qui reste minime par rapport au volume des pertes induit par le « Covid-19 ». Il ne faut pas s'attendre à ce que ce montant dérisoire sauve une économie dont la perte de valeur ajoutée est estimée par le Haut-commissariat au plan (HCP) à 100 milliards de dirhams et qui a déjà mis au chômage 900.000 salariés sur les 3,47 millions déclarés. Bank Al Maghrib aura donc un rôle décisif à jouer dans la survie de l'économie nationale. Il n'y aura de reprise qu'à travers une forte injection de ressources provenant de l'Etat.

Pour cela, Bank Al Maghrib doit racheter massivement des titres de dettes du Trésor afin de donner une large marge de manœuvre à la puissance publique[182].

Parmi les autres mesures prises par le gouvernement, la mise en place d'un crédit à taux zéro pouvant atteindre 15.000 dirhams, au profit des auto-entrepreneurs. Ce crédit est remboursable sur 3 ans avec un délai de grâce d'un an.

Il a été procédé également à deux autres mesures : l'assouplissement des procédures de déclaration des salariés affiliés à la CNSS, qui sont en arrêt provisoire et l'instauration d'un traitement comptable dérogatoire pour étaler les dons et les charges relatives à la période de l'état d'urgence sanitaire sur 5 ans[183].

Par ailleurs, le ministère de l'économie planche sur un fonds d'investissement de 25 milliards de dirhams pour accompagner plus d'un millier de PME marocaines dans l'effort de relance de leurs activités au lendemain de la sortie de crise actuelle.

---

[181] Karim Handaoui, « *TPME : nouvelle génération de programmes d'appui* », www.challenge.ma, le 26/06/2020
[182] L'éditorial du magazine hebdomadaire Telquel, le 15 mai 2020.
[183] Mohammed L. (2020), « *Covid-19: la relance économique risque de s'éterniser* », Media Lebrief.ma le 15/05/2020

Ainsi, afin d'aider les TPME, deux programmes « Istimrar » et « Mowakaba » ont été lancés avec des conditions avantageuses notamment un plafond d'appui aux projets de créativité et codéveloppement des TPE de 2 millions de dirhams au lieu de 1 million de dirhams auparavant [184]:

-Le **programme Istitmar** porte sur l'appui à l'investissement des TPME industrielles, pouvant aller jusqu'à 30% du programme d'investissement avec un appui additionnel de 5% pour les projets réalisés au niveau des provinces et préfectures situées en dehors de l'axe atlantique Tanger-Casablanca.

-Le **programme Mowakaba** prévoit une prise en charge des coûts d'assistance technique et de conseil au profit des TPME industrielles pouvant financer jusqu'à 80% des coûts pour les PME (au lieu de 70% actuellement) et 90% pour les TPE[185].

Par la suite, Moulay Hafid El Alamy, ministère de l'Industrie, du Commerce, de l'Économie verte et numérique faisant de la relance du secteur industriel une priorité a annoncé la mise en place de deux programmes visant la relance de ce secteur notamment appuyer les très petites et moyennes entreprises (TPME) industrielles. Il s'agit des programmes "Tatwir " et "Nawat" avec des taux d'appui plus intéressants et des conditions d'accès et de paiements simplifiés qui s'ajoutent à ceux de "Istitmar" et "Mowakaba", déjà lancés et revus avec des taux d'appui attractifs et des conditions de paiements plus souples.

-Le programme Tatwir : Il accompagne l'accélération des PME à fort potentiel de croissance ainsi que les projets d'investissement concernant les produits non industrialisés et cible toutes les petites et moyennes entreprises (TPME) industrielles investissant dans les secteurs porteurs (croissance verte, innovation industrielle, industrie 4.0...). Il permet aux entreprises de bénéficier d'un soutien comprenant l'appui à l'investissement, l'assistance technique et le conseil.

-Le programme "Nawat" : Il porte sur l'accompagnement des TPE, auto-entrepreneurs et porteurs de projets, ayant des projets d'investissement ne dépassant pas les 3 millions de dirhams aussi bien durant la phase pré-

---

[184] Mohamed L. (2020), « *Deux nouveaux programmes pour la relance des TPME industrielles* », (L'économiste), www.lebrief.ma, le 29/06/2020,

[185] Es-Siari S. (2020), « *Chômage une bombe à retardement* », Economie www.ecoactu.ma, 27/10/2020

investissement que pendant la phase post-investissement. Ainsi, ce programme vise à accompagner les TPE durant la phase d'élaboration des plans relatifs à leur projet d'entreprise que pendant la phase d'exécution (accompagnement par des experts et conseillers techniques pour le développement des compétences managériales et entrepreneuriales) et offre une mise en réseau de sa cible pour le partage d'expériences nécessaires à la réussite des projets.

De même, pour trouver des solutions au problème du chômage, l'Etat encourage l'auto-entrepreneuriat à travers le programme Intelaka. Mais, à ce niveau, plusieurs questions se posent notamment la capacité et le profil des jeunes entrepreneurs à réussir leur projet et la conjoncture qui reste difficile avec un avenir incertain, d'où le risque de ne pas concrétiser à courte échéance plusieurs contrats-programmes pour la relance de certains secteurs (tourisme, services...) sans oublier que la fédération de certains secteurs notamment le commerce qui proteste contre la négligence de l'Etat à leur égard[186].

Par ailleurs, des mesures ont été prises par le CVE en faveur des entreprises impactées dans l'objectif d'atténuer les répercussions de cette pandémie sur l'emploi notamment, l'allocation d'une indemnité forfaitaire mensuelle de 2000 DH dans l'objectif de soutenir les entreprises impactées et préserver l'emploi. Dans le même sillage, on peut mettre à l'actif de l'Exécutif le report du paiement que ce soit des cotisations sociales ou des échéances fiscales.

A cela, il faut ajouter que la mobilisation d'une enveloppe de 120 Mds de DH pour la relance économique dont 75 Mds de DH sous forme de crédits garantis par l'Etat au profit d'entreprises. Seulement, les critères d'éligibilité sont souvent tellement contraignants que la TPME, principal employeur, reste dans les meilleurs des cas la moins servie.

Partant du fait que la reprise de l'économie risque d'être aussi difficile que la période de crise elle-même, plusieurs recommandations et suggestions ont été proposées par certains responsables au CVE en suggérant des pistes pour la relance économique[187].

[186] S. Es-Siari (2020), « *Chômage, une bombe à retardement* », Economie www.ecoactu.ma, 27/10/ 2020

[187] Fatima ezzahra Boutafrout(2020), *« Mohamed Benchaâboun, l'impact du Covid-19 sur l'économie »,* le 13/04/2020

Ainsi, l'ex-patron de Saham Assurance insiste sur le soutien massif de l'appareil productif et de la demande durant cette période afin de préserver les entreprises.

De son côté, pour faire face à cette situation inédite, la CGEM préconise une série de mesures pour soutenir les entreprises touchées par la crise du coronavirus comme[188] :

- La réduction des charges fixes de l'entreprise (masse salariale, loyers, intérêts bancaires, taxes locales). Il s'agit de la suspension des charges fiscales au 31 mars 2020, ainsi que des charges salariales pour l'ensemble des secteurs, à l'exception de ceux qui ne pâtissent pas des effets de la crise.

- La mise en place d'un mécanisme de dette long terme allant jusqu'à 10 ans (avec un délai de grâce de 1 à 2 ans garantis par l'Etat et à un taux d'intérêt abondé), ainsi que la mise en place de fonds sectoriels pour supporter les entreprises viables en sortie de crise.

- Un moratoire sera accordé aux PME et aux TPE pour les crédits et les leasings de trois mois. Les TPE dont l'activité se poursuit et qui souffrent de difficultés de trésorerie pourront bénéficier d'une ligne de crédit supplémentaire grâce à une garantie qui sera prochainement mise en place par la Caisse centrale de garantie

- La suspension des contrôles fiscaux et les Avis à Tiers Détenteur (ATD) vis à vis de la CNSS, de la DGI et auprès des services de la Douane (la CGEM demande que cette dernière mesure soit maintenue jusqu'à nouvel ordre).

- La mise en place d'une indemnité de perte d'emploi pour les salaires bas, à activer via la CNSS pour l'ensemble des pertes d'emplois pour cause de licenciement économique.

- La mise en place d'un fonds de soutien aux secteurs les plus affectés, pour lesquels ces mesures précitées ne seront pas suffisantes.

[188] L'observatoire de la RSE au Maroc (ORSEM) (2020), *« Les mesures pour les entreprises »*, l'Economiste, www.leconomiste.com, le 05/05/2020

-Faire entrer plus d'entreprises et de citoyens dans l'économie formelle, puis accélérer les simplifications administratives[189].

Rappelons que la CGEM a entamé le processus de concertation avec les fédérations pour enrichir la réflexion autour des plans de relance sectoriels qui seront élaborés sous la supervision des ministres en charge des secteurs concernés.

De son côté, le parti du RNI souligne qu'il faut encourager les marocains pour la consommation des produits et services locaux.

Rachida Dati, ex-conseillère de Nicolas Sarkozy souligne que même si la tâche ne sera pas si simple, le Maroc a certains atouts économiques à faire valoir pour s'en sortir. *« Le Maroc a des arguments forts grâce au leadership et à la vision de son Roi, mais aussi grâce à ses atouts économiques, sa culture et son histoire, sa position méditerranéenne géostratégique exceptionnelle au centre des relations entre deux continents. Le dynamisme entrepreneurial de sa population le met en situation de relever de grands défis »*.

III- La Loi de Finance Rectificative (LFR) 2020 et le Projet de la Loi de Finance (PLF) 2021

1. La Loi de Finance Rectificative (LFR) 2020

Depuis l'avènement de la pandémie du « Covid-19 », le projet de loi de finance rectificative (PLFR) entre dans le cadre du plan de sauvegarde de l'économie nationale des répercussions de la pandémie du « Covid-19 ». Les orientations générales du PLFR sont élaborées par le gouvernement pour être par la suite soumis au parlement.

Le Maroc a eu recours à la loi de finances rectificative pour différentes raisons. La première étant que la loi de finance 2020 a été fondée sur des hypothèses qui sont devenues aujourd'hui complètement obsolètes. C'est le cas notamment du taux de croissance prévu, qui devait s'élever à 3,7%, du

---

[189] Selon le journal *Aujourd'hui le Maroc*, la Confédération générale des entreprises du Maroc (CGEM) a préparé un rapport de 150 pages avec 500 mesures proposées par les fédérations sectorielles sondées par le patronat. Un document qui a été présenté au gouvernement pour l'accompagner dans les mesures qu'il compte entreprendre envers chaque secteur. L. Mohammed (2020), « *la machine économique se remettra en marche après l'Aid* », Médias le 20/05/2020

déficit budgétaire qui était limité à 3,5% du PIB et de la production céréalière qui a été estimée à 70 millions de quintaux.

Cette loi de finance rectificative (LFR) aura pour mission de faire de la résistance et d'assurer le redémarrage des activités économiques et des entreprises qui ont le plus souffert de l'état d'urgence sanitaire, comme l'hôtellerie/la restauration, le bâtiment… etc. Il s'agira également de faire revenir les salariés à leur travail, promouvoir la demande adressée à ces secteurs sinistrés et assurer la pérennité des entreprises.

Les économistes estiment que « la reprise de l'économie ne saura se faire sans une loi de finance rectificative qui déterminera la nature, les montants et l'affectation des ressources et des charges de l'Etat ». Cependant, elle a toujours été présentée comme une solution de dernier recours par le gouvernement. D'ailleurs, le ministre de l'économie, Mohamed Benchaâboun, avait déclaré qu'il était compliqué de bâtir une loi de finance rectificative sur des chiffres qui ne sont pas réalistes et plein d'incertitudes.

La loi de finance rectificative (LFC) a pour objectifs l'accompagnement de la reprise progressive de l'activité économique avec la mise en œuvre de certaines mesures et réformes administratives.

C'est ainsi que le Conseil de gouvernement s'est tenu le 7 juillet sous la présidence du Chef de gouvernement Saad Eddine El Otmani pour examiner et approuver le projet de loi de finance rectificative 2020 présenté par le ministre de l'Economie, des Finances et de la Réforme de l'administration, Mohamed Benchaâboun.

Selon Benchaâboun, ce projet de loi de finance rectificative s'articule autour de trois axes principaux : L'accompagnement de la reprise progressive de l'activité économique, la protection de l'emploi et l'accélération de la mise en place des réformes administratives.[190]

Premier axe : Accompagnement de la reprise progressive de l'activité économique

- La mise en œuvre de mesures adaptées en prenant compte des spécificités de chaque secteur d'activité, notamment l'ampleur de l'impact de la crise et le temps nécessaire à la reprise de l'activité.

[190] Fatima-Zahra Coundi (2020), *« les détails de la loi de finance rectificative 2020 »,* lesinfos.ma, le 08/07/2020

- Allocation d'une enveloppe de 5 milliards de DH pour l'accompagnement de la mise en place des mécanismes de garantie au profit de tous les types d'entreprises, y compris les entreprises publiques. Ces entreprises bénéficieront de conditions avantageuses, avec l'application d'un taux d'intérêt maximum ne dépassant pas 3,5%, et une période de remboursement de 7 ans, deux ans de grâce et une garantie de l'Etat variant entre 80% et 90% et pouvant atteindre 95% pour les TPE.

- Réforme de la Caisse Centrale de Garantie, à travers la rectification de la loi qui la régit afin de la rendre conforme aux pratiques internationales, améliorer sa gouvernance, et moderniser sa gestion financière.

- Allocation d'une enveloppe de 15 milliards de DH pour la promotion des investissements de l'Etat, pour atteindre 86 milliards de DH, et accélérer ainsi la redynamisation de l'économie nationale.

2ème axe : Préservation de l'emploi

- Continuer jusqu'à la fin de l'année à accompagner les secteurs qui subissent toujours les répercussions de la crise sanitaire, sur le plan social et économique.

- Commencer la mise en œuvre du dispositif d'accompagnement de tous les secteurs d'activité, en concertation avec les acteurs économiques concernés, en conditionnant l'accès à cet accompagnement par la préservation de 80% de la masse salariale déclarée à la CNSS et la régularisation rapide des salariés non déclarés.

3ème axe : Accélération de la mise en œuvre des réformes administratives

-Renforcement de l'environnement d'investissement à travers l'accélération de la transformation numérique.

-Accélération de la mise en œuvre de la charte des services publics.

-Promotion de l'inclusion financière à travers la généralisation du paiement électronique.

Seulement, la LFR est toujours assujettie aux doutes et dépendra de plusieurs critères. Les membres du CVE ont souligné que l'élaboration de la loi de finance rectificative sera tributaire, d'une part, de l'évolution de la conjoncture internationale sur les plans économiques et sanitaires et d'autre part du plan de dé-confinement progressif qui sera déployé à l'échelle nationale.

Il est à préciser que le Maroc perd 500 millions de dirhams par jour en recettes du Trésor public durant la période du confinement[191].

Selon Nizar Baraka, secrétaire général du parti de l'istiqlal, c'est une urgence d'instaurer une loi de finance rectificative dans ces conditions difficiles. Les hypothèses et les équilibres économiques et financiers, sur lesquels sont basés la loi de finance en vigueur, sont dépassés et qu'il est nécessaire de redéfinir les priorités des politiques publiques et de rectifier la loi de finance, afin de garantir l'emploi et le pouvoir d'achat des citoyens[192].

Le Chef du gouvernement, Saad Dine El Otmani a présenté devant le Parlement les orientations de la loi de finance rectificative en précisant que ce projet *« requiert une visibilité des hypothèses sur lesquelles on devrait se baser à l'échelle mondiale et nationale, qui prennent en considération les prévisions liées à la baisse du taux de croissance, aux impacts de la sécheresse et à la baisse des recettes fiscales ».*

Face à la crise pandémique et à ses conséquences économiques, financières, sociales et humaines désastreuses, les autorités financières du Royaume semblent être convaincues de la nécessité de laisser filer le déficit budgétaire et de rompre avec la politique de rigueur budgétaire qui a prévalu ces dernières années.

L'Etat est appelé en tant que maître d'ouvrage, à mettre en place des mesures exceptionnelles pour venir au secours des salariés et des entreprises, ce qui se traduirait logiquement par des dérapages budgétaires. C'est ce que font tous les pays actuellement.

Il est à rappeler que depuis les années 80-90, une relative culture de la maîtrise des déficits et de la stabilité du cadre macroéconomique s'est instaurée. Il fallait réduire les dépenses et en particulier celles relatives aux secteurs sociaux, pour réduire les déficits. Il faut aussi rappeler que le Programme d'ajustement structurel (PAS) avait pour origine l'incapacité du Maroc à faire face à ses engagements extérieurs. Mais, il ne faut pas

---

191 L. Mohammed (2020), « *La machine économique se remettra en marche après l'Aid* », www.lebrief.ma, le 20/05/2020,

192 L. Mohammed (2020), « *Covid-19 : La relance économique risque de s'éterniser* », www.Lebrief.ma, le 15/05/2020

oublier que le déficit interne est lié au déficit externe, et que l'aggravation du déficit externe peut se traduire par une baisse des réserves de change et la paralysie des activités économiques.

Selon l'ex ministre des finances Mohammed Berrada, le problème ne réside pas dans la volonté de laisser filer le déficit, mais dans la nécessité de lui trouver des sources de financement. Il rappelle que jusqu'aux années 70, on se finançait par des crédits extérieurs à un moment où les taux d'intérêt et le niveau de l'inflation étaient très élevés. D'où une charge de la dette considérable avec les difficultés de remboursement. Depuis, la dette intérieure a remplacé en bonne partie la dette extérieure. Aujourd'hui, les taux d'intérêt et ceux de l'inflation aussi bien au Maroc qu'au niveau international sont exceptionnellement bas[193].

Il est donc possible de recourir à l'épargne nationale, en lançant par exemple un emprunt « Covid-19 » et de recourir à des emprunts extérieurs, sans parler de l'utilisation de la ligne de précaution et de liquidité (LPL) du FMI, dans la mesure où le pays bénéficie d'une bonne crédibilité à l'international[194].

Abdelkader Zaer, secrétaire général de la Confédération démocratique du travail (CDT), a envoyé les propositions de sa Centrale syndicale au chef du gouvernement, Saad Dine El Otmani. Ses propositions portent sur plusieurs volets.

Sur le plan de la redynamisation de l'économie, la CDT propose la création d'une banque publique pour les investissements afin de garantir leur bonne répartition et lutter contre tout dysfonctionnement au niveau du financement.

La Confédération propose également de mettre en place un Fonds national de solidarité et de le doter de ressources financières afin de surmonter toute éventuelle crise. Parmi les autres propositions, la révision

---

[193] Mohamed Berrada, « *Il faut injecter massivement des fonds destinés à assurer la survie des entreprises* » propos recueillis par F.Z.O., Finances News Hebdo, fnh.ma, le 17/05/2020

[194] Selon l'ex ministre des finances Mohmed Berrada, la question n'est pas de savoir s'il faut s'endetter ou pas, et jusqu'à quel niveau, mais de savoir ce qu'on va faire de cet argent et si cet argent est susceptible de réduire les effets de la crise dans laquelle nous naviguons dans un brouillard total d'incertitudes et de relancer l'économie. Idem

des accords de libre-échange dans la perspective d'établir des relations économiques plus équilibrées avec les partenaires économiques.

Sur le plan social, le syndicat appelle à revoir la décision du gel des promotions et du recrutement et l'augmentation des postes budgétaires réservés aux secteurs de l'éducation et de la santé. Il est également préconisé de réviser la loi régissant les conditions d'accès aux indemnités pour perte d'emploi et de prévoir dans le projet de loi de finance rectificative un compte d'affectation spécial afin de couvrir l'éventuel déficit budgétaire des caisses nationales de protection sociale.

Pour le volet relatif à l'impôt sur valeur ajoutée (TVA), les propositions de la CDT portent sur le maintien de la mesure de l'exonération de certains produits de première nécessité, comme les traitements des maladies chroniques. En contrepartie, le syndicat propose de porter le taux d'imposition des produits de luxe à 30%.

Selon la CDT, ce type d'impôt doit promouvoir la demande intérieure des produits portant le label marocain[195].

2. Les orientations générales du Projet de la Loi de Finance (PLF) au titre de l'exercice 2021

La loi de finances 2021 se prépare donc dans un climat morose. L'économie marocaine est en souffrance et la reprise met du temps à se dessiner. Les choses ne se passent pas comme espérées depuis la sortie du confinement. Plusieurs secteurs de l'économie continuent de souffrir et l'évolution de la situation sanitaire n'arrange pas les choses. L'inquiétude sur la propagation de la pandémie explique le fait que les frontières ne soient pas totalement ouvertes. Nul n'a de visibilité sur leur réouverture complète et le retour à la normale aujourd'hui.

Pour les entreprises du secteur du Tourisme, cela voile encore plus l'horizon. De plus, l'acheminement des aides vers les entreprises n'est pas totalement efficient. Sur les 22 milliards de dirhams de crédits qui ont été accordés, seulement 2 milliards ont été réellement décaissés. Selon la Banque Centrale, les raisons sont nombreuses. Cela peut s'expliquer par la lourdeur des procès ou le manque de visibilité des entreprises. Quoiqu'il en

---

[195] Mohammed L. (2020), « *Dernières consultations avant l'adoption de la loi de finance rectificative* », Telquel, le 30/06/2020.

soit, cela ne contribue guère à améliorer la confiance des chefs d'entreprises. Tout ceci participe à une reprise plus lente qu'attendue.

De ce fait, Bank Al Maghrib et le CMC anticipent une baisse du PIB de plus de 6% (6,3% pour Bank Al Maghrib et 6,2% pour le CMC). Après les deux institutions, le gouvernement prévoit à son tour une contraction du PIB de 5,8% contre 5% prévue par la loi de finances rectificative.

C'est dans ce climat et cette conjoncture difficile, marquée par les effets négatifs de la pandémie de « Covid-19 » sur le plan socio-économique que se prépare la prochaine loi de finance qui sera entièrement dédiée à la relance de l'économie. L'enjeu est de pouvoir fournir de gros efforts pour soutenir le tissu productif.

C'est la priorité principale du projet de Loi de Finance 2021 qui prévoit un taux de croissance de 4,8% et un déficit budgétaire de 6,5% du PIB. L'exécutif s'engage, dans ce sens, à mettre le paquet sur les moyens pour renforcer l'effort financier exceptionnel annoncé dans le discours royal. La CGEM a déjà livré ses propositions pour le projet de loi de finance. Elles reposent sur la gestion de la masse salariale pour préserver le maximum d'emplois, le soutien à la trésorerie et au fonds propres des entreprises, l'intégration de l'informel, la priorisation des TPE et PME locales pour les marchés publics[196]. Le patronat veut qu'on leur réserve au moins 35 à 40% de la commande publique pour assurer la dynamique de la relance économique[197].

C'est ainsi que les orientations générales du PLF au titre de l'exercice 2021 ont été adoptées en conseil de gouvernement pour être par la suite soumis au parlement. Ces orientations visent non seulement à « transcender les difficultés économiques et sociales générées par la crise sanitaire », mais aussi à « construire les fondamentaux d'une économie compétitive et un modèle social plus inclusif ». Une enveloppe budgétaire de 230 milliards est allouée à l'investissement public en 2021. Le chiffre est inédit. Jamais le budget de l'investissement public n'a dépassé la barre des 200 milliards de

---

[196] Leseco (2020), « *PLF 2021 : les projections du gouvernement pour 2021* », Les Eco.ma, le 17/10/2020

[197] J.R.Y. (2020), « *Economie : la reprise met du temps à se dessiner* », www.lebrief.ma, le 28/09/2020

dirhams. Pour 2020, ce même budget était de 198 milliards, avant qu'il ne soit ramené à 182 milliards dans la loi de finance rectificative[198].

Selon un membre du patronat, « c'est un bon signal qu'adresse le gouvernement à l'économie. Cela montre qu'on ne sera pas dans une logique d'austérité, que l'Etat assumera sa responsabilité de premier investisseur et de principal moteur de la relance de l'économie »

Selon un éminent économiste, « si on veut le prendre comme un signal, oui, c'est effectivement un bon signal à l'économie. Mais nous n'avons pas encore les détails de ce budget d'investissement. On ne peut pas donc nous prononcer sur la chose, surtout que dans ce budget, on compte également le fonds d'investissement stratégique de 45 milliards, dont le plus gros viendra des acteurs privés et non de l'Etat ».

Il ajoute que ce qui compte finalement, « c'est le montant de l'investissement global qui sera injecté dans l'économie, qu'il soit public ou non public. Si ce fonds stratégique est opérationnel en 2021 et qu'il réalise les investissements de relance budgétisés, on arrivera finalement au même résultat : plus d'argent qui circule dans l'économie, une recapitalisation des entreprises en difficulté, le maintien de l'emploi... Ce qui compte au final, c'est que ce budget annoncé soit exécuté et bien ciblé.[199]

En réalité, l'Etat fait face à une équation financière extrêmement compliquée à résoudre : L'exécution du budget est le véritable enjeu. Avec une baisse attendue des recettes fiscales de 20 à 25 milliards de dirhams, et des dépenses de fonctionnement difficilement compressibles, notamment celles relatives à la masse salariale, le maintien de l'investissement à son niveau de 2019 peut être lu en soi comme un véritable effort budgétaire consenti par l'Etat pour maintenir la dépense publique à un niveau correct.

Les inquiétudes émanent du fait que le niveau d'exécution du budget de l'investissement public ne correspond jamais à ce qui est voté dans les lois de finance. Les lourdeurs administratives dans le lancement et l'exécution des marchés publics font que « L'exécution de l'investissement public

---

[198] M.M. « *Interrogations autour des 230 milliards alloués à l'investissement public en 2021* », www.medias24.com, le 15/10/ 2020

[199] Ces 230 milliards prennent en effet en compte, selon le communiqué post-conseil des ministres, l'enveloppe de 45 milliards qui sera allouée au Fonds Mohammed VI pour l'investissement. Un fonds dont la création a été annoncé par le Roi dans son discours du Trône et dont le montage a été également détaillé par le souverain lors de son discours d'ouverture du parlement.

tourne globalement autour de 60 à 70% au meilleur des cas. Dans son rapport sur l'exécution du budget de l'Etat au titre de l'année 2019, la Cour des comptes affirmait en effet que le taux réel de réalisation des investissements budgétaires était de 63% en 2019. C'est pratiquement le même taux d'exécution aligné durant toute cette dernière décennie.

En 2020, ce taux sera encore plus bas à cause du confinement, de l'arrêt des projets étatiques, du retard pris dans les chantiers d'infrastructures et des mesures restrictives qui continuent d'être appliquées dans plusieurs régions. Et si la pandémie dure en 2021, ce qui n'est pas exclu, l'exécution du budget sera encore une fois très faible. Et on n'atteindra pas l'effet souhaité, qui est de redynamiser l'économie par la commande publique.

Au-delà du souci d'augmenter le budget de l'investissement, tout en allégeant le déficit budgétaire à 6,5% comme prévu dans la loi de finance, le véritable défi pour le gouvernement serait donc d'accélérer le rythme des investissements programmés pour que la dépense publique ait un impact réel et direct sur l'économie. Mais aussi de réussir ce grand défi de mobilisation de l'épargne nationale et internationale pour monter le Fonds Mohammed VI pour l'investissement, qui sera le véritable outil capitalistique pour sauver et relancer l'activité des entreprises et les emplois.

Seulement, « miser sur un effet de levier de cette ampleur en ces moments de crise ne sera pas chose aisée ».

Ce fonds va être financé par un apport public de 15 milliards, en comptant sur l'effet de levier pour mobiliser le reste des ressources. On ne sait pas d'abord dans quel horizon de temps cela va se faire, sur une année ou à moyen terme. Et je pense que l'effet levier de cet investissement public ne va pas fonctionner d'une manière aussi simple qu'on le prétend. Les montants annoncés ne me paraissent pas pouvoir être atteints dans le court terme.

Par ailleurs, la question du rendement des investissements publics, en termes de création de richesses et d'emplois pour l'économie nationale, demeure posée auprès des observateurs. Les 230 milliards de DH bénéficieront-ils en grande partie aux opérateurs marocains ? Certes, le gouvernement a montré récemment sa détermination pour activer réellement la préférence nationale dans le cadre des marchés publics, mais il faudra savoir comment dans la pratique cette volonté sera concrétisée par l'Etat central, les entreprises et établissements publics et les collectivités territoriales.

3. Les projections économiques et financières pour 2021 : Un contexte de fortes incertitudes

L'année 2020 est marquée par un niveau d'incertitude record. Elle a remis en question toutes les projections qui étaient établies avant le déclenchement de la crise du « Covid-19 ». Personne n'a vu la pandémie venir, et personne n'a pu encercler ses retombées. C'est une crise sans précédent. La situation sanitaire s'aggrave jour après jour au Maroc. Les projections économiques et financières pour le reste de l'année sont pessimistes. Ces projections sont élaborées dans un contexte marqué par une incertitude exceptionnelle. A moins de 2 mois de la fin de l'année 2020, la situation sanitaire au Maroc n'est toujours pas rassurante. De plus, la reprise espérée au deuxième semestre 2020 a été cassée.

Dans sa note de conjoncture sur le troisième trimestre et les perspectives du quatrième trimestre, le Haut-Commissariat au Plan (HCP) a révélé que l'activité économique enregistrerait une baisse de 5,5% au quatrième trimestre de 2020, contre une hausse de 2,3% lors de la même période de l'année précédente., le HCP précise que cette évolution est le résultat d'un abaissement de 5,2% de la valeur ajoutée hors agriculture et d'une baisse de 5,8% de celle de l'agriculture[200].

En ce qui concerne le secteur secondaire, la baisse de la valeur ajoutée se situerait à 5,3%.

Par ailleurs, l'activité du secteur tertiaire poursuivrait sa reprise modérée dans le commerce, le transport interurbain et la restauration.

Quant aux différentes projections pour l'année 2021, elles sont entourées d'un grand degré d'incertitude à cause de l'évolution de la pandémie, des mesures que les autorités pourraient prendre et du contexte macroéconomique marocain et mondial. Même les institutions économiques et financières nationales n'arrivent pas à se projeter en 2021 avec aisance[201].

Seulement, malgré ces incertitudes, les projections 2021 publiées par les grandes sociétés de bourse et de recherche de la place, notamment Attijari Global Research et BMCE Capital Research semblent optimistes. C'est ainsi

---

[200] Salaheddine Atfi (2020), « *HCP : L'activité économique en baisse de 5,5% au 4ème trimestre* », les info.ma le 06/10/2020

[201] Mouna Ettazy (2020), « *Peut-on se fier aux prévisions des analystes dans ce contexte de fortes incertitudes ?* », leboursier.ma le 15/10/2020

que Attijari Global Research prévoit une reprise de l'activité de plusieurs secteurs (de 11,3% en 2021 des bénéfices récurrents des sociétés cotées).

La société de recherche reste confiante par rapport à la résilience de 5 secteurs : Télécoms, agroalimentaire, distribution alimentaire, mines et nouvelles technologies. C'est au moment de traiter les prévisions pour le secteur bancaire qu'elle souligne « sous l'hypothèse d'une amélioration progressive du climat sanitaire et économique à compter de la fin d'année, les banques pourraient disposer en 2021 d'un gisement de reprise important leur permettant de redresser sensiblement leur capacité bénéficiaire.

De son côté, BMCE Capital Research anticipe un rebond de 34,4% des bénéfices de 40 principales entreprises cotées à la bourse de Casablanca. La Banque d'affaires parle déjà d'une phase « post Covid-19 » et « post-crise » en anticipant des réalisations en forte progression en 2021.

Lors de la réunion du Conseil de politique monétaire de Bank Al-Maghrib, tenue le 22 septembre, Abdellatif Jouahri le wali de Bank Al Maghreb avait souligné l'importance d'une actualisation régulière des données du fait de la persistance du niveau exceptionnellement élevé d'incertitudes liées notamment à l'évolution de la pandémie et à ses conséquences aussi bien au niveau national qu'international.

Les projections macroéconomiques de Bank Al-Maghrib dévoilées ont été plus sombres qu'en juin dernier. Abdellatif Jouahri a parlé avec une grande prudence. Il écarte désormais le scénario de reprise en V et précise que les principales révisions apportées aux précédentes projections s'expliquent par un redémarrage plus lent de l'activité économique et la mise en place de certaines restrictions locales ou sectorielles suite à la recrudescence des infections et, aussi, une poursuite de la fermeture quasi-totale des frontières pour les voyageurs. Pour l'année 2021, Bank Al Maghrib anticipe une hausse du PIB de 4,7% en 2021. Seulement, Abdellatif Jouahri, insiste que face aux incertitudes, et c'est le cas partout dans le monde, il faut rester vigilant. Les investisseurs doivent rester prudents et prendre leur précaution avant d'investir notamment en misant sur les secteurs qui ont fait preuve de résilience en période de crise et en diversifiant leurs portefeuilles.

Selon le rapport du HCP, 2020 est l'année des ruptures. Durant les 3 premiers mois de cette année, qui ont connu un sévère recul de l'activité, le choc économique est tellement fort que ses impacts dépasseront la présente année calendaire et affectera les performances économiques de 2021. Le HCP anticipe que : « Le retour de la croissance vers son sentier d'évolution s'opérerait progressivement à partir de 2021, avec une hausse prévue du PIB de 4.4% par rapport à 2020 ». Le gouvernement, lui, reste le plus optimiste en prévoyant un rebond de 4,8% en 2021.

De plus, le HCP a indiqué le 14 janvier dans le Budget économique prévisionnel (BEP) 2021 que "En tenant compte des dépenses d'investissements qui représenteraient 6% du PIB en 2021, le déficit budgétaire devrait connaître un allégement de près d'un point pour atteindre 6,4% du PIB, après 7,4% estimé pour l'année 2020".

L'année 2021 devrait être marquée par un retour progressif des recettes fiscales, tenant compte de l'amélioration attendue de l'activité économique et des différentes composantes de la demande (la reprise de la consommation des ménages qui profiterait de l'amélioration des revenus ruraux et des recettes des Marocains résidant à l'étranger (MRE)), de la poursuite de la mobilisation des fonds nécessaires pour la couverture des charges additionnelles liées aux programmes et projets annoncés dans la loi de finance (LF) 2021 et aux efforts de rétablissement des équilibres macroéconomiques[202].

Selon le CMC, *« Prétendre par des politiques de relance faire rebondir l'économie à court terme pour qu'elle puisse emprunter le chemin salutaire de la reprise relève du miracle »*.

Ainsi, les projections économiques et financières pour 2021 sont incertaines. L'économie devrait reprendre progressivement dans une conjoncture délicate entourée d'incertitudes liées à la pandémie. L'optimisme des prévisions élaborées concernant la reprise économique et le rebond des réalisations des sociétés cotées en 2021 reste très fragile. Il est conditionné par plusieurs hypothèses (Vaccin, levées des restrictions, ouverture totale des frontières,…). Ce contexte requière donc l'établissement de plusieurs scénarios d'évolution des indicateurs économiques et financiers et, aussi, une actualisation continue des prévisions.

Malgré cette incertitude, le gouvernement reste optimiste et estime que le redressement de l'économie nationale est sur la bonne voie pour assurer une relance durable. Saïd Amzazi, porte-parole du gouvernement explique que « l'activité économique nationale poursuit son redressement progressif suite aux développements récents de certains indicateurs conjoncturels clés, à

[202] Fatima-Zahra Coundi, *« Le HCP table sur un déficit budgétaire de 6,4% en 2021 »*, lesinfos.ma, le 14/01/2021

savoir l'atténuation de la contraction du Produit intérieur brut (PIB) trimestriel de huit points entre le trimestre 2 (T2) et 3 (T3), l'allégement du déficit commercial de 26% et des avoirs officiels de réserve couvrant plus de sept mois d'importations de biens et services ».

Lors de la réunion du 7 janvier 2021, de nouvelles décisions ont été prises par le Comité de veille économique (CVE) notamment la signature de cinq nouveaux contrats-programmes pour soutenir les secteurs les plus touchés par la crise de la « Covid-19 » : Quatre de ces nouveaux contrats sont déjà entrés en vigueur depuis le 1er janvier et visent à préserver les emplois et à encourager l'esprit d'entreprise dans les secteurs de la presse, des industries culturelles et créatives, les salles de sport privées et les crèches. Le cinquième contrat prévoit pour sa part une aide aux restaurateurs inscrits à la Caisse nationale de sécurité sociale (CNSS) qui ont été affectés par les mesures de confinement.

De plus, le CVE a décidé de prolonger jusqu'au 31 mars les mesures de soutien mises en place pour sauver le secteur du tourisme de la restauration et du divertissement[203].

Il a également élargi la liste des entreprises qui peuvent bénéficier de ces prêts, en ajoutant les compagnies d'assurance, les bureaux de change et les agences de transfert d'argent.

Face à ces mesures, Mohamed Saïd Tahiri, professionnel du secteur touristique avance : « Nous avons souhaité que l'application de ces mesures soit maintenue pendant toute l'année 2021, mais malheureusement cette demande n'a pas été prise en considération ». L'expert souligne : « nous sommes aujourd'hui face à ce que j'appelle la bataille des trois « R » :

-Résistance : les opérateurs et professionnels du tourisme sont en train d'essayer de résister aux effets de la pandémie, de rester sur leurs pieds et d'œuvrer pour un avenir meilleur tout en sauvegardant les emplois des employés du secteur.

-Redémarrage : ce volet important porte sur toutes les solutions et les dispositifs à prévoir pour protéger et promouvoir la destination Maroc après "l'Apocalypse" « Covid-19 ». La reprise ne concerne pas seulement le paiement des dettes, la promotion digitale et le règlement de la CNSS, mais une remise à niveau du produit Maroc s'impose, notamment celle du

[203] Selon les opérateurs du secteur du tourisme, cette prolongation n'est pas suffisante pour assurer une relance durable. H.L.B (2021), *CVE : «bien, peut mieux faire»*, Teaser Media le 08/01/2021

patrimoine urbain, de la formation du personnel du secteur, de l'amélioration de l'expérience client, de la fiscalité du secteur et du financement de l'investissement.

-Relance : l'objectif de ce volet est de retrouver le niveau d'activité de 2018-2019, ainsi que les espoirs que nous nourrissions pour ce secteur avant la pandémie. Je pense que nous avons suffisamment de potentiel pour pouvoir faire du tourisme un levier de l'économie nationale. Le Tourisme, bien qu'il soit l'un des premiers secteurs à être affecté par les crises que connait le Royaume, est toujours le premier à se relever et à contribuer au redressement économique du pays. Il est de ce fait nécessaire de le soutenir davantage ».

L'expert ajoute que bien que le contrat-programme vient renforcer la "résistance" du secteur, ses opérateurs ont besoin de plus de mobilisation pour assurer son "redémarrage" et sa "relance".

Lors de la même réunion du 21 janvier, le Chef du gouvernement Saad Dine El Otmani a exposé les effets positifs du chantier de réforme des centres régionaux d'investissement (CRI). Il a déclaré que grâce à la plateforme digitale cri-invest.ma lancée en décembre 2019, ce chantier commence à porter ses premiers fruits grâce notamment au raccourcissement du délai de traitement des dossiers à l'augmentation du nombre de projets d'investissement examinés (augmentation de 50% par rapport aux deux dernières années) et à la qualité des services fournis aux investisseurs s'est nettement améliorée par rapport aux dernières années.

Noureddine Boutayeb, ministre délégué auprès du ministre de l'Intérieur a souligné que la crise sanitaire a confirmé le besoin de digitaliser les CRI. De plus, les responsables parlent d'une amélioration palpable sur les indicateurs concernant la réception et le traitement des dossiers d'investissement depuis l'adoption des nouvelles mesures d'accompagnement des porteurs de projets et le lancement de la plateforme digitale des CRI[204].

De son côté, la Direction des études et des prévisions financières (DEPF) a présenté le 20 janvier 2021 sa note de conjoncture mensuelle. Il en ressort que plusieurs secteurs économiques ont connu un redressement à fin 2020 notamment ceux du BTP, de l'énergie électrique et de certaines branches du secteur industriel. Cependant, la DEPF juge que ce dynamisme reste

---

204 Mohamed L.(2021), « *Centres régionaux d'investissement : l'activité "boostée" par le digital* », Media, le 22/01/2021

insuffisant avec une faible reprise pour relancer une économie très affectée par la crise de « Covid-19 ».

La DEPF souligne aussi une amélioration des indicateurs économiques grâce notamment aux précipitations du début de l'année 2021. Ainsi, la campagne agricole 2020/2021 s'annonce prometteuse. Le cumul pluviométrique moyen national s'est élevé avec un taux de remplissage de 41% (35,8% au terme de l'année 2020).

Au niveau du secteur tertiaire, de gros dégâts ont été infligés au tourisme (-78,9% d'arrivées à fin novembre). L'activité de poste et des télécommunications a également connu une baisse de -3% au 3e trimestre 2020).

Par ailleurs, la DEPF note que le déficit budgétaire se creuse à fin novembre 2020 et que les crédits bancaires se maintiennent pour la même période.

En termes de perspectives, la DEPF conclut dans sa note que la Chine est la seule grande économie à afficher une croissance positive en 2020 (+2,3%). Tous les indicateurs des autres pays du monde sont en baisse à cause des restrictions liées à la pandémie de « Covid-19 ». Le PIB mondial devrait enregistrer une nette reprise en 2021 (+4,3%), soutenu par des mesures de relance monétaire et budgétaire d'envergure et par des campagnes massives de vaccination.

Cependant, au Maroc, à l'instar des autres pays du monde, les perspectives à court terme restent incertaines, liées notamment à l'évolution de la pandémie. L'Etat est conscient de la situation, mais les difficultés de la gestion de la pandémie depuis le mois d'août et le spectre d'un reconfinement avec toutes ses conséquences économiques et sociales nourrissent davantage le doute sur les développements économiques futurs[205].

L'analyse d'une telle situation a poussé la Directrice du FMI à dire : « les petits pays dont les économies dépendent du tourisme sont à genoux. Les pays avec des niveaux d'endettement élevés connaissent de terribles problèmes et le virus se déplace désormais vers des régions où les systèmes de santé sont plus faibles ».

---

[205] Imane Bouhrara (2020), « *Chômage : un véritable tsunami en gestation* », www.ecoactu.ma, le 10/09 /2020

Par ailleurs, dans ce climat d'incertitudes, certains économistes remarquent que le PLF 2021 brille par l'absence de dispositions en faveur de l'emploi et présente certaines insuffisances notamment en matière d'emploi. Certes, peu d'attention a été accordée à la problématique de l'emploi dans un contexte inédit et la conjoncture telle qu'elle se profile n'augure rien de bon en matière d'emploi. L'objectif étant d'encourager l'emploi des jeunes sans emploi par toutes les entreprises quelle que soit la date de leur création. Cette disposition jouissant de son aspect direct brille par son insuffisance parce qu'elle reste limitée à une tranche de la population.

Certes, on se retrouve avec une seule disposition à savoir l'exonération des jeunes recrues, de 30 ans au plus, ayant un contrat à durée indéterminée, de l'IR pendant deux ans et ce, dans le cadre de leur premier recrutement. Or, outre les nouveaux actifs qui rejoignent annuellement le marché de travail, viennent s'ajouter des milliers d'autres qui ont perdu leur travail. Le Maroc enregistre un nombre élevé de chômeurs de différentes tranches d'âge. Beaucoup d'éléments disent qu'on rentrera de plain-pied dans une période de contraction de l'économie qui pèsera davantage sur l'emploi.

Face à cette situation et dans un premier temps, le Fonds « Covid-19 » créé sur orientations royales vise d'un côté à financer les besoins urgents du secteur de la santé et surtout aider aussi bien les entreprises en difficultés que les ménages vulnérables. Mais, c'est l'insuffisance de ce fonds qui rend urgent que le plan de relance annoncé début août par le ministre des Finances prenne le relais.

Dans un marché économique à la base vulnérable, surendetté, le financement par l'endettement dans une économie non résiliente est loin d'avoir une incidence positive sur le maintien des emplois dans des entreprises à la recherche d'une demande et de marché de plus en plus rares. Il peut juste retarder une faillite mais ne l'évite pas surtout dans des secteurs en difficultés, d'où la nécessité du deuxième volet du plan de relance, pas encore mise en place, à savoir le Fonds stratégique d'investissement doté de 45 Mds de DH et qui aurait dû à l'inverse du volet crédit bénéficier de plus de ressources.

De ce fait, l'action de l'Etat doit être immédiate et synchronisée pour une plus large et efficiente portée. Et c'est sur ce fonds que reposent les espoirs de création d'une dynamique en appuyant le financement des grands projets d'investissement public-privé et par conséquent créer des emplois productifs et inverser cette tendance néfaste sur le marché du travail[206]. L'Etat est appelé à faire preuve d'innovation et mettre en œuvre des mesures draconiennes, faute de quoi, le taux de chômage atteindra des pics inexorables.

Au-delà même des mesures à caractère fiscal, les pouvoirs publics doivent mettre en place des stratégies adéquates incitant les grands groupes à accompagner le Maroc dans la lutte contre le chômage. L'Etat ne pouvant recruter massivement, le privé doit faire mieux que ce qu'il fait actuellement. Il faut exiger des secteurs d'accompagner les TPE-PME dans leur dynamique de croissance et du coup leur permettre d'être dans la mesure d'investir et de recruter. C'est une création de richesses qui se traduirait ipso facto par une création d'emploi[207].

La question qui se pose est comment générer un taux de croissance de 6 à 7% sur une longue période sachant que l'emploi est fortement lié à la croissance économique.

Abdellatif Jouahri, wali de BAM reste optimiste et explique les raisons de cette hausse prévisionnelle de croissance en 2021

Ainsi, Bank Al-Maghrib (BAM) a indiqué lors de son premier Conseil de politique monétaire de l'année 2021 que l'économie marocaine devrait enregistrer une croissance de 5,3% en 2021 avant de s'établir à 3,2% en 2022. Les prévisions de croissance de l'économie marocaine ont donc été revues à la hausse puisqu'en décembre 2020, BAM tablait sur une croissance de 4,7% pour 2021.

Dans un communiqué, Abdellatif Jouahri, wali de BAM présente les raisons de cette hausse prévisionnelle de croissance. Il souligne que « *La valeur ajoutée des activités non agricoles progresserait de 3,5% et tenant compte d'une production céréalière estimée à 95 millions de quintaux, celle du secteur agricole rebondirait de 17,6%.*
Mohamadi Rachdi El Yacoubi, président du Cercle des fiscalistes indique que « *sous les effets combinés d'une reprise de la demande extérieure adressée au Maroc et la campagne de vaccination anti-Covid-19, les perspectives économiques nationales pour l'année 2021 sont impactées*

---

206 Imane Bouhrara (2020), « *Chômage : un véritable tsunami en gestation* », www.ecoactu.ma, le10/09/ 2020

207 Es-Siari S. (2020), « *Chômage, une bombe à retardement* », Economie www.ecoactu.ma le 27/10/2020

positivement par le regain de confiance des investisseurs et des ménages et par les perspectives d'ouverture des frontières qui se profilent ».

Il souligne également que « *ces prévisions économiques tiennent compte des dispositions de la loi de finances 2021 notamment la hausse de la production céréalière eu égard au niveau de pluviométrie enregistré durant cette campagne agricole, mais aussi de la valeur ajoutée des secteurs secondaire et tertiaire* ». Le secteur tertiaire devrait d'ailleurs connaître une légère hausse de son rythme de croissance (+3,4% en 2021) au lieu d'une baisse de 6,8% en 2020. Un redressement expliqué par le fiscaliste par « *une reprise lente et graduelle des activités de services marchands, particulièrement celles du transport et du commerce* ».

En ce qui concerne l'inflation, la Banque centrale table sur un taux de 0,9% en 2021 et 1,2% en 2022. BAM précise que « *sous l'effet des pressions désinflationnistes émanant de la demande, l'inflation est restée faible en 2020* ». La banque centrale s'attend à ce qu'elle s'inscrive de nouveau en hausse après la reprise de l'activité et l'augmentation des cours internationaux de pétrole et de certains produits alimentaires.

Prévisions en hausse pour les transferts des MRE et les recettes de voyage

Les prévisions relatives aux transferts des Marocains résidant à l'étranger (MRE) devraient s'établir à 71,9 milliards de DH en 2021 et 73,4 milliards en 2022. L'année dernière, ces transferts étaient de 68 milliards de DH.

Concernant les recettes de voyages, Bank Al-Maghrib note que sous l'hypothèse d'une hausse progressive des arrivées touristiques à partir du second semestre 2021, les recettes de voyages devraient s'établir à 38,1 milliards de dirhams en 2021 et à 68,2 milliards de dirhams en 2022.

Rappelons que le taux directeur est resté inchangé. La banque centrale a estimé que « *l'orientation de la politique monétaire reste largement accommodante, assurant des conditions de financement adéquates* ». D'où le maintien du taux directeur à 1,5%.

L'énergie électrique en hausse

D'après la dernière note de la Direction des études et des prévisions financières (DEPF) rendue publique, la production de l'énergie électrique s'est améliorée de 1,8% au titre du mois de janvier 2021. Cette évolution s'est traduite par une baisse du volume de l'énergie importée de 22,2%, à fin janvier 2021, après +17% à fin janvier 2020. Quant à la consommation de l'énergie électrique, elle a augmenté de 1% à fin janvier 2021, après un repli de 1,5% à fin 2020.

Sur le plan touristique, la DEPF indique que les recettes touristiques ont reculé de 67,2% au titre du premier mois de cette année, soit une perte de 4,5 milliards de dirhams (MMDH). Le volume des arrivées à la destination marocaine s'est replié de 78,9% à fin novembre 2020 et celui des nuitées de 72,3%, alors que durant la même période de 2019, les arrivées avaient enregistré une hausse de 5,3% et les nuitées (+5,2%)[208].

Par ailleurs, la DEPF signale qu'au Maroc, comme pour le reste du monde, relance économique et réussite de la campagne de vaccination vont de pair. Le PIB mondial devrait enregistrer une nette reprise en 2021 (+4,3%), soutenu par des mesures de relance monétaire et budgétaire d'envergure et par des campagnes massives de vaccination.

De même, Khalid Aït Taleb, ministre de la Santé, avait annoncé en janvier qu'un retour à la vie normale dans le pays serait envisageable à partir du mois de mai et ce grâce à la vaccination massive de la population contre le « Covid-19 ». Sur la base de cette déclaration, il était prévu que la croissance économique du pays atteigne 4,6% au deuxième semestre 2021.

Seulement, en raison de la forte demande mondiale de doses de vaccins, l'objectif de départ de vacciner 80% de la population en 12 semaines risque de ne pas se concrétiser. Les risques de pénuries de vaccins qui se profilent peuvent compromettre cette opération d'envergure, et par là retarder la relance économique. L'espoir d'une reprise économique au deuxième semestre de 2021 risque aussi de s'évaporer à la chambre des conseillers. Source : MAP

Cependant, malgré cette situation, il est à rappeler que le Maroc a démontré qu'il était un bon élève en matière de politique sanitaire et de soutien contre la très grave crise économique qu'elle a engendrée, ainsi qu'au niveau de l'exécution plan de relance national.

Certes, contrairement aux Etats-Unis et les pays occidentaux qui n'ont pas pu respecter leurs engagements déclarés pour le financement de la relance économique qui se comptent en milliards de milliards de dollars ou

[208] Bank Al Maghrib (2021), « *Croissance économique : 2021, année de la relance ?* » Media, le 24/03/2021

d'euros, le Maroc a démontré beaucoup plus ses capacités à tenir à ses engagements[209].

M. Benchaaboun, ministre de l'économie et des finances, dans ses multiples exposés du contenu du plan de relance économique, a insisté sur ses objectifs immédiats, mais aussi sur la nouvelle stratégie pour le développement du pays en mettant l'accent sur les mesures sociales recommandées SM le Roi.

Certes, le plan de relance marocain est dimensionné au niveau de son économie en ayant le double mérite d'avoir été élaboré à la fin de 2020 et inclus dans la loi de finance 2021, et surtout, d'être déjà engagé à travers diverses voies de mise en œuvre.

L'exécution du plan de relance s'appuie sur un montant de 120 milliards de dirhams qui sont prévus pour la reprise économique de l'après crise sanitaire dont 75 milliards dévolus aux crédits garantis par l'Etat et 45 milliards de dirhams destinés à un fonds d'investissements. Seulement, il est à distinguer que si le premier montant est destiné à l'après-crise, le second montant est destiné au financement des secteurs prioritaires et rentables notamment les PME et les TPE pour consolider le tissu économique et relancer la croissance.

Ainsi, conformément au plan de relance économique, les crédits garantis accordés par les banques et la garantie de la CCG, bénéficient aux PME et TPE, mais aussi à toutes les autres entreprises grandes privées et aussi publiques, car la crise touche, l'ensemble des acteurs de l'économie.

De ce fait, l'Etat s'appuie exclusivement sur la CCG pour répondre aux besoins de financements de l'économie. La CCG a, certes, un rôle plus important appuyé par une nouvelle forme juridique, de Société Anonyme et un budget renforcé pour apporter cette garantie d'une enveloppe de 5 milliards.

---

209 Le plan du nouveau président américain consiste en deux volets, l'un de 1900 milliards de dollars versés en direct aux Américains pour stimuler la consommation et l'autre de 2000 milliards de dollars pour restaurer les infrastructures du pays. L'Europe vient d'engager 750 milliards d'euros qui feront l'objet d'un endettement européen pour financer les différents plans des pays de l'Union.
Afifa Dassouli (2021), « *Un plan de relance bien ficelé en attente de la reprise économique* », Economie et Finance, le 05/05/2021

D'ailleurs, sur les 75 milliards de dirhams de crédits garantis prévus, la CCG a garanti au 31 mars dernier, 61,6 milliards de dirhams de crédits. Ces réalisations atteignent 82% de l'objectif du plan de Benchaaboun en question.

De même, les crédits bancaires sont presque exclusivement orientés vers le soutien des entreprises, fortement impactées par la crise de « Covid-19 » et les confinements .Mais les banques font aussi de l'accompagnement de leurs clients dans l'optique de la reprise de l'économie.

Par ailleurs, le déploiement du plan de relance économique se fait aussi avec la création d'un fonds d'investissements de 45 Mrds de dirhams, qui, comme son nom l'indique, vise le financement de projets nouveaux et d'avenir. L'Etat y a injecté 15 milliards de dirhams qui sont déposés à la Trésorerie générale, et de ce fait ne grèvent pas le budget de l'Etat tant qu'ils ne seront pas encore engagés. Les 30 milliards de dirhams du reliquat devraient être apportés par des investisseurs privés, des institutionnels marocains et étrangers et des institutions internationales nombreuses comme la SFI, la BM, la BEI pour ne citer que celles qui ont exprimé leur accord pour participer à ce fonds d'investissements Mohammed VI[210].

Les fonds d'investissements, qui ont dans leur nature de veiller à ne financer que les projets rentables, ont proscrit l'utilisation infondée ou mal orientée de leurs capitaux. Cela donnera aux projets structurants, privés et publics, une garantie de réussite supplémentaire et apportera une rémunération récurrente aux investisseurs là encore qu'ils soient publics ou privés.

D'ailleurs, l'activité du fonds d'investissement a commencé à se déployer. Le fonds MVI étant le « fonds mère », six fonds sont prévus et 4 existent déjà avec des thématiques spécifiques. Il s'agit d'un fonds Infrastructure, un fonds Agriculture, un fonds dédié à la restructuration industrielle, un fonds PME / PMI à caractère horizontal englobant l'ensemble des secteurs économiques. Les objectifs se traduisent dans leur dénomination avec un engagement inédit, celui de capitaliser les entreprises avant de les accompagner dans leur croissance. Aujourd'hui, ces fonds constituent de nouveaux outils de financements qui devraient être très prisés par les opérateurs économiques avec l'avantage d'apporter des instruments de financements autres que bancaires et dits désintermédiés.

---

[210] Idem

Cependant, la réussite de ces fonds est tributaire du déclenchement des projets, qui sont nombreux à exister pour ceux publics alors que les privés sont en attente avec la reprise.

C'est le cas pour le plan de relance dans son ensemble, et donc le plus dur sera d'engager la reprise économique !

IV- Plan de réaction des Organisations Internationales

Afin de soutenir l'économie nationale, une étude préliminaire a été effectuée par les organismes internationaux au Maroc (le Programme des Nations-Unies pour le Développement (PNUD), la Commission des Nations-Unies pour l'Afrique (UNECA) et la Banque mondiale). Le plan de réaction réalisé se base sur une évaluation de l'impact stratégique de « Covid 19 » sur l'économie marocaine pour éclairer la prise de décision, établir des priorités, coordonner les efforts pour *maximiser* un soutien efficace à la réponse nationale. En outre, l'étude estime que 10 millions de marocains peuvent devenir pauvres ou risquent de sombrer dans la pauvreté à cause de la crise sanitaire"[211].

A noter que la Banque mondiale a apporté un premier appui financier au Maroc dans le cadre d'un soutien plus global pour permettre au Moyen-Orient et à l'Afrique du Nord de faire face à la pandémie.

Il s'agit de la restructuration d'un prêt de 275 millions de dollars à l'appui des politiques de développement pour la gestion des risques de catastrophe, assorti d'une option de tirage différé en cas de catastrophe (ou Cat DDO).

La restructuration intègre un objectif relatif à l'aide sanitaire pour permettre le déblocage immédiat de fonds dans le cadre du programme et répondre aux mesures d'urgence[212].

De plus, dans le cadre des mesures prises par le Comité de Veille Economique et aux efforts en matière de mobilisation des financements extérieurs et dans le but de maintenir les réserves de change à un niveau adéquat et de consolider la confiance des investisseurs étrangers, le tirage sur la ligne de liquidité sera mis à la disposition de Bank Al-Maghrib, ce qui

---

[211] Bourse News : « *Coronavirus : Le Maroc devrait connaitre sa première récession depuis 20 ans* », boursnews.ma, le 05/04/2020

[212] Idem

constitue une première dans nos transactions financières avec le FMI[213]. Ainsi, le Maroc tire 3 milliards de dollars sur la ligne de précaution et de liquidité.

C'est ainsi que les orientations générales du PLF au titre de l'exercice 2021 ont été adoptées en conseil de gouvernement pour être par la suite soumis au parlement. Ces orientations visent non seulement à « transcender les difficultés économiques et sociales générées par la crise sanitaire », mais aussi à « construire les fondamentaux d'une économie compétitive et un modèle social plus inclusif ».

Au même titre que le tirage de la ligne de précaution et de liquidité de 3 milliards de dollars auprès du FMI, les emprunts à l'étranger viendront aussi renforcer leurs avoirs en devises. La Loi de Finance 2020 avait plafonné les emprunts extérieurs à 31milliards de DH. Avec la pandémie du coronavirus et la fermeture des frontières, les sources de rentrée de devises, que sont le commerce extérieur, les transferts des MRE, les recettes de voyage, les investissements directs étranger ont chuté et ont conduit l'économie à l'arrêt. Il est donc important d'anticiper cette baisse des entrées de devises.

Le Maroc pourrait donc mobiliser plusieurs milliards en devises sur le marché financier international ou auprès d'autres bailleurs de fonds étrangers[214].

Il en résulte qu'avec l'ensemble des mesures prises notamment les plans de relance sectoriels, le Maroc pourrait reprendre sa croissance. Seulement, le retour à la normale reste tributaire de l'évolution de la situation pandémique dans le pays.

Selon la BAD, « *Dans l'hypothèse d'un retour de l'activité à la normale en 2021, la croissance du PIB devrait revenir à 4 %. Les déficits du budget et du compte courant devraient s'améliorer et atteindre respectivement de 4,8 % à 5,3 %, et de 4,2 % à 5,3 % du PIB* », analyse la BAD dans un

---

[213] Les info.ma, « *Le Maroc tire 3 milliards de dollars sur la ligne de précaution et de liquidité* ».www.les info.ma, le 08/04/2020

[214] Afin de prévenir l'assèchement des devises sur le marché et préserver les réserves de change essentielles au maintien du cours du dirham à un niveau approprié, Mohammed Benchaaboun, ministre des finances a défendu devant la commission des finances au parlement le projet de loi lié au déplafonnement des emprunts extérieurs. J.R.Y, « *Emprunt extérieur : le déplafonnement défendu au parlement* », www.lebrief.ma le 04/05/2020

supplément à son rapport annuel “Perspectives économiques en Afrique 2020[215].

---

[215] BAD, « *Le Maroc pourrait renouer avec une croissance à 4 % en 2021* », www.lesinfos.ma 08/07/2020

Conclusion

Depuis le début de la pandémie, le Maroc, à l'instar des autres économies, a fourni des efforts louables pour faire face à la crise de « Covid-19 » et a mis en place des mesures anticipatives pour lutter à la fois contre la crise sanitaire et relancer l'économie nationale. C'est ainsi que le plan de relance de l'économie nationale est au centre des réflexions du Comité de veille économique (CVE) qui se penche sur l'évaluation de la situation macroéconomique du pays, puis la mise en œuvre des réformes structurelles et financières ainsi qu'un programme des plans de relance sectoriels et l'appui des PME. Il s'agit d'un plan de relance intégré et cohérent basé sur des suggestions et propositions de politiciens, économistes et cadres institutionnel visant à redémarrer l'économie nationale et relancer la machine économique du pays.

Seulement, la reprise de l'économie ne saura se faire sans une Loi de finance rectificative qui déterminera la nature, les montants et l'affectation des ressources et des charges de l'Etat.

En octobre 2020, le Comité de veille économique (CVE), mis en place sur instructions du roi Mohammed VI depuis le mois de mars dernier, continue de se réunir pour trouver des solutions et sauver les secteurs impactés par la crise. Certes, Le Covid-19 continue de mettre à mal des pans entiers de l'économie. Si certains secteurs (le tourisme, l'événementiel, les parcs d'attractions et les traiteurs…) ont réussi à entrevoir la lumière pour la relance de leur activités avec les contrats-programmes signés récemment, plusieurs secteurs continuent de souffrir en silence et attendent que le gouvernement leur porte secours dans ce contexte compliqué marqué par la crise du coronavirus (le textile…). C'est ainsi que certains secteurs comme ceux de l'aéronautique et de l'électronique devront par la force des choses se serrer les coudes et réduire les charges en attendant des mesures gouvernementales[216].

Mais, quelles que soient les mesures prises et les aides fournies, il est difficile de remettre un appareil de production définitivement arrêté en marche. La relance de la machine économique durera plusieurs mois.

C'est dans ce climat et cette conjoncture difficile, marquée par les effets négatifs de la pandémie de « covid-19 » sur le plan socio-économique que se prépare la loi de finances au titre de l'exercice 2021 dont les orientations visent non seulement à « transcender les difficultés économiques et sociales générées par la crise sanitaire », mais aussi à « construire les fondamentaux d'une économie compétitive et un modèle social plus inclusif ».

[216] Dans son éditorial du jour, *Les Inspirations Éco* rend hommage à ces secteurs qui «*tentent tant bien que mal de rester debout et de répondre, du mieux qu'ils peuvent, à leur responsabilité sociétale de préserver l'emploi alors qu'en parallèle, le compteur des charges et des dettes, lui, n'est pas en crise. Il continue de tourner et de cumuler pertes, factures, créances et charges sociales*». Mohammed L (2020), *« Relance économique : le textile attend son tour »*, www.lebrief.ma le 08/10/2020

CHAPITRE V : Enseignements et perspectives pour un nouveau modèle de développement au Maroc

La pandémie « Covid-19 » aura constitué un tournant inédit dans l'histoire de l'Humanité. Cette dernière n'en sortira pas indemne du fait que cette pandémie mondiale a révélé la fragilité des économies et les limites du système économique mondial. En plus de son impact très négatif sur l'économie, cette crise a des impacts sociaux très inégaux et qui varient d'une couche sociale à une autre notamment un impact dévastateur sur les ménages pauvres qui n'ont pas suffisamment d'épargne et de ressources financières et ceux ayant des emplois vulnérables.

Selon le Fonds monétaire international (FMI), le risque d'une récession économique parait inévitable. L'économie mondiale entre dans une phase de ralentissement si abrupte qu'elle pourrait dépasser la gravité de la grande dépression.

Pour les pays du Sud, plongés depuis de longues décennies dans la recherche de voies et de moyens de lutte contre leur problématique de sous-développement structurel, l'après « Covid-19 » pourrait constituer une réelle opportunité pour, d'une part, revoir leurs modèles de développement et leurs priorités et, d'autre part, pour se repositionner, à travers de nouvelles niches, tant au niveau régional que mondial.

Le Maroc, pays émergent ayant connu au cours des deux dernières décennies un grand élan vers le développement, dispose de tous les atouts et de réels avantages comparatifs tant sur le plan géopolitique que sur le plan économique pour pouvoir assurer cette transition, en tirer avantage et faire preuve d'une capacité de réadaptation. Cependant, cette crise aura un impact non seulement à court terme, mais aussi à long terme, tant sur le plan économique, social que culturel. Certes, malgré les atouts du Maroc, la pandémie a montré les défaillances du système économique et social du pays. Les perturbations que nous vivons actuellement ne sont probablement que les premiers signes d'une transformation historique de nos normes politiques et sociétales.

Ces bouleversements mettent en relief les fragilités de notre modèle économique actuel et l'incapacité des pouvoirs publics marocains à faire face à un choc sanitaire de cette ampleur.

De ce fait, la crise peut être une opportunité pour le Maroc d'intégrer les enseignements tirés de cette pandémie dans son nouveau modèle de développement en phase d'élaboration afin de relancer l'économie nationale sur de nouvelles bases.

La mise en œuvre de ce nouveau modèle de développement nécessiterait, sans doute, la reconsidération de nouvelles priorités en termes de dépenses publiques et de production[217].

Ainsi, tout laisse indiquer que cette épreuve ne manquera pas de préfigurer de profondes mutations tant sur le plan économique que sur le plan politique et social et pourrait se traduire par une redéfinition des priorités, d'où les enseignements à tirer de la crise de « Covid-19 » au niveau national qu'international[218].

---

[217] Lancée en décembre 2019 sur hautes instructions royales, la Commission spéciale sur le modèle de développement (CSMD) devait remettre au souverain un rapport (prévu initialement pour fin juin 2020) au plus tard début janvier 2021 afin d'approfondir les différents volets du modèle de développement projeté et d'intégrer dans ses travaux les implications et transformations engendrées par la pandémie de « Covid-19 », ainsi que les enseignements qu'il convient d'en tirer à moyen et long termes aussi bien à l'échelle nationale qu'internationale. La CSMD rappelle qu'elle a mis en place, un dispositif ambitieux pour recueillir les préoccupations et les propositions des citoyens, *consulter les partis politiques, les opérateurs économiques, les syndicats, les différentes composantes de la société civile, l'administration publique, les universités et les organismes internationaux spécialisés et recueillir leurs contributions*. La Commission précise qu'«*un cycle de rencontres régionales a été mené avec des représentants des 12 régions du pays, afin d'identifier les leviers pour créer des pôles de croissance régionaux et les dispositifs institutionnels, économiques et financiers pour les animer*». Elle rappelle aussi la mise en place de la plateforme digitale CSMD.MA lancée en avril 2020 pour permettre aux citoyens résidents au Maroc et aux MRE de soumettre leurs propositions à la Commission. Mohamed L.(2020), Commission spéciale sur le modèle de développement« *Modèle de développement : le rapport sera remis au Roi en janvier au plus tard* », Media, le 24/11/2020

[218] Oudmane Meriem, Saoudi Hamza (2020), « *Nos systèmes économiques face au COVID-19 : Faiblesses et opportunités* », www.polycenter.ma, le 16/04/2020

I- Les enseignements à tirer de la crise de « Covid-19 » à l'échelle mondiale

Les crises sont toujours des moments de remise en question, de transformation à court terme et quelque fois à très long terme des sociétés. Elles ont toujours été des vecteurs, des catalyseurs de transformation profonde des systèmes sociaux, économiques et quelquefois des pouvoirs. Tout laisse indiquer que la crise de « Covid-19 » marquera aussi l'humanité, car elle ne manquera pas de préfigurer de profondes mutations tant sur le plan économique que sur le plan social, politique…

1. Les crises historiques, catalyseurs de transformation des systèmes sociaux-économiques et politiques des sociétés

Est-ce qu'Il y a dans toutes les périodes de crises des moments de remise en question et d'évolution des systèmes sociaux-économiques et politiques des sociétés ?

Plusieurs exemples historiques révèlent qu'après chaque crise, l'Etat a dû apprendre à intervenir et à devenir une sorte d'Etat providence pour accompagner la relance économique, d'où l'efficacité de la gouvernance.

Selon l'historien Jean Garrigues, en France, aux Etats-Unis, en Grande Bretagne et même dans les pays scandinaves, l'Etat providence prend son essor après les crises. C'est ainsi que la Première guerre mondiale a permis d'expérimenter des formes d'efficacité de la gouvernance qui ont remis en question le système parlementaire. Cette réflexion sur l'Etat protecteur a été initiée après la crise de 1929. Aux Etats-Unis, cela s'est illustré par le "New Deal" de Franklin Roosevelt, en France par l'avènement au pouvoir du "Front Populaire" de 1936 et en Espagne du "Frente Popular". Après la crise de 1929, il y a toute une réflexion sur les réponses que l'Etat peut apporter à une crise financière, économique et à la crise sociale. En France, c'est ce que l'on appelle la "dictature républicaine" d'Edouard Daladier. Cela conduit à un ensemble de réflexions qui vont se cristalliser au moment de la Seconde Guerre mondiale. Cette dernière a été un gigantesque laboratoire d'une nouvelle démocratie.

« Le Conseil National de la Résistance met en place un nouveau système de démocratie qui converge avec les idées interventionnistes d'un homme de droite qui est le général de Gaulle. Ce système de l'Etat providence va également se traduire par la nationalisation de la santé au Royaume Uni. Il y a dans ces périodes de crises des moments de remise en question et d'évolution des systèmes institutionnels, politiques, et aussi de l'écosystème économique et social. Une autre évolution notable est l'enclenchement au niveau international du processus de décolonisation ».

De son côté, l'historien Jean-Pierre Rioux affirme que pour accompagner la relance économique, Il a fallu planifier. Il a fallu aider, mettre en œuvre des politiques sociales nouvelles. Et il a fallu que l'Etat devienne un agent de redistribution des ressources nationales. Aujourd'hui, ce que l'on ne sait pas gérer, c'est, après la mise à l'arrêt de toute une production et le recours à un mécanisme de protection sociale considéré comme un acquis de la période antérieure, le redémarrage de la machine économique. Pour nos gouvernants, la situation est inédite, incertaine[219].

« *Ce confinement puis ce déconfinement constituent une situation inédite dans des sociétés qui n'ont plus de projet collectif ou qui en ont moins. Nos sociétés ne voient plus très bien ce qu'est le bien commun. Le bien commun, en 1945, était de redresser la France. A cette époque, nous nous sommes mis au travail avec un plan, avec une politique économique et sociale diligentée par l'Etat providence, mais aussi avec l'aide "Marshall" en dollars des Américains. Il y avait aussi un appétit et un engagement collectif qui rassemblaient toutes les forces politiques pour lancer la bataille de la production* »[220].

Dans son livre, « Les capitalismes à l'épreuve de la pandémie », Boyer Robert, contributeur majeur de l'école de la régulation – qui étudie l'économie comme partie intégrante de sociétés traversées par l'histoire –est bien placé pour relever le défi de la crise mondiale de « Covid-19 » d'autant plus que depuis le début de cette crise, plusieurs questionnements se sont multipliés sur l'avenir des capitalismes.

Robert Boyer a démontré lors des crises précédentes que la valeur explicative de cette approche prend en compte à la fois les inerties tendant à la reproduction du système et les forces impulsant sa transformation. Face à une grande incertitude, il s'avère difficile de construire d'éventuelles alternatives pour l'avenir, d'où la nécessité de comprendre les ressorts de la crise. Comme l'a montré le célèbre *18 Brumaire de Louis Bonaparte* de Marx (1852), les meilleures analyses « à chaud » sont le fait d'auteurs ayant une vision de la dynamique du système sur un horizon long : plus longtemps durent les crises, plus le retour à la situation antérieure devient improbable.

---

[219]Neveux Pierre (2020), « *Covid-19 : une crise historique* ? », www.franceculture.fr, le 12/05/2020
[220] Idem

De ce fait, l'auteur explique que face aux caractéristiques de la nouvelle crise (la dislocation des relations internationales, l'éclatement de la zone euro, la déstabilisation de l'état social, la montée des populismes), une grande alternative se dessine dans l'avenir basée sur un nouveau modèle de développement, construit sur la complémentarité entre éducation, formation, santé et culture et qui répondrait à la demande de solidarité des citoyens et aux exigences de la transition écologique[221].

Ainsi, selon Robert Boyer, la crise de « Covid-19 » n'a rien à voir avec les crises du capitalisme. Nous ne vivons pas la répétition d'une grande crise du capitalisme comme en 1929, mais une mise à l'épreuve de la capacité des Etats à répondre à la demande de sécurité sanitaire, économique, et finalement écologique, des citoyens[222].

La crise de « Covid-19 » est-elle révélatrice de nouvelles mutations mondiales et d'apparition de nouvelles puissances ?

Au regard de l'histoire, les conséquences économiques des grandes crises font qu'il y a des gagnants et des perdants. Les guerres ont concrétisé la transmission d'un leadership des vieilles puissances coloniales aux Etats-Unis et à l'Union soviétique. La crise de 2008 a consolidé l'émergence de la Chine.

Avec la nouvelle crise, la Chine s'est imposée davantage sur l'échiquier mondial bien qu'elle soit à l'origine de la pandémie mondiale. Selon le ministère de commerce, la Chine a exporté 2,3 milliards de combinaisons de protection et un milliard de trousses de dépistage contre le virus ainsi que 220 milliards de masques chirurgicaux dans un contexte de forte demande à l'étranger de produits médicaux contre l'épidémie. Ce chiffre spectaculaire correspond à 40 masques par être humain vivant en dehors de la Chine. De ce fait, la Chine a exporté 20 fois le nombre de la population mondiale en masques. Ainsi, avec cette pandémie, le malheur des uns fait le bonheur de la Chine. Premier pays touché par le coronavirus, la Chine s'est rapidement imposée comme le principal fabriquant de masques au monde.

De plus, la Chine s'est globalement remise de l'épidémie sur le plan sanitaire en dépit de l'apparition de plusieurs foyers de contamination. Le

[221] Boyer Robert, « *Les capitalismes à l'épreuve de la pandémie* », la Découverte, France culture, le 27/07/2020
[222] Boyer Robert, « *Rien à voir avec les crises du capitalisme* », L'Histoire n°475, robertboyer.org, le 03/09/2020,

pays est l'un des rares à avoir dégagé en 2020 une croissance positive (+ 2,3%), largement portée par la production d'équipements contre le « Covid-19 »[223].

Selon l'historien Jean Garrigues, les crises ne font pas apparaître de nouvelles puissances, elles les valident. Elles les renforcent. Il y a une sorte de redistribution des cartes. Aujourd'hui, il est trop tôt pour distinguer les conséquences éventuelles de la crise de « Covid-19 ».

Selon l'historien Jean-Pierre Rioux, il n'y'a pas de réponse à donner pour le moment. Cette crise sanitaire est d'abord une pandémie. Elle n'est pas un avatar des crises antérieures. Elle est imprévue. Ce qui fait qu'elle a plus une valeur d'électrochoc que de révélateur. Les Etats réagissent différemment dans la lutte contre le coronavirus tout en continuant à naviguer dans l'ordre multipolaire. Ce qui est certain, c'est qu'il y aura une amplification des fractures qui minaient déjà l'ordre international. On peut se dire également que vont perdurer les inégalités régionales et continentales, même si dans chacun des Etats, des évolutions significatives pourront se révéler.

2. Les enseignements à tirer de la crise de « Covid-19 »

A l'échelle mondiale, la pandémie de « Covid-19 » a montré les fragilités des systèmes économiques actuels notamment les systèmes de santé qui ont révélé les failles et les faiblesses des équipements pour sauver les vies humaines et protéger les personnes fragiles. De plus, les mesures de confinement prises par plusieurs Etats pour faire face à cette crise, ont gravement perturbé les chaînes d'approvisionnement et ont engendré un repli des chaines de valeurs mondiales en faveur des chaines de valeurs locales et régionales. Tel est le cas en Chine, qui fournit un grand volume d'intrants de production à travers le monde puis, dans d'autres parties de l'Asie, de l'Europe et des États-Unis.

Par ailleurs, la crise a impacté négativement l'activité de plusieurs entreprises d'où la faiblesse des productions, la fermeture des usines et même leur faillite avec toutes les conséquences sociales (perte de l'emploi et chômage, pauvreté et inégalités sociales), mentales et psychologiques.

[223] Quid (2021), « *Le malheur des uns fait le bonheur de la Chine qui a exporté 28 fois le nombre de la population mondiale en masques* », www.quid.ma, le 29/01/2021

Cependant, malgré les fragilités des systèmes économiques actuels, la pandémie a engendré des opportunités et des effets à l'échelle mondiale

2.1. Les opportunités de la crise de « Covid-19 »

La crise de « Covid-19 » a causé énormément de tort au monde entier. Mais, elle a aussi ses retombées positives sur les plans économique, social, politique, culturel et environnemental. Plusieurs enseignements ont été tirés des lourdes conséquences engendrées par cette crise. De plus, des opportunités en or sont à prendre en considération pour bâtir une société juste et équitable :

- C'est une opportunité pour bien penser le développement et pour définir les bases d'un modèle de croissance économique inclusif où le capital humain joue un rôle central d'où la nécessité d'investir dans le capital humain à travers un meilleur accès aux soins de santé et à une éducation de qualité.

-Le rôle crucial de l'investissement dans la recherche et développement, notamment dans la prévention des maladies virales. De ce fait, les scientifiques ont repris la place qui leur sied dans la société.

-L'accélération du digital et du capitalisme numérique. Le monde passera à une société digitale. Certes, le taux de pénétration d'internet dans les pays émergents est encore faible, une moyenne de 46% contre plus de 80% dans les pays développés. La Banque Mondiale estime que toute augmentation de 10% du taux de pénétration internet produit une augmentation de 1,5% à 2% du PIB. Seulement, certains secteurs ne survivront pas.

-L'environnement semble avoir bénéficié de l'arrêt de l'activité économique ainsi que du confinement de la moitié de la population mondiale. Le coronavirus a eu un impact positif sur l'environnement. La nature respire, reprend son souffle et ses droits laissant la liberté à la faune et à la flore. Certes, depuis les mesures de confinement adoptées par de nombreux pays dans le monde, l'activité humaine est au ralenti offrant un grand souffle à la nature, aux chant des oiseaux à la place des klaxons des voitures, à l'air pur de l'atmosphère permettant à la terre de respirer. Les animaux profitent ainsi de l'absence de l'homme pour profiter de leurs espaces. Exemple, en France, dans le parc national des Calanques de Marseille, des changements positifs ont été observés. Dans l'eau bleue de la méditerranée, des rorquals communs (deuxième plus grand animal du monde après la baleine bleue) et différentes espèces d'oiseaux ont été aperçus par des gardes du parc.

De même, dans les campagnes comme en ville, les pelouses fleurissent et accueillent des papillons et des abeilles et échappent à la cueillette des passagers. Des photos circulent récemment sur les réseaux sociaux montrant une eau claire inhabituelle due à l'arrêt des bateaux à moteur qui polluent les canaux toute l'année. Désormais, les poissons et la flore marine profitent du calme pour s'épanouir.

De plus, une nouvelle ère apparaît avec la nouvelle organisation du travail (le télétravail) permettant de réduire l'émission de gaz carbonique et la pollution atmosphérique, conséquence de la circulation des voitures et de l'industrialisation au profit de la santé de l'homme et de son épanouissement.

A titre d'exemple, en Chine, le pays le plus émetteur de CO2 au monde, la Naza a diffusé des images satellites de ce pays comptant 1,4 milliard d'habitants indiquant qu'entre le mois de février et mars, les émissions ont chuté de 1%, ce qui n'est pas négligeable.

De même, au nord de l'Inde, dans l'Etat du Pendjab, les habitants du district de jalandhar peuvent désormais contempler les cimes enneigées de l'Himalaya qui depuis des décennies semblaient avoir tout simplement disparu du paysage[224].

-La crise de « Covid-19 » révèle un moment crucial pour réfléchir sans individualisme et sans égoïsme sur comment bâtir une société solidaire, juste, équitable, inclusive et résiliente[225].

-Le monde ne sortira pas de la crise sans prendre en considération les pays émergents qui représentent 40% de l'économie mondiale alors qu'ils ne représentaient que 20% en 1980.

-La crise du Coronavirus ne vient pas uniquement mettre l'accent sur nos fragilités économiques actuelles. Elle tire, aussi, la sonnette d'alarme pour nous prévenir des risques futurs, à savoir les risques liés à la question du réchauffement climatique et aux inégalités dont nous sommes conscients de l'existence mais contre lesquels nous n'avons pas encore pris de mesures tangibles.

---

224 « *Quels sont les impacts positifs du coronavirus sur l'environnement* », du 17/04/2020, www.lipsafari.com

225 Oudmane Meriem, Saoudi Hamza *« Nos systèmes économiques face au COVID-19 : Faiblesses et opportunités »*, 16/04/2020

-La pandémie, catalyseur pour un Nouvel Ordre Economique Mondial : « L'économie de la vie »

L'Histoire retiendra que la pandémie de « Covid-19 », aura servi de catalyseur pour l'éclosion d'un nouvel ordre mondial, résolument différent du précédent.

Ainsi, face à l'ampleur des conséquences de la crise, Jacques Attali esquisse une piste de réflexion qui, semble ne pas manquer de pertinence.

Ce dernier considère, en effet, que bien que douloureuse et lourde de conséquences, la crise inédite générée par cette pandémie, pourrait se révéler salutaire et constituer, même, une chance pour repenser les économies nationales et, pourquoi pas, une mondialisation, à réinventer, autour de ce qu'il a appelé, récemment, « l'économie de la vie »[226].

2.2. Les effets de la crise de « Covid-19 »

2.2.1. Impact économique de la crise

-La remise en cause du libéralisme et du modèle néolibéral fondé sur l'obsession de la croissance

La pandémie semble avoir montré les limites aussi bien de la communauté internationale que des Etats à faire face à une crise inédite et a révélé un certain essoufflement du modèle néolibéral. D'une part, les conséquences de cette pandémie se sont vues amplifiées, en partie, à cause des effets pervers induits par les politiques néolibérales en matière, notamment, de réduction des dépenses sociales de santé, de privatisation de l'accès aux soins et de désengagement de l'Etat des secteurs sociaux, de manière générale.

D'autre part, le modèle néolibéral qui prétend tout avoir domestiqué par la main invisible du marché mondialisé et fondé sur l'obsession de la croissance, elle-même synonyme d'une exploitation effrénée des ressources de la planète s'est avéré inopérant pour surmonter cette épreuve d'envergure à laquelle le monde se trouve confronté.

---

[226] Hamid CHABAR (2020), « *Enseignements d'une crise et opportunités pour les pays émergents* ». Tribune Médias 24, le 19/05/2020

Ainsi, les élites nationales doivent abandonner les dogmes désuets qui consistaient à concevoir le développement socio-économique à travers l'unique prisme de la croissance. Il est impératif de pouvoir, désormais, découpler la croissance économique du développement, dans sa portée humaine et durable.

-La remise en cause de la mondialisation : Pour une nouvelle division du travail à l'échelle de la planète

Il apparaît clairement maintenant que la mondialisation n'a pas que des avantages. Elle peut produire des effets pervers avec l'aggravation de certains risques. Certes, la mondialisation a certes, permis à certains pays émergents de s'enrichir, mais elle a aussi creusé les écarts à la fois entre les pays riches et les pays pauvres et au sein même des pays riches. Ainsi, la mondialisation doit être repensée et rénovée pour intégrer les principaux enseignements de cette crise sanitaire. De cette transition résultera, certainement, une nouvelle division du travail à échelle de la planète, étant donné que le caractère interdépendant des économies ne peut pas être totalement remis en cause après la crise.

-La remise en cause du marché et la réhabilitation de l'Etat protecteur

Face à la pandémie, il y'a remise en cause du marché et son incapacité seul à faire face aux crises. Certes, les mécanismes du marché basés sur la concurrence acharnée entre les entreprises à la recherche du maximum de gain et donc de l'intérêt privé au détriment de l'intérêt collectif ont montré leurs limites, d'où la réhabilitation de l'Etat protecteur.

-La remise en cause de la gouvernance mondiale : l'effacement relatif des organisations internationales de régulation

Les crises économique et sanitaire ont montré la faiblesse des organisations internationales de régulation (ONU, OMS, FMI, OMC…). Il semble impératif, en vue de la préservation du système multilatéral dans son ensemble de focaliser la réflexion sur les voies et moyens afin qu'il puisse anticiper et faire face à des menaces futures similaires, qui sont de nature à mettre en danger la survie même de l'espèce humaine.

-L'économie doit être au service de l'homme et non l'homme au service de l'économie.

Il y va de même pour l'abandon d'une gouvernance économique basée sur le souci de rationalité budgétaire et du respect des équilibres macro-économiques pour un modèle de développement reflétant les besoins et les attentes des couches sociales défavorisées et articulé autour d'une priorisation des secteurs socio-éducatifs (enseignement public, services de santé, administration de proximité...). L'économie doit être au service de l'homme et non l'homme au service de l'économie.

2.2.2. Impact politique de la crise

- Le retour en force de l'Etat providence : La réhabilitation de l'Etat national

La crise du « Covid-19 » a été marquée par un retour très fort de l'Etat dans plusieurs pays à travers le monde, avec des politiques de relance courageuses, pour à la fois éviter l'effondrement de l'économie et pour protéger les populations les plus vulnérables de la société. L'Etat devait mobiliser tous se moyens pour faire face aux différentes charges engendrées par la crise : soins de santé, prise en charge des malades, organisation de l'approvisionnement du marché en produits de première nécessité, aide sociale aux plus démunis.

De plus, le rôle et l'intervention des Etats ne doit pas se limiter aux défaillances des marchés lorsqu'elles surviennent ou pour trouver des solutions aux crises mais, également, pour la réorientation des marchés vers la réalisation de projets innovants qui ont à la fois des objectifs de rentabilité et des retombées positives sur les plans économique, social et environnemental.

Il est important de souligner que lors d'une récession ou d'une crise économique standard, on tolère parfois la faillite de plusieurs entreprises et la perte d'emplois de plusieurs personnes. Ceci n'est pas le cas avec cette crise sanitaire, où l'on essaye par tous les moyens d'éviter la faillite de nombre de TPME, afin qu'elles puissent préserver leurs emplois.

D'ailleurs, plusieurs pays ont privilégié la vie humaine par rapport à l'économie, d'où le soutien de l'Etat apporté aux ménages les plus impactés par cette crise, notamment les plus démunis.

Par ailleurs, Il est important dans ces moments de crise de saluer les efforts consentis par les gouvernements et les banques centrales à travers le monde, surtout dans les pays en développement qui n'ont pas suffisamment de marges de manœuvre et de ressources financières et qui ont pu mobiliser des moyens importants pour soutenir les entreprises et protéger la vie de leurs citoyens, d'où le retour très fort de l'Etat et le rôle très important du leadership des Etats pour faire face à cette crise.

Il est important de noter, également, que dans le contexte de cette crise, plusieurs pays peuvent réfléchir à devenir indépendants en cherchant leur autosuffisance. Ils commencent ainsi à produire au niveau national des équipements et des produits stratégiques, ce qui peut limiter la mondialisation et éviter les guerres commerciales à l'exemple de la guerre commerciale pré-« Covid-19 » entre la Chine et les Etats-Unis[227]. On assiste, par conséquent, à une véritable réhabilitation de l'Etat national, à la reconquête de « l'autonomie stratégique » qui semble devenir un impératif autour duquel se dégage un consensus national, partout dans le monde.

-La réconciliation entre l'Etat et les citoyens : Le retour des valeurs de solidarité au détriment de l'individualisme

Pour pouvoir surmonter la crise, tous les acteurs de la société (Etat, forces de l'opposition et la société civile...) ont manifesté la tendance à la consolidation du consensus national.

Le retour en force de l'Etat, quand bien même réducteur voire privatif, dans certains cas, des libertés individuelles et collectives, se trouve, paradoxalement, soutenu par les populations en quête de survie et de protection. On assiste ainsi à un dialogue entre l'Etat et la société d'où la confiance qui doit régner entre l'Etat et le citoyen.

De plus, cette crise est une bonne occasion pour repenser la relation entre l'Etat, le secteur privé et la société civile. Certes, dans le contexte actuel de retour très fort de l'Etat, il faut saisir cette occasion et, surtout, dans les pays en développement, pour renforcer la confiance entre l'Etat et les citoyens qui est un élément très important pour la réussite de toute stratégie de développement

---

[227] Oudmane Meriem, Saoudi (2020) « *Nos systèmes économiques face au COVID-19 : Faiblesses et opportunités »,* 16/04/2020

On assiste, également, à un retour des valeurs de solidarité au détriment de l'individualisme célébré par la philosophie néolibérale.

-Une reconsidération des priorités des politiques publiques et des modèles de développement élaborés depuis la fin de la deuxième guerre mondiale

La prise de conscience globale de la fragilité de l'existence de l'être humain a poussé le Etats à une reconsidération des priorités mettant l'accent sur les questions ayant trait à la santé publique, à l'enseignement et la recherche scientifique, à la valorisation des spécificités nationales, au renforcement de la résilience nationale et à une meilleure répartition des richesses en faveur des classes sociales défavorisées. Cette situation impliquera une remise en cause des politiques publiques et, partant, des modèles de développement ayant prévalu depuis la fin de la deuxième guerre.

- La faiblesse des ressources de l'Etat, notamment en termes de recettes fiscales suite à la paralysie de l'activité économique

La paralysie de l'activité économique affecte directement les ressources de l'Etat, notamment en termes de recettes fiscales. De plus, la persistance du confinement va se traduire par la mobilisation de moyens budgétaires conséquents, destinés à subvenir aux besoins des catégories sociales en situation de précarité. Une telle situation n'est pas sans mettre les Etats en difficulté, en raison de leur incapacité structurelle à pouvoir continuer à secourir ces catégories de population.

- La nécessité de préserver le multilatéralisme et la solidarité internationale

Le déficit en matière de solidarité interétatique et le repli sur soi des Etats a laissé le terrain libre à l'individualisme des Etats. Ce déficit en matière de coopération multilatérale a révélé l'échec de certaines entités régionales à apporter des réponses collectives à la pandémie d'où le risque même de démantèlement de certains groupements régionaux qui ne manquent pas de soulever des interrogations légitimes quant à leur raison d'être et, par conséquent, à leur devenir. De plus, le déficit en matière de coopération internationale peut avoir aussi comme conséquences des comportements inédits : Baisse de l'aide aux pays en développement (refus d'envoi des masques et biens d'équipements sanitaires, faire de certains pays (Afrique) le lieu des expériences en matière de vaccination…).

De ce fait, avec la mondialisation et les conséquences des événements et des crises d'un pays sur d'autres, la concertation sur le plan régional et international en coordination avec les organisations internationales s'impose (FMI Banque mondiale, OMS, G10, G20...), d'où la nécessité de préserver le multilatéralisme et la solidarité internationale. Rappelons que le G20 avait pris une part très active dans la résolution de la crise financière mondiale 2008-2009.

- Une nouvelle ère basée sur la préservation de l'environnement

Les Etats doivent prendre en considération plusieurs pistes de réflexions pour une nouvelle ère en donnant la priorité à la préservation de l'environnement d'où la prise de conscience des dimensions écologiques dans tout modèle de développement.

2.2.3. Impact social de la crise

-Installation d'un climat d'insécurité et d'instabilité avec des tensions sociales et politiques suite à la paralysie de l'activité économique

Les conséquences de la crise peuvent créer un climat de mécontentement pouvant générer dans certains cas de tensions sociales et politiques et par conséquent, installer un climat d'insécurité et d'instabilité.

- Prise de conscience par l'homme de sa vulnérabilité en tant qu'individu et en tant que membre d'un groupe

Sur le plan social et psychologique, la crise a révélé la fragilité des libertés individuelles et collectives. L'être humain est mis devant l'épreuve d'une prise de conscience de sa vulnérabilité en tant qu'individu et en tant que membre d'un groupe ou d'une communauté. Il est amené, de ce fait, à reconsidérer la nature de ses priorités et de ses relations avec son environnement[228].

[228] « Je ne sais pas par quel tour de magie, un peu partout où le coronavirus a sévi, des hommes et des femmes se sont mis à déclarer avec une certitude ridicule / l'homme changera après le Covid-19. Ils sous-entendent qu'il sera meilleur, qu'il deviendra plus humain, moins égoïste, plus solidaire et surtout, sera attentif à l'environnement ». « Ainsi, en l'espace de quelques mois, avec plus de ... de morts dans le monde, l'homme va se réveiller avec des qualités qu'il n'avait pas avant le début de cette année. Je ne suis ni pessimiste ni optimiste...L'homme est fidèle à lui-même. Celui qui est bon restera bon, le mauvais persistera dans son

- L'avènement d'une société reconfigurée autour de nouvelles valeurs : la solidarité, le partage, la tolérance et l'humilité.

La crise a permis un changement du comportement de l'homme, d'abord envers lui-même. « Covid-19 » a enseigné à l'homme l'art de la propreté, de veiller à la santé en mangeant proprement, à freiner les élans, à réfléchir sur une autre façon d'être, comment vivre avec moins de ressources, se concentrer sur le présent, sur l'essentiel et non sur le futile et le dérisoire, s'adapter à toutes les situations et donc être modulables et malléables, devenir plus résilients, plus conciliants voire plus honnête face à ses croyances et à ses comportements. De plus, avec la crise, une autre forme de socialisation apparait où l'Homme a tendance à se débarrasser de son individualisme pour pouvoir œuvrer à l'avènement d'une société reconfigurée autour de valeurs que pourraient être : la solidarité, le partage, la tolérance et l'humilité.

II- Enseignements et perspectives pour un Nouveau Modèle de Développement au Maroc

Le Maroc, pays émergent ayant connu au cours des deux dernières décennies un grand élan vers le développement, dispose de tous les atouts pour faire preuve d'une capacité de réadaptation à la crise. Cependant, malgré les atouts du Maroc, l'après « Covid-19 » pourrait constituer une réelle opportunité pour, d'une part revoir son modèle de développement en phase d'élaboration et donc ses priorités et, d'autre part, pour se repositionner, à l'échelle régionale et mondiale, mais aussi un défi du fait que la pandémie a révélé la fragilité de l'économie marocaine et a montré les défaillances du système économique et social marocain.

D'ailleurs, selon la « note stratégique » présentée par le Haut-commissariat au plan (HCP), le Système des Nations Unies au Maroc (SNUD) et la Banque mondiale (BM) portant sur l'évolution de la situation pandémique au Maroc depuis le début de la crise, ces auteurs expliquent comment la pandémie, en plus de provoquer une nouvelle crise économique et sociale a mis à nu les lacunes des pays en termes de préparation, de gestion et de réaction face à ce genre de crise et offre des recommandations stratégiques basées sur des données fiables.. Le HCP, le SNUD et la BM estiment que bien que la crise sanitaire actuelle crée des vulnérabilités et renforce les inégalités, elle peut également offrir *« des opportunités pour*

---

comportement. »Tahar Benjelloun « *Non, l'homme ne changera pas après le Covid-19* ». Débats. Les invités du Point, le 12/05/2020 *une reprise inclusive et alignée sur les Objectifs de développement durable (ODD) »*[229].

1. Les atouts du Maroc, preuve d'une capacité de réadaptation

Le Maroc dispose de plusieurs atouts tant sur le plan géopolitique que sur les plans économique et social :

-Sur le plan géopolitique, le Maroc est doté de fortes institutions démocratiques et modernistes à la base de sa stabilité politique. Il dispose d'une position géostratégique de choix avec une infrastructure maritime, aérienne et ferroviaire sans équivalent en Afrique (port Tanger-Med, Hub aérien de l'aéroport Mohammed V de Casablanca, Train à Grande Vitesse (TGV) d'où sa renommée mondiale d'un pays ayant de fortes capacités de réadaptation à réussir son repositionnement dans le monde après crise.

-Sur le plan économique, le Maroc dispose d'une économie diversifiée basée sur des stratégies sectorielles et articulées autour de secteurs productifs de biens et de services, un tissu industriel jeune et performant, notamment dans des secteurs, tels que l'automobile, l'aéronautique, les industries chimiques et pharmaceutiques ou le textile, un secteur agricole moderne et exportateur s'appuyant sur une industrie agro-alimentaire à très forte valeur ajoutée, un secteur minier valorisé et un tourisme en nette progression, un secteur bancaire, qui s'est professionnalisé et internationalisé et qui constitue l'appui des investisseurs marocains à l'étranger, notamment en Afrique, ainsi que pour les investissements directs étrangers au Maroc et enfin une intégration régionale (coopération Sud-Sud notamment avec l'Afrique) et mondiale à travers les coopérations Nord-Sud (Accords de libre-échange), les chaines de valeur mondiales et le circuit du commerce international.

-Sur le plan social, le Maroc possède une population jeune pouvant doter le tissu productif d'un grand dynamisme tant au niveau de cadres et de techniciens qualifiés et compétitifs qu'au niveau d'une culture entrepreneuriale enracinée avec des idées novatrices.

2. Les défaillances et les fragilités de l'économie marocaine

La pandémie a montré trois défaillances du système économique et social marocain :

---

[229] H.L.B. (2020), « *Impact socio-économique de la Covid-19 : La note stratégique du HCP, du SNUD et de la BM* », Aujourd'hui le Maroc, le 18/08/2020

-D'une part, l'importance du secteur informel puisque 4,3 M de ménages ont reçu une indemnité mensuelle de 800 à 1200 DH. Soit en prenant 4 personnes par ménage, cela concerne 17 millions de marocains qui vivent dans la précarité.

-Sur le plan social, la crise sanitaire a montré les enjeux de l'économie de la santé au Maroc : Absence de la couverture médicale des malades et insuffisance des équipements du système public de santé. Certes, malgré les réformes et les réglementations instaurées par l'Etat marocain durant les dernières décennies, elles ne sont pas appliquées dans la réalité. A titre d'exemple, la protection sociale offre un paysage de désolation. Le Bureau International du Travail s'inquiète de la facture sociale et constate qu'à peine 15% de la population est institutionnellement couverte.

Selon la note publiée par le Haut-Commissariat au Plan (HCP) sur les principales caractéristiques de la population active occupée en 2020, seuls 24,7 % des actifs occupés bénéficient d'une couverture médicale liée à l'emploi (36,6% dans les villes et 8,2% à la campagne) contre 24,1% en 2019.

La part des actifs occupés affiliés à un régime de couverture médicale s'améliore nettement au fur et à mesure que le niveau de diplôme s'élève, relève le HCP, précisant que cette part passe de 10,7% parmi les personnes n'ayant aucun diplôme à 72,8% parmi celles ayant un diplôme supérieur.

Selon cette note, les actifs occupés exerçant dans l'"industrie y compris l'artisanat" enregistrent le taux de couverture médicale le plus élevé avec 42,2%, suivis de ceux relevant du secteur des services (36,5%), des BTP (13%) et de l'agriculture, forêt et pêche (4,6%). Un peu moins de la moitié (46,1%) des salariés bénéficient d'une couverture médicale assurée par l'employeur, 53,4% en milieu urbain et 25,1% en milieu rural, 57,3% parmi les femmes et 43,3% parmi les hommes. Près d'un actif occupé sur 4 (24,1%) est affilié à un système de retraite, 36,3% en milieu urbain et 7,1% en milieu rural. Le taux de couverture par un système de retraite est légèrement plus élevé parmi les femmes que les hommes, respectivement 27,5% et 23,1%.

Cette proportion passe de 8,6% parmi les jeunes âgés de 15 à 24 ans à 27,7% parmi les personnes de 35 à 44 ans et de 9,9% parmi les actifs occupés n'ayant aucun diplôme à 72,4% parmi ceux ayant un diplôme supérieur.

Par ailleurs, plus de la moitié des salariés (55,2%) ne disposent d'aucun contrat formalisant leur relation avec l'employeur (54,9% en 2019). Un peu plus du quart (26,4%) disposent d'un contrat à durée indéterminée, 12,2% d'un contrat à durée déterminée et 6,2% d'un contrat verbal. La part des salariés ne disposant d'aucun contrat s'élève à 43,2% parmi les femmes contre 58,2% parmi les hommes, respectivement 43% contre 58% en 2019. Les salariés âgés de 15 à 29 ans et les personnes n'ayant aucun diplôme sont les plus touchés par le travail sans contrat avec respectivement 62,7% et 74,4%[230].

-La troisième défaillance est la dépendance de notre pays vis-à-vis de l'étranger, puisque plusieurs unités de production se sont arrêtées faute d'approvisionnement.

3. Les axes pour l'édification d'un nouveau modèle de développement

La pandémie a, en effet, révélé au grand jour la situation alarmante des systèmes de santé, la dépendance économique du pays et l'absence ou la fragilité des filets de protection sociale. Cependant, malgré les défaillances du système économique et social marocain, la crise peut être une opportunité pour le Maroc d'intégrer les enseignements tirés de la pandémie sanitaire dans son nouveau modèle de développement en phase d'élaboration afin de relancer l'économie nationale sur de nouvelles bases.

Ainsi, pour bâtir un nouveau modèle de développement inclusif, hausser les niveaux de productivité des différentes organisations publiques et privées et donc d'inscrire les différentes entités du pays dans des chaînes de valeur mondiales à fort potentiel de croissance et de mettre le Maroc sur les rails des pays émergents, le nouveau modèle de développement doit retrouver sa raison dans une nouvelle logique de développement basée sur des orientations stratégiques de nature socio-économique visant une croissance économique rapide et soutenue. De ce fait, les principaux axes d'édification du nouveau modèle de développement doivent être basés sur des actions prioritaires.

---

[230] HCP, « *Seuls 24,7% des actifs occupés bénéficient d'une couverture médicale* », les info.ma, le 17/02/2021

3.1. Les mesures opérationnelles pour l'amélioration des secteurs sociaux

Tout d'abord, la santé humaine doit être à la tête des priorités par la création au niveau de chaque agglomération notamment rurale de l'infrastructure de base (hôpitaux, dispensaires, centres hospitaliers universitaires, centres de maternité, centres d'hygiène…) en tenant compte des normes universelles et des normes prévues par les études relatives aux plans d'aménagement et des schémas directeurs (en fonction de la croissance démographique de chaque agglomération), d'où l'amélioration des services publics, la création des centres de formation et d'assistance sociale et la prise en considération des mesures opérationnelles sanitaires dans les milieux de travail (entreprises, usines, souks, chantiers…). Ceci nécessite la mise en application de la réglementation déjà approuvée par le parlement (partiellement appliquée) des décrets concernant la couverture médicale, sociale et professionnelle et l'assurance maladie obligatoire (AMO) des professions libérales (médecins, pharmaciens, architectes, notaires...) et du secteur informel, la transparence des contrôles d'octroi des cartes d'indigence (la carte Ramed par exemple) d'où l'importance des actions préventives.

Ainsi, conformément aux Instructions royales contenues dans le Discours du Trône du 29 juillet 2020, la généralisation de la couverture sociale doit devenir un levier essentiel d'insertion du secteur informel dans le tissu économique national notamment que la crise sanitaire actuelle a mis en évidence un certain nombre d'insuffisances qui touchent plus particulièrement le domaine social notamment la taille du secteur informel et la faiblesse des réseaux de protection sociale[231].

Par ailleurs, le secteur public de santé doit également être profondément développé en personnel qualifié et en équipement, afin de fournir des soins de qualité et faire face aux prochaines pandémies.

Dans ce cadre, il est nécessaire de signaler le rôle et la contribution de tous les acteurs nationaux (Etat, collectivités locales, ONG, société civile, secteur privé…) à confronter les différents sinistres de santé qui les mettent dans des situations tragiques (maladies graves, handicaps…), d'autant plus que la tragédie humaine se double d'un drame économique, ce qui nécessite une vision dans le futur pour couvrir l'ensemble des risques économiques et

[231] InfoMédiaire Le plan du Maroc pour généraliser la couverture sociale www.infomediaire.net 20/10/2020

sociaux, d'où l'encouragement du secteur privé et du secteur public à collaborer lorsqu'il s'agit de l'intérêt national.

C'est ainsi que dans son intervention le mardi 4 mai 2021 lors de la séance de questions orales à la Chambre des conseillers, Khalid Aït Taleb, ministre de la Santé a souligné que c'est grâce aux mesures proactives prises par les pouvoirs publics notamment l'interdiction des déplacements nocturnes pendant le mois de ramadan que la pandémie de « Covid-19 » commence à être maîtrisée dans le pays.

De plus, pour pallier aux dysfonctionnements du système de santé national, le ministre a évoqué le programme de réforme mis en place par son département.

-Protection du système de santé

Malgré le ralentissement du rythme de vaccination en raison de retard de livraison de doses vaccinales, le ministre a assuré que « la campagne nationale de vaccination contre le coronavirus se poursuit dans tout le Royaume, de façon fluide et exemplaire ». De même, il a affirmé que grâce aux dispositifs sanitaires qu'il a instaurés de manière très précoce, le pays a su « protéger son système de santé de l'effondrement, à un moment où de nombreux pays ont encore du mal à obtenir les doses de vaccin nécessaires pour leurs populations ».

Lors de son allocution, Aït Taleb a précisé qu'assurer l'immunisation des groupes vulnérables et contrôler davantage l'expansion de l'épidémie sont les défis majeurs auxquels fait désormais face le Royaume. Selon lui, vu le succès de sa réponse face à la crise sanitaire, le pays pourra dans les quelques mois à venir préserver la santé des personnes à risque de plus de 55 ans et ainsi « éliminer les cas graves et les décès, afin de contrôler l'épidémie et d'atteindre ensuite l'immunité collective souhaitée »[232].

-Renforcer le système de santé et lutter contre les disparités régionales de l'offre sanitaire

Le ministre de la santé, Khalid Aït Taleb a également évoqué l'importance de l'accélération de la réforme du système de la santé en marge du lancement de l'initiative royale de généralisation de la couverture sociale

---

[232]Nora Jaafar (2021), « Santé : vers un développement optimal du secteur ? » Media, le 05/05/2021

et a assuré que son ministère multiplie les efforts pour remédier aux limites du système de santé actuel, notamment la pénurie de personnel soignant. Il a expliqué qu'à ce jour, le Maroc est confronté à un manque de près de 32.000 médecins et 65.000 infirmiers et à un déséquilibre dans l'affectation régionale des ressources humaines médicales.

Aussi, il déplore « une disparité régionale de l'offre sanitaire », loin de satisfaire les besoins et les attentes des citoyens, ainsi qu'un « faible financement et un manque d'attractivité » du secteur de la santé. Le ministre ambitionne de promouvoir l'offre sanitaire en optimisant la dimension régionale, et ce, sur la base d'une carte sanitaire régionale, d'un plan médical régional, de l'amélioration des services des centres de santé et la maintenance des structures et des équipements. Dans le cadre de ce même programme, Aït Taleb soutient que le protocole de soins devra être respecté, mais aussi que le Maroc va s'ouvrir aux investissements étrangers et aux recrutements de médecins étrangers et davantage de compétences marocaines. Il a en plus insisté sur l'urgence du lancement de ce chantier de taille, notamment afin d'assurer la réussite de l'initiative royale de généralisation de la couverture sociale, qui concernera 22 millions de Marocains supplémentaires et dont la deadline a été fixé à 2026.

-L'importance du partenariat public-privé pour la Santé

C'est d'ailleurs pour soutenir et accompagner le chantier de généralisation de la couverture sociale que l'épidémiologiste Jaafar Heikel et certains investisseurs ont décidé de créer des unités de soins dans différentes régions du Royaume, un chantier, qui selon le médecin nécessite une consolidation du partenariat public-privé. Le médecin a expliqué que ce projet de partenariat public-privé (PPP), dont Salaheddine Mezouar (ex-ministre et ex-patron des patrons) serait conseiller des groupes d'investisseurs, vise à élargir l'offre de soins du pays en construisant de nouveaux sites médicaux ainsi qu'à gérer d'autres déjà existants. La première unité devrait d'ailleurs voir le jour en juin. D'après Heikel, ces nouveaux sites proposeront un package de service de soins minimum accessible à tous. Il estime que l'État, le patient et le privé doivent contribuer ensemble à l'élaboration d'un système de santé, dont les services seront à la fois abordables et de qualité. L'expert recommande aussi de repenser le système de santé, son organisation et sa structure, de sorte à adapter l'offre de soin aux besoins de chaque région.

-L'internationalisme médical et le partage des expériences dans le domaine de la santé

En raison de leur ampleur pour le Royaume, l'initiative royale de généralisation de la couverture sociale et les mesures de la réforme du système de la santé ont été au cœur de la réunion de Khalid Aït Taleb avec Javier Dómokos Ruiz, ambassadeur de Cuba au Maroc. En échangeant sur la décision du ministère de la santé de solliciter des compétences médicales étrangères, le diplomate cubain a réitéré la volonté du gouvernement cubain de partager ses expériences dans les domaines de la santé et de la biotechnologie au profit du peuple marocain.

Il est nécessaire de souligner que l'internationalisme médical de Cuba est une politique initiée par le pays depuis sa révolution en 1959. Cette politique consiste d'une part à envoyer du personnel médical à l'étranger et d'autre part à accueillir des étudiants en médecine et des patients à Cuba. Toutefois, la mobilisation de ces médecins n'est pas gratuite, car les pays hôtes doivent payer le gouvernement cubain pour leurs services et prestations. Cette démarche a d'ailleurs rapporté à ce pays d'Amérique latine plus de 11 milliards de dollars en moyenne par an entre 2011 et 2015, et ce, grâce au déploiement de 50.000 médecins cubains dans 62 pays (24 pays d'Amérique latine et des Caraïbes, 27 d'Afrique subsaharienne, sept d'Asie orientale et du Pacifique, deux du Moyen-Orient et d'Afrique de l'Est, ainsi qu'en Russie et au Portugal).

Enfin, si le Maroc venait à accepter l'offre de Cuba, il est sûr qu'il pourra profiter de la vaste expérience de ce pays en matière de services médicaux.

A côté de l'intérêt qu'il faut donner aux différentes réformes du système de santé, il faut ajouter l'intérêt particulier qu'il faut accorder aux couches à besoins spécifiques et aux personnes âgées, à l'insertion des jeunes dans le marché de l'emploi et la mise en œuvre obligatoire de la parité dans l'accès aux postes supérieurs, à l'augmentation des salaires, à l'amélioration des pouvoirs d'achat des classes moyennes et à l'allégement du fardeau fiscal, l'association du plus grand nombre possible des citoyennes et citoyens à l'œuvre de production à travers la détection et l'exploitation de toutes les capacités qu'offre l'économie sociale et solidaire, la lutte contre la pauvreté et les inégalités sociales et régionales ainsi que l'intégration des besoins croissants des citoyens par l'encouragement des investissements dans les régions marginalisées et défavorisées, la mise à niveau du monde rural, car c'est dans ces zones qu'une couche de la population souffre des conditions de vie déficientes et précaires avec un faible taux de scolarisation et des difficultés d'accès aux soins de base, l'intégration obligatoire du genre dans toutes les politiques publiques, dans les programmes et méthodes d'enseignement et dans toutes les politiques du ciblage économique et social[233].

Il faut faire preuve de décision dans la mise en œuvre de l'égalité homme-femme par la lutte contre toute forme de discrimination, la criminalisation des images dégradantes au niveau de la dignité et de la place de la femme, son intégration dans l'emploi avec l'adoption effective de l'égalité dans les traitements et salaires. De plus, il faut réhabiliter et donner au travail domestique des femmes au foyer la valeur qu'il mérite et traduire cela sur le terrain des transactions matérielles et financières ainsi que dans les comptabilités nationales. Enfin, il faut élaborer un pacte social qui préserve les droits et devoirs de tous les intervenants dans la production pour la création d'un climat sain et propice au développement de l'investissement et au renforcement de l'attractivité de l'économie nationale et de sa compétitivité.

3.2. L'encouragement de la recherche/développement

D'abord, la recherche/développement doit être orientée vers les sciences médicales d'où l'intérêt d'un travail collectif (public-privé). Ceci nécessite la création des laboratoires de recherches et d'analyses médicales, des laboratoires pharmaceutiques, prévoir une réserve suffisante en médicaments et équipements médicaux (radios et appareils de dépistage), prévoir les vaccins pour affronter les maladies éventuelles.

Par ailleurs, L'Etat, les Universités et les Entreprises doivent développer la recherche/développement, car l'innovation est le principal facteur de progrès technologique dans tous les domaines. Il n'y'a pas d'émergence sans acteurs et il n'y'a pas d'émergence économique et sociale sans émergence technologique[234]. Seulement, l'encouragement de la recherche/développement impose la prise en considération des recommandations suivantes :

---

[233] Affirmation de Jaouad KARDOUDI (2019), président de l'Institut marocain des relations internationales (IMRI) présentée à Bordeaux lors de la 16ème convention Europe-Afrique du Nord le 21/02/2019 sous le thème : « *Le nouveau modèle de développement du Maroc* ». Libération https://mlibema. Le 21/02/2019

[234] Mohammed RAMI (2017) « *Le projet d'émergence industrielle du Maroc en question* » Economie politique du Maroc, Revue Marocaine des sciences politiques et Sociales Avril 2017 p. 269

- L'investissement dans le capital humain : L'homme doit être placé au centre des stratégies de développement.

L'investissement dans le capital humain est considéré comme un préalable indispensable dans le cadre de toute politique de développement. Il s'agit du développement de l'investissement dans le capital immatériel, c'est-à-dire le capital humain, le capital institutionnel et le capital social par une politique d'éducation et de formation professionnelle pour le renforcement de la compétitivité. C'est à ce niveau que se trouve d'ailleurs l'origine de la faiblesse de notre productivité. L'investissement dans le capital humain est la recommandation principale qui ressort de tous les rapports sur l'économie marocaine.

Dans son dernier discours à l'occasion de la fête du trône du 29 juillet 2019, Sa Majesté le Roi Mohamed VI a cité : « *J'insiste sur la nécessaire implication du citoyen marocain en tant qu'acteur principal dans l'aboutissement de cette nouvelle étape. Aussi, j'invite tous les marocains à apporter leur pierre à l'édifice, mus par un esprit de citoyenneté agissante car les résultats auxquels nous aspirons, les projets et les initiatives que nous entreprenons visent un seul objectif : améliorer les conditions de vie de tous les citoyens* »[235].

Il s'agit de l'édification d'un nouveau contrat social en faisant participer le citoyen aux centres de décision publique et à l'édification du nouveau modèle de développement en l'impliquant dans la prise de décision, à reprendre confiance dans les institutions et le ramener au centre de tout et lui donner plus d'espoir pour un avenir meilleur.

Il s'agit donc d'assurer l'effet social équitable par le renforcement des politiques publiques sociales à travers le développement des services et de l'investissement dans les secteurs de l'éducation, de la santé et de la lutte contre le chômage et la pauvreté.

-L'investissement dans l'économie du savoir et dans l'éducation et la formation.

En effet, faute d'investissement dans l'éducation de qualité, y compris la formation technique et professionnelle, pour tous, filles et garçons, sans aucune distinction de genre, le pays ne pourra pas se lancer vers un véritable développement.

---

[235] Discours de Sa Majesté le Roi Mohammed VI à l'occasion de la fête du trône le 29 juillet 2019 httpp://www.maroc.ma

Ainsi, ce modèle doit viser une politique d'éducation avec une scolarisation généralisée, l'amélioration de la qualité de l'enseignement avec la réforme du système pédagogique et offrir une formation professionnelle adéquate au marché de travail.

La formation professionnelle est considérée comme un levier d'employabilité et constitue un axe stratégique pour le futur modèle de développement. L'objectif final est d'élargir le socle de la classe moyenne.

Ceci permettra l'éradication de l'analphabétisme et l'illettrisme. Il faut aussi veiller à réaliser l'équité entre l'enseignement privé et l'enseignement public.

Ainsi, une première mesure à prendre dès la loi de finances 2021 est de prioriser les secteurs de l'éducation, de la santé et de la couverture sociale. Notre système éducatif doit être revu de fonds en comble pour inclure dès le primaire l'apprentissage des nouvelles techniques de l'information et de communication ainsi que les langues étrangères notamment l'anglais qui est le véhicule principal de la recherche scientifique mondiale.

A cela, il faut lutter contre la fuite des cerveaux en encourageant les cadres à s'investir dans la recherche scientifique et d'intégrer aussi bien le secteur privé que le secteur public. D'ailleurs, pendant le confinement obligatoire, instauré au Maroc pour contenir la pandémie du coronavirus, plusieurs scientifiques et chercheurs marocains (ingénieurs, médecins…), startups ont mobilisé leurs compétences pour contribuer à la lutte nationale contre le coronavirus.

Ainsi, plusieurs technologies ont été réalisées et développées par les talents marocains pour contenir le « Covid-19 » dont les principales innovations sont : Respirateurs artificiels, masques intelligents, thermomètre infrarouge, dispositifs de dépistage de nouvelle génération ou encore l'application de traçage Wiqaytna. Dans ce cadre, en prenant en considération *les orientations du souverain* Moulay Hafid Elalamy, ministre de l'Industrie, *a affirmé :*

« Nous devons donner la chance aux marocains. Les marocains doivent disposer de leurs propres capacités sans dépendre de personnes. L'ambition que le roi Mohammed VI a pour le royaume est énorme et elle ne peut être réalisée que par les enfants du pays »[236].

[236] Le masque intelligent permet la détection automatique du virus à distance (MIDAD) et dispose également d'une carte et de capteurs permettant de mesurer la

D'ailleurs, dans le cadre de la mise en œuvre de la stratégie continentale d'éducation pour l'Afrique (2016-25), qui vise à « offrir au continent africain des ressources humaines performantes adaptées aux valeurs communes africaines », le Souverain a souligné la nécessité, « *de mettre sur pied des programmes et plans de développement adaptés à la situation spécifique de chaque pays et portant notamment sur la santé et l'éducation* ».

Ainsi, la BAD a élaboré un rapport sous le thème « *l'éducation et le développement des compétences de la main-d'œuvre africaine de demain* ». Dans ce rapport, il y est précisé que les politiques publiques devraient inclure des mesures pour améliorer à la fois la quantité et la qualité de l'éducation ainsi que la diversification des cursus.

Selon la BAD, dans toute l'Afrique, on recense que moins de 4 % de la population est diplômée universitaire et que l'éducation est restée concentrée dans les sciences sociales et humaines accusant ainsi un retard dans les domaines de la technologie, ingénierie et mathématiques. L'avenir de l'Afrique est dans l'éducation à l'image de l'intitulé du dernier ouvrage de l'ex ambassadeur du Maroc en France Fathallah Sijilmassi, « L'avenir de l'Europe est au Sud »[237]. L'auteur nous rappelle qu'« en septembre 2018 dans le prolongement des orientations du sommet UA-UE d'Abidjan de novembre 2017 », « une nouvelle alliance Afrique-Europe pour des emplois et des investissements durables a été proposée par l'UE » au titre de laquelle un partenariat est à instaurer entre les deux parties notamment dans les

---

température et l'humidité pour calculer la pression du cycle respiratoire ainsi que la quantité d'oxygène dans le sang. *Le respirateur artificiel permet une ventilation mécanique sécurisée.* La startup marocaine Nextronic a conçu le premier thermomètre infrarouge 100% marocain, dans le cadre des efforts nationaux visant à freiner la propagation du Covid-19. Aya PCX XR, un dispositif de dépistage de nouvelle génération, a été réalisé par la startup marocaine Aya Projects. Cet appareil, le premier de son genre dans le monde, *d'évaluer la quantité d'ADN du virus»* et analyse les *«données issues de radiographies pulmonaires grâce à l'intelligence artificielle* (Machine Learning). Quant à l'application de traçage Wiqaytna, elle a été lancée par les ministères de la Santé et de l'Intérieur avec le soutien de la Commission nationale de contrôle de la protection des données à caractère personnel (CNDP. Cette solution, disposant d'une technologie Bluetooth, surveille les déplacements des utilisateurs et les avertit en cas de contacts avec un autre utilisateur infecté. H.L.B. (2020), « *Mobilisation des compétences marocaines contre le Covid-19* », www.lebrief.ma, le 29/06/2020

[237] En lisant cet intéressant ouvrage dont la préface est rédigée par Mr. Huber Védrine, ancien ministre français des affaires étrangères et dans laquelle il souligne que « les responsables, au nord et au sud, trouveraient beaucoup de profit à se nourrir des réflexions et propositions de Fathallah Sijilmassi ». Thami El ouazzani Thami EL OUAZZANI (2020), *« Pandémie du Coronavirus en Afrique : Les 5 leçons pour le Continent »*, Tribune, le 22/08/2020

domaines de l'éducation et des compétences. D'autres accords ou conventions établis entre l'Afrique et d'autres entités prévoient une disposition similaire en la matière.

3.3. La mise en œuvre d'une politique d'investissements publics et privés

-L'adoption d'une politique d'investissement privilégiant l'autosuffisance territoriale

La politique d'investissement doit d'abord parvenir à une plus grande autosuffisance alimentaire et développer le secteur de l'agriculture et de l'agro-industrie : la céréaliculture, l'oléiculture et les cultures sucrières. L'économie verte s'intègre ainsi naturellement dans la vision de tout nouveau modèle de développement avec les valeurs humaines et sociales qu'elle porte. Il faut aussi renforcer l'autosuffisance énergétique et continuer à développer le secteur des énergies renouvelables notamment l'éolien et le solaire, qui outre la création d'emplois diminue notre dépendance vis-à-vis des importations d'hydrocarbures.

Le Maroc doit donc compter sur lui-même en faisant usage des potentialités dont il dispose pour venir à bout du sous-développement.

-L'adoption d'une politique d'industrialisation basée sur la concurrence, l'innovation et l'égalité des chances

La politique d'industrialisation doit viser le changement des structures économiques anciennes qui encadrent une grande partie de l'investissement national (système de rente...) et l'édification d'un système économique alternatif basé sur la concurrence, l'innovation et l'égalité des chances.

Le développement industriel doit être aussi fondé sur des filières intégrées et liées à des systèmes économiques spécialisés, d'où la nécessité de se lancer vers la recherche scientifique dans les nouvelles technologies de l'information et de communication et l'innovation indépendante. Certes, la maîtrise technologique, la transformation digitale et l'e-administration constituent le nœud stratégique de développement[238].

Pour que le Maroc réussisse son émergence industrielle et dépasse le risque de se transformer en pays d'accueil des filiales étrangères pour

---

[238] L'Académie Hassan II des Sciences et Techniques propose de « mettre la recherche résolument au service du développement à travers une STRATEGIE A L'HORIZON 2020 à travers cinq axes pp 45-53 « *Pour une relance de la recherche scientifique et technique au service du développement économique*». www.academie.hassan2.sciences.ma, mars 2009

l'assemblage de produits sophistiqués, les entreprises marocaines tant publiques que privées n'ont pas d'autres choix que de gravir l'échelle technologique, de s'approprier les technologies modernes et de réaliser ainsi les transformations structurelles nécessaires pour que l'Etat et la bourgeoisie marocaine sortent de leur carcan compradore[239].

En prenant en considération le cas de la Chine, « l'innovation indépendante » qui a été inscrite au cœur de la stratégie de développement a été adoptée par ce pays pour la période allant de 2006 à 2020[240].

-La nécessité d'une nouvelle culture qui doit remplacer la méfiance envers l'inconnu : La culture entrepreneuriale

Afin d'atteindre ces objectifs, le nouveau modèle de développement doit reposer sur une nouvelle culture, la culture entrepreneuriale, celle qui valorise l'esprit de la création et de l'invention. L'investissement dans la mise à disposition des capacités humaines et technologiques et consécration d'une culture industrielle appropriée fondée sur la transformation des matières premières. Les compétences marocaines doivent être mises à contribution notamment les ingénieurs et les techniciens pour investir dans les créneaux innovants. L'histoire montre le rôle des ingénieurs et techniciens en tant que faiseurs des projets[241].

Toutes ces mesures doivent être réalisées en respectant l'environnement dans le cadre d'un développement durable.

---

[239] Le qualificatif compradore n'a rien de péjoratif. A l'origine, les compradores désignent la classe des marchands travaillant au XIXème siècle pour les compagnies de commerce européennes en Chine et en Asie du Sud-Est comme intermédiaires. Aujourd'hui, le concept compradore est utilisé pour qualifier les rapports de subordination et de dépendance dans lesquelles se trouve la bourgeoisie ainsi que l'Etat dans les pays de la périphérie vis-à-vis du capital occidental. Cette subordination n'empêche pas la bourgeoisie et la bureaucratie étatique de partager avec le capital occidental des avantages réciproques. Samir Amin (2011) *Maldevelopment : Anatomy of a Global Failure, Pambazurka* Press, Oxford, 2011

[240] L'émergence économique ne peut se réaliser que via la promotion de ce que l'ex-premier ministre chinois Wen Jiabao avait qualifié lors de la conférence nationale sur l'innovation en Janvier 2006.

[241] Cf. à ce sujet Marie-Claire-Bergère (2007), « *Capitalismes et capitaliste en Chine- Des origines à nos jours* » Editions Perrin, 2007 notamment les chap 8 et 9.

Par ailleurs, il est nécessaire d'encourager la demande de consommation interne ainsi que le tourisme interne, engager et rééquilibrer l'investissement entre régions.

-L'intégration du secteur informel dans le secteur formel par des mesures incitatives

La crise sanitaire de « Covid-19 » a mis en exergue les vulnérabilités du secteur informel et l'importance des aides publiques à déployer pour soutenir le pouvoir d'achat de ses effectifs employés. Des solutions doivent être trouvées pour résorber le secteur informel, l'intégrer dans le secteur formel notamment par des mesures incitatives et la création d'opportunités d'emplois dans le secteur formel.

Selon une étude réalisée en mars 2021 par le HCP intitulée "Le secteur informel au Maroc : principales caractéristiques et tendances d'évolution », la TVA est la "principale composante" qui influence le secteur informel et pour renforcer la résilience de ce secteur et améliorer sa performance économique, "une stratégie nationale dédiée aux activités informelles reposant sur une approche intégrée et cohérente est indispensable"[242].

Cette stratégie, poursuit la même source, doit tenir compte de plusieurs dimensions dont notamment l'accès au financement et au marché, la formation, la sécurité sociale, la réforme du dispositif fiscal, notamment celui qui concerne le mécanisme de la TVA, et l'amélioration de la gouvernance, surtout en matière d'allègement et d'adaptation de la réglementation en vigueur.

Ainsi, selon l'étude du HCP, la Taxe sur la valeur ajoutée (TVA) constitue "la principale composante" fiscale qui influence le secteur informel et non l'impôt sur les sociétés. "*Les chefs d'unités de production informelles (UPI) s'approvisionnent en amont auprès de fournisseurs qui eux-mêmes sous-déclarent ou travaillent dans l'informel. Ceci leur permet d'acheter sans facture réglementée et donc d'échapper à la facturation en mode TVA*". Cette situation est attribuable à la faible inclusion financière des UPI et au manque de liquidité, "principal handicap" pour ces unités caractérisées par leur fragilité et l'irrégularité de leurs recettes financières.

[242] HCP (2021), « *La TVA, principale composante qui influence le secteur informel* », lesinfo.ma, le 02/03/2021

De même, selon la note du HCP, les ajustements du SMIG influencent également l'activité informelle. Une augmentation du SMIG contraint souvent les entreprises, en l'occurrence les TPE et les PME, dont les charges salariales pèsent lourdement sur le résultat net, à réduire leurs effectifs ou à ne pas les déclarer. Ainsi, en l'absence de mesures d'accompagnement, le passage à l'informalité se trouve favorisée par le chômage causé par une hausse soutenue du SMIG.

L'effet "revenu global" affecte aussi le développement des UPI, notamment le taux de croissance du revenu national brut (RNB) par habitant, souligne le HCP, notant que des écarts importants entre les taux d'informalité par niveau de revenu des pays sont généralement constatés.

Cette corrélation donne à penser que les facteurs qui aident à réduire la dimension de l'économie informelle peuvent aussi contribuer à l'amélioration des conditions de vie et du revenu disponible dans les pays en développement.

Par ailleurs, l'étude fait ressortir que les réglementations contraignantes comme les textes de lois, les documents à fournir et les multiples formalités à remplir pour la création d'une petite entreprise sont considérées comme coûteuses en temps ou en argent et complexes au regard du niveau d'éducation des chefs d'UPI.

Selon l'économiste Najib Saoumai, l'intégration de l'informel, un fléau qui pèse sur l'économie nationale, est tributaire, entre autres, de la capacité des collectivités territoriales de créer un climat des affaires local « adapté »[243].

Il souligne que « Les activités informelles ont besoin des zones de production conformes aux mesures sanitaires et sécuritaires, que les collectivités territoriales peuvent aménager en dehors des villes, avec un accès facilité par le système de transport ».

De plus, l'économiste préconise que pour stimuler le passage vers le formel, il faut instaurer des mécanismes fiscaux flexibles et maintenir les exonérations fiscales, recommandant aussi la création des incubateurs dédiés

---

[243] Najib Saoumai (2021), « *Ce que propose un économiste marocain pour intégrer l'informel* », LE SITEINFO, le 02/03/ 2021. Intervention de Najib Saoumai lors de l'émission hebdomadaire du Policy Center for the New South (PCNS), « Les Mardis du PCNS ».

à l'orientation des opérateurs du secteur informel, dont une large proportion ignorent les alternatives à l'informel.

En outre, l'économiste a mis l'accent sur le système de la sous-traitance, dans la mesure où de grandes entreprises font appel à des unités informelles pour réduire les coûts, notant que le traitement de cette problématique devrait être fiscal, via la mise en place d'une taxe sur la valeur ajoutée relatif à la sous-traitance aux startups, ce qui peut contribuer largement aux recettes fiscales. L'encouragement des start-up à travers un accès privilégié à la commande publique peut aussi inciter davantage d'opérateurs à intégrer le secteur formel.

La promotion du paiement mobile et la limitation du cash sont des facteurs importants de lutte contre l'informel, a expliqué Najib Saoumai, faisant observer que les études ont révélé une corrélation entre le paiement électronique et la croissance du PIB, prouvant sa pertinence face au fléau de l'informel, d'où la nécessité de construire une forte culture financière électronique.

Par ailleurs, l'économiste, qui a évoqué la crise sanitaire liée à la pandémie du nouveau coronavirus (Covid-19), fait part de l'existence d'un secteur formel fragile ayant licencié massivement ses travailleurs suite au ralentissement d'activité. Et de soutenir que ces derniers ont été pris en charge par l'Etat à travers la sécurité sociale.

-Une forte articulation entre les acteurs de la société et le maintien d'un libéralisme contrôlé

Il s'agit d'un renforcement du rôle régulateur de l'Etat et du partenariat public-privé.

Une véritable émergence industrielle demeure tributaire de la capacité des acteurs en présence eux-mêmes, l'Etat et le capital privé local, de « se réinventer » pour faire aboutir ce projet ambitieux.

L'investissement privé doit être encouragé et l'investissement public mieux orienté vers les activités productives.

Certes, le nouveau modèle de développement doit être basé sur la participation de tous les acteurs et partenaires techniques et financiers (acteurs institutionnels nationaux et étrangers, chercheurs et experts universitaires) et le gouvernement pour encourager une meilleure coordination et complémentarité ainsi qu'une synergie optimale entre les activités de ses membres[244].

D'autres dispositions peuvent être prises notamment le maintien d'un libéralisme économique contrôlé, sans marginaliser le rôle de l'Etat qui doit jouer un rôle d'incitateur et de régulateur, avec le développement d'un partenariat public-privé (le secteur privé débarrassé de la corruption et de la rente) ainsi qu'une plus grande flexibilité par rapport aux indicateurs économiques dans la mesure où ils stimulent la croissance et l'emploi.

Ainsi, le nouveau modèle de développement doit être basé sur le renforcement du rôle central de l'Etat dans la construction d'une économie nationale "productive et inclusive et des secteurs productifs plus performants, la réorientation de la politique du secteur bancaire vers le financement en priorité des projets d'investissements industriels à valeur ajoutée et le soutien positif à la diversification économique et sectorielle.

De même, les ressources propres du Maroc doivent être mobilisées pour le financement de l'économie nationale notamment vers le financement des petites, moyennes et très petites entreprises et au profit des petits agriculteurs et des exploitations moyennes et encouragement de la création ou de l'adhésion à des coopératives, l'encouragement et l'intensification des opérations de transformation des produits agricoles à travers des unités industrielles en milieu rural, la prise en considération de la dimension écologique dans la production tout en s'appuyant sur les opportunités qu'offrent aussi bien l'économie verte que l'économie circulaire et l'économie bleue.

---

[244] Rencontre-débat organisée par l'Institut Royal des Etudes Stratégiques (IRES) et le groupe principal des partenaires du Maroc le 28 mai 2019 suite au discours du trône du 30 Juillet 2014 qui a annoncé l'amorce d'une nouvelle évaluation du parcours de développement franchi par le pays après celle menée en 2005 dans le cadre du rapport du cinquantenaire, le discours du 13 octobre 2017adessé aux membres des 2chambres du Parlement à l'occasion de l'ouverture de la 1ère session de la 2ème année législative et le discours adressé à la nation le 29 juillet 2018 à l'occasion de la fête du trône. Cette rencontre s'inscrit dans le prolongement de l'intérêt porté par l'IRES aux questions de compétitivité globale (économie verte, économie bleu et industrialisation) et de capital immatériel qui a dédié son rapport stratégique 2019 aux questions de la création de la valeur et de l'emploi et du modèle de développement, https//WWW.les éco.ma.Maroc.

Les expériences des pays asiatiques ont montré que la plupart des pays émergents ont connu la forte intervention de leurs Etats respectifs dans le processus de leur émergence à commencer par la Corée du Sud jusqu'à la Chine aujourd'hui[245].

Pour ce qui est du secteur privé, de profondes réformes s'imposent pour transformer la bourgeoisie compradore en un véritable acteur de développement à profil d'entrepreneurs schumpétériens prêts à courir le risque de leurs capitaux pour investir dans les activités de nouvelles technologies. Ce mouvement devrait être étendu aux nouvelles couches de la société et briser le corporatisme de la CGEM pour favoriser l'émergence de nouveaux entrepreneurs dynamiques jouant le rôle de « nouvelles forces productives avancées » en étroite coopération avec les « forces culturelles avancées » (scientifiques et intellectuels) et les forces ouvrières et paysannes à l'instar de ce qui s'est produit en Chine par exemple dans le cadre du mouvement de la réforme et de la modernisation déclenché par Deng Xiaoping à partir de 1979 avec toutes les contradictions que cela comporte[246].

En réalité, l'émergence industrielle repose sur le développement du patriotisme économique et d'un sentiment nationaliste pour la relance de l'investissement privé et l'encouragement des PME afin de réaliser un décollage économique, un développement durable ainsi que l'intégration des facteurs non économiques dans tout ce qui a trait au développement que ce soit au niveau de la planification, de l'exécution ou de l'évaluation[247].

---

[245] Elsa Lafaye Micheaux montre que le gouvernement et les pouvoirs publics malaisiens ne se contentent pas de fournir des infrastructures adéquates et d'infléchir les orientations des entreprises privées, mais interviennent directement au niveau de la création d'entreprises dans les secteurs qu'ils souhaitent développer. L'Etat malaisien devient un Etat développeur, un Etat entrepreneur industriel et financier. La dérégulation et la privatisation de l'économie mises en œuvre à partir de 1986 suite au ralentissement de la croissance économique du pays n'ont pas remis en cause la forte implication structurelle de l'Etat dans l'économie malaisienne. Elsa Lafaye Micheaux (2016) *« La Malaisie, un modèle de développement souverain ?* », Lyon, ENS Editions. Le 19/10/2016

[246] PPS (2019), « Nouveau modèle de développement : les grandes lignes de la vision du PPS », www.medias24.com, le 26 mars 2019

[247] «culturellement, les entrepreneurs marocains et les chefs d'entreprises manquent souvent d'ambition et ne sont pas conquérants», expliquait Hamid Bouchikhi, professeur à l'Essec Business School de Paris « *Si l'élite économique ne prend pas ses responsabilités, qui va le faire* ?», www.fnh.ma, le 05/09/2019

3.4. Une nouvelle politique du commerce extérieur : La réduction de la dépendance

La restructuration de l'ordre économique mondial impose une révision du fonctionnement des chaînes de valeur et une réduction de la dépendance.

Avec la mondialisation et la division internationale du travail, chaque pays s'est spécialisé dans le produit ou le service où il est le plus compétitif. Ainsi, chaque pays est devenu dépendant des autres pour ses approvisionnements. La crise sanitaire a en effet remis en question plusieurs schémas et a bousculé les flux commerciaux liés à la mondialisation. Elle a mis en évidence la fragilité des chaînes de valeur mondiales : quand la production s'arrête dans un pays, toute la chaîne est arrêtée. Il est donc nécessaire d'évaluer les menaces actuelles et d'identifier les nouvelles opportunités à saisir à travers le renforcement de l'industrie nationale et la diversification de l'économie, d'où la nécessité de rendre l'économie nationale moins dépendante de la demande étrangère pour les produits stratégiques et développer les propres potentialités internes de la nation (encouragement des PME), afin de mieux se positionner sur l'échiquier international et régional.

Par ailleurs, outre l'encadrement des importations, il y a lieu de développer la production exportable et la promotion sur de nouveaux marchés en Afrique, Asie, Amérique. Pour l'équilibre de la balance des paiements, tout doit être fait pour développer les exportations invisibles : investissements directs étrangers, transferts des RME et encouragement du tourisme étranger. D'où la nécessité de développer les industries de substitution aux importations qui vont réduire notre dépendance vis-à-vis de l'étranger et de rechercher de nouveaux créneaux comme l'industrie numérique, qui est appelée à un grand développement au cours de ce XXIème siècle.

Certes, c'est grâce à la digitalisation des entreprises exportatrices, aux nouvelles technologies de l'information et au commerce électronique que plusieurs opérateurs ont pu survivre, sortir de la crise et maintenir leurs commandes. L'après « Covid-19 » marquera très certainement un nouveau tournant dans le e-commerce au Maroc et dans le monde.

Quant à l'Investissement direct étranger (IDE), il faut saisir les opportunités qui s'ouvrent pour le Maroc suite à la pandémie du coronavirus, dans la mesure où les investisseurs européens peuvent être amenés à délocaliser leurs entreprises d'Asie vers le Maroc, pour des raisons de proximité[248]. Ainsi, avec cette crise mondiale, le Maroc peut-il devenir une alternative pour les entreprises qui chercheront des plateformes plus compétitives et donc attirer des investisseurs plutôt que d'en perdre ?

Tel est le cas des entreprises, plus précisément françaises, qui décideront de se relocaliser dans le cercle de proximité par rapport à leur emplacement en Asie. Certes, la traçabilité des chaînes de valeur n'est pas la même en fonction des secteurs, de la taille des entreprises, de la proximité de marché[249].

Le développement de l'industrie dans notre pays nécessite une certaine protection, qu'on peut obtenir par l'utilisation des clauses de sauvegarde. Le Maroc doit en conséquence revoir sa politique du commerce extérieur, en réévaluant les accords de libre-échange bilatéraux largement déficitaires et défavorables pour notre pays. Selon certains économistes, il n'est pas question d'opter pour un protectionnisme, mais pour un positionnement stratégique de précaution basé sur l'efficacité des mesures prises par le gouvernement (une nouvelle gouvernance s'impose) et les perspectives liées aux politiques de développement (Réformes conjoncturelles et structurelles).

3.5. Le développement d'une grande solidarité et intégration régionale

Il est nécessaire de développer la solidarité et l'intégration régionale notamment africaine via la ZLECAF pour un échange régional consolidé et un développement économique sans concurrence. Ainsi, pour réussir une relance saine et durable, l'accent doit être particulièrement mis sur le « nearshoring » pour renforcer les liens avec les fournisseurs de la même région.

De même, la création d'une Association Africaine des Exportateurs aura pour rôle le suivi et la promotion des exportations africaines à travers le monde et de fédérer les exportateurs africains autour de projets régionaux d'envergures (ZLECAF, Maghreb Arabe...).

Les pays africains doivent travailler davantage les uns avec les autres pour être moins dépendants, tout en veillant à approfondir l'intégration

---

[248] *Maroc : quelle politique économique après la pandémie du coronavirus* ? www.ecoactu.ma, Chronique du 14/05/2020

[249] Lamiae Boumahrou (2020), « *Risque de relocalisation : ce que pense Larbi JAIDI* » (entretien), www.ecoactu.ma, le 19 mai 2020

régionale. La nouvelle zone de libre-échange continentale africaine (ZLECAF), que SA MAJESTE a qualifié « *d'acte majeur de notre volonté commune de construire l'Afrique de demain* », peut servir de tremplin aux Communautés Economiques Régionales d'Afrique pour stimuler l'intégration régionale. Sa mise en œuvre prévue, en janvier 2021, suscite beaucoup d'espoirs (stimulation de la croissance, augmentation de 81% des exportations intracontinentales, création de chaines de valeur afro-africaines, 30 millions de personnes sortiront de l'extrême pauvreté d'ici 2035).

La coopération Sud-Sud, dont le Royaume en a fait une de ses priorités de sa politique étrangère, doit être constamment renforcée et rénovée qu'il s'agisse des dimensions politique, économique, technique ou humanitaire. Pour ce dernier point, le Maroc a démontré encore une fois qu'il ne s'agit pas uniquement d'un vœu pieu mais c'est une réelle volonté qui se traduit par des actes concrets. En effet, Sa Majesté le Roi « a donné ses très hautes instructions pour l'acheminement d'aides médicales à plusieurs pays africains frères. Cette aide vise à fournir du matériel médical préventif, afin d'accompagner les pays africains frères dans leurs efforts de lutte contre la pandémie du « Covid-19 ».

De plus, l'Afrique doit instaurer les bases de la démocratie et de la bonne gouvernance. « La pauvreté et l'instabilité ne sont pas une fatalité à laquelle l'Afrique serait condamnée mais plutôt le résultat de processus » qu'il est possible d'enrayer en consacrant « la démocratie, la bonne gouvernance (...) le règlement des différends par des voies pacifiques et consensuelles, fondées sur le respect des principes de bon voisinage et de fraternité » et l'investissement dans les services sociaux de base. Enfin, n'est-il pas envisageable de mettre en place une commission qui examinera les différentes formes et possibilités d'engagement africain du Maroc pour une Afrique solidaire à l'instar de la Commission spéciale sur le modèle de développement.

Par ailleurs, de grandes opportunités d'investissement en liaison avec le marché européen peuvent émerger du processus de dé-mondialisation des chaînes de valeur et de leur régionalisation.

De plus, l'industrie écologique en particulier présente d'immenses opportunités pour le Maroc qui pourrait devenir une plateforme régionale de fabrication de panneaux solaires, comme c'est le cas déjà pour les éoliennes.

A cela, il faut ajouter que la stratégie originale d'attraction de nos jeunes scientifiques qui se trouvent à l'étranger, serait un élément susceptible de renforcer notre insertion dans ce projet d'économie régionale[250].

III- Une nouvelle logique de développement : Vers une croissance rapide, soutenue et durable

Afin de réaliser ces objectifs, créer les conditions de décollage et mettre l'économie marocaine sur les rails d'un nouveau modèle de développement, il est nécessaire de chercher les moyens pour y parvenir notamment :

-La création de plus de richesse et sa répartition équitable.

Le Maroc doit parvenir à des seuils de croissance régulièrement supérieurs à 6% d'ici 2025 et dépasser l'ancienne croissance modérée (autour de 3% en moyenne) que le Maroc connaissait depuis des décennies. Le socle d'un modèle de développement soutenable doit reposer sur un équilibre entre création de richesse et redistribution des revenus, qui est souvent inéquitable.

Sur le plan macro-économique, les économies qui s'appuient pour une grande part sur les financements extérieurs ont tout intérêt à rééquilibrer leur modèle et s'orienter davantage vers une croissance inclusive[251].

-L'amélioration de la gouvernance

La bonne gouvernance constitue un pilier de la création d'un climat propice à l'emploi et aux affaires. Pour atteindre les objectifs, libérer le potentiel de croissance et surmonter les obstacles liés à la concurrence, l'Etat doit aujourd'hui jouer un triple rôle de régulateur, de stratège et de

---

[250] Mohammed Berrada (2020), « *Il faut injecter massivement des fonds destinés à assurer la survie des entreprises »,* propos recueillis par F.Z.O. Finances News, fnh.ma le 17/05/2020

[251] L'économiste français Thomas Piketty a animé trois conférences à Casablanca et à Rabat axées autour de la thématique des inégalités sociales. Un thème qui fait d'ailleurs l'objet de son ouvrage «Capital et Idéologie». Un ouvrage «*qui casse l'unanimisme autour de l'hypercapitalisme et jette les bases d'un nouveau modèle économique plus égalitaire que nos décideurs gagneraient à s'en inspire Piketty a aussi rencontré des membres de la commission du nouveau modèle de développement. «J'espère vivement que les réflexions engagées aujourd'hui au Maroc sur le modèle de développement débouchent sur des décisions courageuses»*, a-t-il souligné. Mohammed L. (2020), « *Le nouveau modèle de développement vu par l'économiste Thomas Piketty* », www.lebrief.ma, le 27/01/2020

protecteur. Il doit piloter l'activité économique en incitant les entreprises à agir conformément aux objectifs prédéfinis.

L'Etat doit intervenir par le renforcement des compétences et le développement du capital humain, le développement des infrastructures de base, la promotion de la recherche et développement dans les secteurs publics et privés, l'intensification de l'investissement, l'amélioration de la compétitivité à l'international, l'intégration des marchés étrangers et la facilitation des moyens de financement des entreprises.

1. Recommandations du Centre Marocain pour la Gouvernance et le Management

Le Centre Marocain pour la Gouvernance et le Management (CMGM) s'est penché, dans le cadre de sa proposition formulée à l'Exécutif, sur cinq grandes orientations ou axes majeurs susceptibles d'édifier un nouveau modèle de développement : l'édification d'un nouveau mode de pilotage multi -secteur bâti sur la performance et la reddition des comptes, le soutien de l'innovation citoyenne et le support financier et technique aux différentes initiatives privées et startups marocaines, le déploiement de partenariats publics-privés spécifiques aux projets de développement socio-économiques et à travers des instruments de gestion moderne, la promotion des investissements privés et étrangers et le développement des gisements de productivité dans les domaines de l'industrie et des services et la promotion de la responsabilité sociétale des entreprises marocaines à travers l'appui de l'Etat Providence.

2. Recommandations de l'Institut Royal des Etudes Stratégiques

Pour l'Institut Royal des Etudes Stratégiques (IRES), une nouvelle gouvernance est l'une des principales composantes sur lesquelles devrait être fondé le nouveau modèle de développement marocain.

Elle marquerait une rupture avec les pratiques du passé caractérisant le modèle de développement actuel dont les insuffisances sont dues « *au manque de cohérence des politiques publiques et aux dysfonctionnements administratifs, particulièrement dans les secteurs en relation directe avec le citoyen et au niveau préoccupant de la corruption* » ce qui explique que malgré les réformes réalisées par le Maroc, il y'a une *résistance au changement et un mécontentement des jeunes, ce qui engendre une fuite des cerveaux.*

L'Institut souligne que pour la mise en œuvre du modèle de développement souhaité, la nouvelle gouvernance doit s'orienter vers quatre axes, obéissant à deux grands principes :

Le principe de la justice et de l'éthique et le principe de la flexibilité et l'adaptation[252].

Ainsi, les attributions de l'Etat doivent être orientées vers :

-La mise en place des institutions et des lois permettant, l'amélioration de l'environnement des affaires, garantir les impératifs d'un Etat de droit dans le domaine économique en luttant contre toute forme de corruption, de rente et de monopole illicite, d'où la nécessité de la révision du cadre juridique de nombreuses institutions de la gouvernance, du contrôle, de la régulation et de la réévaluation de leur action, leur rendement et leurs méthodes.

-La réduction du déficit budgétaire et la réforme fiscale. Il y a lieu de procéder à une importante réforme fiscale pour une taxation proportionnelle du capital et du revenu. Le régime fiscal alternatif doit être basé sur les principes de la solidarité entre les couches et les classes sociales, de l'équité, de l'égalité, de la motivation et de la transparence. La politique fiscale doit être avantageuse pour les entreprises et pour en faire un moyen fort et efficace dans l'autofinancement des programmes et plans de développement en ce qui concerne les collectivités territoriales ainsi que pour la lutte contre la fraude et l'évasion fiscales outre la mise en œuvre de manière ferme du principe de l'égalité devant les charges publiques. Les dépenses de l'Etat doivent être rationalisées pour éviter tout gaspillage, sans réduire les investissements publics productifs source de création d'emplois. Les systèmes de subvention doivent être révisés pour les rendre conformes aux finalités du ciblage social et la rationalisation du système des dérogations doit obéir aux critères du mérite et de l'intérêt général. Pour ce qui est des finances publiques, il est nécessaire de réviser les statuts de Bank Al Maghrib pour élargir son rôle en tant que vecteur de développement économique et social en plus de son rôle de contrôle de l'inflation.

- l'assainissement de l'administration par la restructuration des administrations en leur introduisant un nouveau sang notamment par le

[252] Rapport publié par l'Institut royal des études stratégiques (IRES) sur l'année 2019/2020 portant sur « *une contribution à la réflexion autour du nouveau modèle de développement au Maroc* » demandé par le roi Mohammed VI le 13 octobre 2017. Les Inspirations Economiques le 02/07/2020

recrutement de jeunes cadres diplômés capables d'introduire de nouvelles idées et de nouvelles dynamiques et par la généralisation de l'informatisation et la motivation des ressources humaines avec la formation, la qualification et le rendement[253].

- L'assainissement de la justice et consécration de la dualité du droit et du devoir à tous les niveaux et articulations de l'espace public.

A cela, il faut ajouter l'élaboration d'une profonde réforme de l'organisation territoriale de l'Etat basée sur la décentralisation et l'autonomie des régions. Les découpages administratifs et les morcellements territoriaux doivent être réalisés selon une approche de développement et non l'approche de contrôle autoritaire.

Ceci permettrait un renforcement de la régionalisation avancée et la lutte contre les inégalités régionales, la restructuration de la répartition des ressources publiques à travers l'intégration du critère des vocations territoriales et la complémentarité entre les collectivités territoriales, ce qui nécessite un renforcement du rôle des élus locaux. Dans ce cadre, l'Institut Royal des Etudes Stratégiques (IRES) précise que le Maroc devrait saisir les opportunités offertes dans le cadre de la régionalisation avancée pour améliorer l'efficacité de l'administration centrale et instaurer les bases d'une gouvernance territorialisée des politiques publiques. *« La nouvelle gouvernance devrait consolider le caractère exemplaire de l'Etat et lui conférer le rôle de visionnaire au service de l'intérêt général à long terme »*[254].

- Une société fondée sur les valeurs du patriotisme, de la citoyenneté et de la généralisation du savoir et de la culture. L'ouverture sur la culture universelle, exploration du monde de la modernité et du savoir par l'utilisation de la raison et de l'analyse scientifique dans l'appréhension de la réalité, d'où la création des conditions propices à la promotion des rôles des intellectuels dans la production des idées et des valeurs, l'échange et le portage de la créativité.

---

[253] *«Il importe de surmonter les obstacles à la réalisation d'une croissance économique élevée et durable, et partant, génératrice de prospérité sociale».* Discours du Roi lors de la fête du trône du 30 juillet 2019

[254] Rapport de l'IRES sur le nouveau modèle de développement au Maroc. Op. Cit.

-La gestion de la pandémie de « Covid-19 »

3. Recommandations du Conseil National des Droits de l'Homme

Le Conseil National des Droits de l'Homme (CNDH) a publié son rapport annuel qui évalue la situation de la pandémie et présente des recommandations concernant le renforcement des droits de l'Homme au Maroc. Amina Bouayach, présidente de cette instance, a souligné que 2020 a été une année "tragique" à tous les niveaux en raison des répercussions socio-économiques de la crise mondiale de « Covid-19 ». Après avoir évoqué les lacunes du système de santé du Royaume, elle a également appelé le gouvernement à faire de l'économie du pays un levier pour le renforcement des droits de l'Homme dans ce contexte de crise sanitaire.

Ainsi, dans le rapport publié en mars 2021, l'Organisation marocaine des droits de l'Homme (OMDH) est revenue sur la gestion du Maroc de la pandémie du nouveau coronavirus. Elle a souligné les efforts déployés par les autorités pour endiguer le virus. Elle a évoqué plusieurs problématiques dont souffre actuellement le Royaume et a présenté une liste de plus de 100 recommandations visant à prévenir et à protéger le pays des crises similaires ou de quelconques catastrophes naturelles ou sanitaires futures, et ce dans le respect des droits de l'Homme.

Aussi, l'OMDH a évoqué dans cette étude les fléaux du mariage des mineurs et de la mendicité des enfants, ainsi que la nécessité de revoir les règles et procédures juridiques liées aux différentes formes et types de manifestations dans le pays (sit-in, rassemblements, protestations…)[255].

Cependant, Amina Bouayach a précisé que malgré les défis de la pandémie, cette dernière a suscité une solidarité et une responsabilité partagée entre les citoyens. D'ailleurs, poursuit-elle, certaines personnalités et plusieurs pays ont été surpris de voir un pays comme le Maroc, aux ressources limitées, réussir jour après jour sa bataille contre le nouveau coronavirus grâce à la contribution de tous ses acteurs sociaux, politiques et économiques.

L'étude de l'OMDH, qui a couvert la période de mars à décembre 2020, a d'abord salué les efforts déployés par les autorités marocaines pour endiguer la pandémie de « Covid-19 ». Les auteurs du rapport ont souligné que la crise sanitaire a été un véritable exercice pour les parties qui sont au front de

[255] Amina Bouayach, présidente du CNDH, lors d'une conférence de presse le jeudi 6 mai 2021. Nora Jaafar (2021), « Rapport de la CNDH : 2020 a été une année tragique à tous les niveaux », Media, le 07/05/2021

la lutte contre le virus (caid, pacha…). Ces dernières sont constamment en contact avec les citoyens, et tentent tant bien que mal, et malgré certaines transgressions, de contrôler la situation. Ils estiment aussi que les marocains ont pour la première fois été confrontés à un véritable test de patriotisme, et ce, en adhérant aux différentes mesures et restrictions imposées pour mettre fin à la pandémie.

L'OMDH indique dans son rapport qu'il est temps de mettre en place une stratégie nationale de prévention et de protection des catastrophes naturelles et des pandémies sanitaires, qui respecte les droits de l'Homme. Elle propose la mise en œuvre du principe de "non-impunité" qui concernera l'ensemble des acteurs du pays, *« de renforcer la culture de la citoyenneté, de diffuser ses valeurs et d'assumer les responsabilités »*.

De plus, l'organisation juge qu'il est impératif de consolider les prérogatives et le pouvoir des agents qui veillent à l'application des lois en termes de gestion des citoyens, en particulier en temps de crises et de catastrophes.

-Mariage et mendicité des enfants

Le mariage des mineurs et la mendicité des enfants sont des fléaux qui persistent au Maroc. L'OMDH condamne ces deux pratiques qu'elle qualifie de crimes à l'encontre des enfants.

Pour pallier ces problématiques, elle recommande d'inclure la mendicité et le mariage des mineurs dans le concept de traite des êtres humains, et appelle à la multiplication des campagnes de sensibilisation sur ces sujets. L'organisation propose de recourir aux médias publics et aux établissements éducatifs et d'enseignement ainsi que de renforcer les actions des autorités compétentes pour lutter contre les réseaux de trafics des individus et de traite des êtres humains[256].

-Révision des lois sur les libertés publiques

Le rapport de l'OMDH aborde également la protection de la société civile et la promotion de la liberté de rassemblement et de manifestation. A cet effet, il suggère qu'une révision des lois portant sur les libertés publiques s'impose, et ce, pour confirmer leur respect des dispositions de la

---

[256] H.L.B. (2021), « *Rapport OMDH : Covid-19, mariage, mendicité des mineurs et libertés publiques* », Media, le 29/03/2021

Constitution du Royaume et leur conformité quant aux règles juridiques et aux procédures démocratiques internationales de dispersion des rassemblements publics et des manifestations.

En outre, l'OMDH estime qu'il faut identifier les différentes formes et types de manifestations (sit-in, rassemblement, manifestation sur la voie publique, trajectoire des manifestations…) pour déterminer les dispositions juridiques à adopter, notamment en termes de *« trafic et de timing »*. Et de préciser qu'il est nécessaire de simplifier les procédures relatives à l'autorisation des rassemblements afin de garantir aux différents acteurs de la société, à savoir les associations, les syndicats, etc., le droit d'exercer leurs libertés publiques.

Enfin, l'OMDH exhorte à la consolidation des mécanismes de médiation et d'intervention institutionnelle et civile proactive, pour mieux encadrer les manifestations et les rassemblements, tout en évitant des escalades de tension, des affrontements violents entre militants et forces de l'ordre et des violations des droits de l'Homme.

-Les lacunes mises à nue par cette conjoncture exceptionnelle

Après avoir évoqué le succès du Maroc en termes de lutte contre le « Covid-19 », le rapport du CNDH a mis en évidence la crise que le secteur de la santé subit depuis plus d'un an ainsi que les problèmes dans la recherche scientifique et l'éducation. Selon la présidente de l'ONDH, *« S'il y a une leçon à tirer du contexte de la Covid-19, c'est bien la nécessité urgente de réformer le système de santé pour construire un système global, libre d'accès et à la portée de tous »*. Elle a insisté sur le besoin de mettre en place *« des institutions éducatives capables d'embrasser les éléments de la suprématie nationale dans la course à l'innovation et à la technologie »*.

En effet, au milieu des réformes institutionnelles et de l'avalanche de déclarations célébrant les *« réalisations sectorielles »* du Royaume, il faut reconnaître que le pays souffre toujours de lacunes importantes dans plusieurs secteurs. Le ministre de la Santé, Khalid Aït Taleb, a lui-même affirmé que le Maroc souffre d'un manque en personnel soignant, notamment de 32.000 médecins et de 65.000 infirmiers, d'où les manifestations de certains professionnels de ce secteur protestant contre le manque de ressources humaines, l'absence de conditions appropriées pour exercer leurs fonctions et condamner les atteintes portées à leurs droits et dignités.

-Une crise socio-économique sans précédent

Par ailleurs, le CNDH a reconnu que le Maroc a lancé plusieurs projets socio-économiques visant à s'attaquer à ces problèmes, reflétant une nouvelle vision du pays au moment de la pandémie. Cependant, le rapport a également dénoncé que la situation des droits de l'Homme dans le pays a été « affectée par de multiples impacts négatifs » et décisions gouvernementales unilatérales. Le document explique que les autorités publiques ont été confrontées à des difficultés pour faire face aux divers problèmes induits par la crise sanitaire, adoptant parfois des solutions qui ne sont pas conformes aux lois ou aux recommandations institutionnelles communes. *« La situation a mis en lumière les grandes contraintes du Maroc en termes de prestation de services de santé face à la crise et de respect des droits et des libertés dans le cadre des mesures exceptionnelles qui ont accompagné l'état d'urgence sanitaire »*, précise le rapport.

L'état d'urgence sanitaire, décrété depuis mars 2020 pour limiter la propagation du virus, a poussé l'exécutif à mettre en place diverses mesures drastiques qui ont frappé de plein fouet l'économie tout en entraînant une augmentation de la pauvreté et des problèmes sociaux. Ainsi, des milliers de personnes ont perdu leur emploi ou ont vu leurs activités suspendues en raison du confinement ou encore du couvre-feu nocturne. Les nouvelles données du Haut- Commissariat au Plan (HCP) ont d'ailleurs indiqué, que le taux de chômage est passé de 10,5% à 12,5% entre le premier trimestre de 2020 et celui de 2021, touchant aussi bien les zones rurales qu'urbaines.

Enfin, pour le CNDH, une économie forte ne se limite pas seulement à la croissance annuelle du Produit intérieur brut (PIB), mais prend également en compte la contribution de l'économie à réduire l'écart entre les classes sociales et à lutter contre les disparités. *« La force d'une économie durable se mesure à sa capacité à financer les droits sociaux et économiques afin d'autonomiser les catégories défavorisées et de les intégrer dans le cycle économique pour pouvoir faire face à tous les phénomènes qui pourraient menacer les équilibres »*, souligne le rapport. De par les 223 pages de son étude, le CNDH a affirmé que la crise de « Covid-19 » a révélé l'ampleur des déséquilibres et des inégalités dont souffre l'économie nationale. Et de conclure que consolider la capacité de l'économie à financer l'amélioration des droits économiques et sociaux des citoyens à faibles revenus jouera un rôle indéniable dans le renforcement des droits de l'Homme et des libertés individuelles dans le pays.

4. Recommandations du Haut-Commissariat au Plan, du Système des Nations Unies et de la Banque Mondiale

Par ailleurs, dans le cadre de la nouvelle logique de développement socio-économique visant une croissance rapide, soutenue et durable de l'économie marocaine, le Haut-commissariat au Plan, le Système des Nations Unies au Maroc et la Banque mondiale ont développé conjointement une « Note Stratégique » pour approfondir la compréhension de l'impact socio-économique de la pandémie du « Covid-19 » au Maroc et ont donné des recommandations pour un nouveau modèle de développement au Maroc. Ces recommandations, qui sont formulées afin d'apporter une réponse intégrée et efficace face aux répercussions économiques et sociales de la crise, portent principalement sur :

- l'élaboration d'un nouveau modèle d'équilibre économique et de développement durable, aligné avec la réalisation des ODD (Objectifs mondiaux de développement durable) et appuyé par un suivi des indicateurs déjà disponibles.

-L'innovation dans la collecte et l'analyse des données contextualisées afin de ne laisser personne pour compte.

-Voir la crise comme une opportunité de renforcer la régionalisation avancée et valoriser le rôle de la société civile.

-Accorder une attention particulière à l'évolution de la pauvreté multidimensionnelle et à la planification d'une réponse inclusive.

-Investir dans la continuité des services publics de santé, d'éducation et d'administration durant et après la crise.

-l'importance pour les politiques économiques nationales de préserver l'emploi et de promouvoir l'inclusion dans les programmes nationaux d'insertion socioéconomique, notamment des plus vulnérables, y compris des réfugiés, des demandeurs d'asile et des migrants.

- les mesures macroéconomiques et les collaborations multilatérales doivent être mises en avant vu que la crise actuelle est transnationale. Ainsi, « les politiques-pays fondées sur le chacun-pour-soi entraineraient un effet sous-optimal, voire négatif ».

En conclusion, la note stratégique a salué les efforts consentis par le royaume à l'échelle continentale pour lutter contre le « Covid-19 ». Elle soutient que le Maroc est un modèle à suivre, *« un exemple de réponse rapide et efficace contre la pandémie dont certains éléments pourraient être adaptés aux différents contextes des pays africains »*[257].

Le HCP, le SNUD et la BM estiment qu'une coopération Sud-Sud, une solidarité régionale et un échange de bonnes pratiques sanitaires, sécuritaires et logistiques permettraient *« de limiter la propagation de la crise sur le continent et renforcer la pertinence régionale du modèle marocain empreint de rigueur, d'innovation et d'expérimentation de nouvelles approches »*[258].

5. Recommandations de la Commission spéciale pour le Nouveau Modèle de Développement (CSMD)

La Commission spéciale pour le Nouveau Modèle de Développement (CSMD) a présenté le mardi 25 mai un nouveau plan économique et social couvrant les 15 prochaines années. Le président de cette Commission, Chakib Benmoussa, a conclu ainsi un processus consultatif qui a duré plus d'une année en présentant ce rapport au roi Mohammed VI. Il a souligné que le document est le fruit de 881 heures d'interaction directe et de 430 heures de travail en interne dans le cadre de ce que la CSMD appelle "la mobilisation de l'intelligence collective"[259].

Le rapport de la Commission donnera lieu à un pacte National pour le développement. Il appelle à la mobilisation de toutes les potentialités du pays en mettant « l'humain » au cœur des priorités des politiques publiques[260]. Ce dernier favorise l'émancipation des femmes, la

---

257 « C'est un festival de comparaisons auquel on assiste depuis un certain temps, sur les réseaux sociaux, mais aussi dans les médias français : Le Maroc a été particulièrement proactif dans la gestion de la crise du Covid-19, tandis que la France, 6ème puissance mondiale, s'est enlisé par des décisions tardives, incohérentes, mais surtout dans son incapacité à fournir à la population les moyens pour sa défense », Christophe Archambault (2020), « *En France, « l'exemple marocain érigé en modèle pour canarder Macron* », Le Canard Enchaîné, le 15/04/2020

258 H.L.B (2020)., « *Impact socio-économique de la Covid-19 : la note stratégique du HCP, du SNUD et de la BM* », Lebrief.ma, le 18/08/2020

259 Le rapport sur le nouveau modèle de développement a été présenté le mardi 25 mai 2021 par le président de la Commission spéciale sur le modèle de développement (CSMD) Chakib Benmoussa à Sa Majesté le Roi Mohammed VI. Commission sur le modèle de développement (2021) « *Les principaux points du rapport de la Commission sur le modèle de* développement *(CSMD)* », Média 24, le 26/05/2021

260 Nora Jaafar (2021), « *L'humain au cœur du nouveau modèle de développement marocain »,* Media le 27/05/2021

consolidation de l'offre du secteur de la santé, la mise en place de programmes sociaux de grande envergure ainsi qu'une forte augmentation des dépenses publiques.

L'élaboration de ce rapport et les différents points sur lequel il repose sont le résultat d'étapes successives suivies par la Commission et donc de la méthode de travail de l'entité consultative, créée sous l'impulsion du Roi Mohammed VI. Ainsi, la Commission a d'abord procédé par un diagnostic sur le modèle de développement en vigueur. De plus, elle s'est engagée dans une démarche participative à travers des concertations et des entretiens avec la population dans différentes régions du pays. Enfin, la Commission s'est lancée vers l'analyse des différents points qui peuvent constituer les piliers du Nouveau Modèle de Développement et donc des recommandations dans l'avenir.

5.1. Le diagnostic sur le modèle de développement en vigueur

La Commission sur le Nouveau Modèle de Développement doit d'abord procéder par un diagnostic sur le modèle de développement en vigueur afin de connaître les acquis et les faiblesses, d'analyser les causes de son essoufflement et de chercher les marges potentielles de son amélioration. Durant cette première étape, la commission a relevé quatre causes à l'origine des défaillances du modèle de développement actuel :

-Le manque de cohérence verticale entre la vision de développement et les politiques publiques annoncées et la faible convergence horizontale entre ces politiques.

-La lenteur de la transformation structurelle de l'économie affectée par les coûts élevés des facteurs de production et freinée par la faible ouverture sur de nouveaux acteurs innovants et compétitifs.

-Les capacités limitées du secteur public à concevoir et à mettre en œuvre des services publics accessibles et de qualité dans les domaines essentiels à la vie quotidienne et au bien-être des citoyens.

-Un sentiment d'insécurité judiciaire et d'imprévisibilité qui limite les initiatives en raison d'une justice qui pâtit d'un manque de confiance.

Ainsi, changer de modèle de développement en vigueur impliquerait une modification des habitudes dans nombre de domaines et des ruptures afin de redémarrer la machine de la croissance économique. Seulement, ceci ne se limite pas au bouleversement du modèle de croissance. Les aspects sociopolitiques ainsi que l'élément culturel constituent également des piliers de l'émergence d'un nouveau modèle de développement.

5.2. Les consultations et les concertations avec les citoyens

Les consultations ont concerné les partis politiques, les syndicats, les fédérations et les chambres professionnelles, les institutions constitutionnelles, régionales et locales, les ONG, les experts nationaux et internationaux, mais aussi les citoyens à travers des séances d'écoute ou des contributions libres[261].

Le principe retenu par la Commission à travers la démarche participative est double :

D'abord, les différentes consultations des citoyens issus des différentes régions du Royaume peuvent alimenter les travaux de la Commission par la connaissance des principales attentes des citoyens et renforcer les recommandations finales qui seront contenues dans le rapport de l'entité consultative et qui porteront sur des questions prioritaires et urgentes[262].

D'ailleurs, lors de son allocution sur la démarche participative, le président de la Commission a affirmé : « *L'objectif de notre travail est de déterminer les urgences et de faire des propositions. Nous n'avons ni les capacités, ni le temps de tout faire. Nous ne pouvons identifier tous les maux dont le Maroc souffre et d'y apporter des solutions* ».

D'autre part, la démarche participative confortera l'opinion des différentes personnes aux conclusions de la Commission.

Ainsi, l'un des premiers constats dégagé par la Commission suite aux consultations auprès d'un grand nombre de la population est que le développement économique est loin de faire l'unanimité. Les marocains se plaignent de l'enseignement, de l'emploi et de la couverture sociale et réclament l'épanouissement des jeunes, le respect et l'égalité des genres, la valorisation de l'esprit d'initiative dans l'entreprise, une équité et une égalité des chances comme base du développement, la lutte contre le système de la rente, la corruption, les conflits d'intérêt, la bureaucratie, l'instauration d'un

---

[261] Nora Jaafar (2021), « *L'humain au cœur du nouveau modèle de développement marocain* », Media le 27/05/2021

[262] M.D. (2020), « *Nouveau modèle de développement : La Commission Bensmoussa fait le point sur les consultations* », Finances News, le 08/02/ 2020

système où la compétence et le mérite seraient en concurrence loyale. Les marocains se plaignent aussi des complications et barrières administratives, de l'environnement des affaires jugé inéquitable et du favoritisme.

De plus, d'autres sujets ont été soulevés lors des consultations effectuées auprès des citoyens notamment ceux liés aux libertés individuelles, la redéfinition de la relation entre le citoyen et l'administration et entre cette dernière et les entreprises ainsi que la question de l'accès difficile des TPME au financement.

De ce fait, les consultations effectuées par les membres de la Commission auprès des différentes couches sociales ont révélé l'urgence de lutter contre certains maux qui rongent la société marocaine et qui constituent un facteur de blocage au développement. La Commission conclut que les principales revendications des marocains sont divisées en trois axes : la justice sociale et territoriale, les libertés publiques et la participation politique.

Elle ajoute que la société marocaine connaît une sorte de « dualité ou de polarisation »[263].

5.3. Les recommandations et les choix stratégiques de la Commission

Le président de la Commission pour le Nouveau Modèle de Développement a détaillé le nouveau modèle de développement lors d'une conférence de presse au cours de laquelle il a exposé les piliers fondamentaux sur lesquels reposera la planification du pays pour l'avenir. Selon lui, le défi de taille à concrétiser est d'atteindre *« la moitié supérieure*

[263] La Commission Spéciale sur le Modèle de Développement (CSMD) a tenu le mardi 14 juillet 2020 une conférence de presse par visioconférence afin de présenter l'état d'avancement de ses travaux. Rappelons que la Commission dont les membres ont été désignés par le Souverain, et qui a entamé ses travaux le 16 décembre 2019, a jusqu'au mois de juin 2020 pour rendre son livrable afférent au nouveau modèle de développement. A cette occasion, M. Chakib Benmoussa, président de la CSMD, a mené les discussions, auxquelles ont pris part plusieurs personnalités. A moins de six mois de la fin de l'échéance de ces travaux, prolongation du délai oblige, M. Benmoussa a tout d'abord rappelé que la suspension des réunions présentielles n'a pas empêché les travaux de la commission de continuer, grâce notamment aux rencontres virtuelles, qui ont permis de mener quelque 180 séances d'écoute qui ont donné la parole à 1200 personnes. De plus, l'ajout de mécanismes de concertation élargie a permis de recueillir près de 6200 contributions. S.B. (2021), « *La Commission Spéciale sur le Modèle de Développement fait un bilan d'étape »,* La Nouvelle Tribune, le 19/03/2021

des différents classements mondiaux des Nations d'ici 2035, voire dans le tiers supérieur dans certains domaines ». Le NMD est une vision d'avenir pour le Maroc à l'horizon 2035.

Sur la base de cette doctrine, la Commission recommande des choix stratégiques et des paris d'avenir pour enclencher une nouvelle dynamique de création de valeur, qui soit structurellement inclusive de tous les citoyens et de tous les territoires et qui mobilise durablement le potentiel du pays et permet de saisir les opportunités qui lui sont offertes. Certains de ces choix sont en consolidation de l'existant ou en accélération de réformes en cours, et d'autres sont en rupture, du moins de méthode, sinon de cap, et exigeront des changements profonds de mentalité et d'approche. Les 4 axes stratégiques constituant les vecteurs stratégiques de développement : Il s'agit de l'économie, de l'agriculture, du tourisme, et de l'éducation/santé[264].

Ces chantiers ne sauraient être complets sans une bonne gouvernance et la moralisation de la vie publique, la nécessité de rétablir la confiance entre les gouvernants et le peuple ainsi que la lutte contre les inégalités sociales et l'intégration de toutes les couches sociales dans cette dynamique de développement, notamment l'intégration de la femme et l'équité genre. Certes, la mise en œuvre du nouveau modèle nécessite un pilotage en mesure de créer les conditions d'appropriation par toutes les parties prenantes et d'assurer un suivi des réalisations.

5.3.1. Croissance économique et développement

La transformation de l'économie exige notamment de libérer l'initiative privée et l'entrepreneuriat, d'améliorer la compétitivité du tissu productif, d'orienter l'investissement du secteur privé, grands groupes et PME, vers les secteurs porteurs et d'avenir et vers la montée en gamme des systèmes productifs et de valoriser l'économie sociale.

Le rapport de la Commission souligne que le Maroc a longtemps souffert de *« l'absence d'une vision stratégique globale et longtermiste ».* Il déplore que les réformes aient été mises en œuvre de manière isolée, sans repères importants et avec des acteurs incertains de leurs rôles et responsabilités. Cependant, pour remédier à ces problèmes, le gouvernement a su élaborer des plans ambitieux pour assurer la pérennité du pays à plusieurs niveaux. Il

---

264 Commission sur le modèle de développement (2021), « *Les principaux points du rapport de la Commission sur le modèle de développement (CSMD)* », Média 24 le 26/05/2021

ressort du rapport de la CSMD, qu'après deux ans de consultations avec différentes couches de la société, les marocains ont exprimé *« un fort désir d'autonomisation »*. Et de préciser que les soins de santé, l'éducation, le transport ainsi que les loisirs et la culture constituent les principales préoccupations des décideurs politiques du Royaume.

Afin de relever ces défis et de répondre aux attentes des citoyens, le nouveau modèle de développement prévoit une augmentation des dépenses publiques de plus de 4% du produit intérieur brut (PIB) jusqu'en 2025. Au cours des cinq années suivantes (de 2025 à 2030), l'augmentation sera de 10% du PIB national. Il mise par la suite sur la croissance du secteur privé pour financer la poursuite du développement du pays. Cette hausse des dépenses publiques correspond aux recommandations des Nations Unies. Et afin de financer ces dépenses, le rapport préconise de supprimer les exonérations fiscales injustifiées et de mettre en œuvre une politique fiscale plus efficace pour garantir une imposition équitable.

Cela permettrait de transformer les contribuables en clients d'un gouvernement qui *« retrouve sa vocation première, celle d'être au service du citoyen »*.

Enfin, pour Fouad Laroui, c'est désormais autour des citoyens de s'en emparer de ce nouveau rapport, *« de le lire et d'adhérer au Pacte national pour le développement qui en forme le socle »*. *« Comme il ne s'agit pas d'un programme de gouvernement, mais d'une philosophie générale qui appelle le consensus, ça marchera si tout le monde y croit et se met à la tâche »*, insiste l'écrivain[265].

Stratégie de développement de l'économie verte

Le nouveau modèle de développement préconise la mise en place d'une stratégie nationale favorisant le recours à l'économie verte, l'économie du futur, qui privilégie *« la logique d'une économie circulaire »* adaptée aux spécificités et aux potentialités de chaque région du pays. Aussi, le rapport estime qu'il faut anticiper les besoins futurs du pays en compétences qui contribueront au développement de son industrie verte, notamment dans les domaines des énergies solaires, éoliennes, d'assainissement liquide et de gestion des déchets.

---

[265] Nora Jaafar (2021), *« L'humain au cœur du nouveau modèle de développement marocain »*, Media le 27/05/2021

La CMSD propose ainsi l'élaboration de programmes de formation pour les métiers verts et à promouvoir les initiatives de recherche-développement-innovation dans ce domaine[266].

Stratégie de développement de l'économie bleue

La CSMD appelle à une forte mobilisation au profit de l'économie bleue afin de consolider le capital maritime immatériel conséquent du pays. Le nouveau modèle de développement explique que cette mobilisation doit bénéficier aux secteurs économiques traditionnels, tels que la pêche, le tourisme et les activités portuaires, comme aux nouveaux secteurs à fort potentiel, à savoir l'aquaculture, l'algoculture et la construction navale ou encore les énergies marines renouvelables.

5.3.2. Le développement de l'agriculture, la gestion de l'eau et des ressources naturelles

Dans l'agriculture, la crise sanitaire actuelle a mis en exergue les enjeux de la souveraineté alimentaire et du développement d'une agriculture moderne, à forte valeur ajoutée, inclusive et responsable.

Le rapport de la Commission pour le Nouveau Modèle de Développement s'attarde sur l'importance du développement de l'agriculture. Il soutient qu'il est essentiel de prendre en considération les contraintes de durabilité de ce secteur, et de porter ce dernier vers des cultures résilientes aux changements climatiques et génératrices de forte valeur ajoutée. Les problèmes structurels de l'agriculture marocaine nécessitent, selon la CSMD, des solutions efficaces et durables, *« notamment l'optimisation des ressources hydriques et la rationalisation de la consommation énergétique agricole ».*

La gestion de l'eau et de sa rareté ainsi que la préservation et la consolidation de la gouvernance des ressources naturelles ont été évoquées dans le rapport de la Commission spéciale sur le modèle de développement (CSMD). Ce sont des questions clés pour le Maroc. Il s'agit d'assurer la

---

[266] A titre d'exemple, la Commission suggère que l'industrie du cannabis et du chanvre, qui fait l'objet actuellement d'un processus législatif de légalisation à des fins thérapeutiques et industrielles, pourrait s'inscrire dans le cadre de cette économie verte. Elle propose *«de clarifier le cadre légal de cette culture et de développer un écosystème d'accompagnement à même de la valoriser dans un cadre contrôlé».*

disponibilité de cette ressource vitale pour les générations actuelles et futures.

Le rapport de la CSMD propose ainsi une liste de solutions et de recommandations pour optimiser la valorisation des différentes ressources du pays et pour renforcer leur résilience au changement climatique.

La Commission propose dans ce sens de réformer l'organisation de ce secteur et de consolider *« la transparence sur les coûts de la ressource à chaque étape de sa mobilisation »*. Elle préconise d'adopter une tarification qui valorise réellement cette ressource, de rationaliser son utilisation, de gérer sa rareté et de créer une Agence nationale de gestion de l'Eau (ANGE). Cette dernière aura pour mission de *« converger les politiques publiques et sectorielles avec une déclinaison régionale par bassin hydraulique »*.

La Commission souligne aussi qu'il est impératif de renforcer une meilleure gouvernance des ressources naturelles tout en veillant au respect de la Stratégie nationale de développement durable (SNDD) et en appliquant les mécanismes d'évaluation des impacts environnementaux des programmes d'investissement.

5.3.3. Le développement du secteur du tourisme

Pour ce qui est du tourisme, un nouveau souffle du secteur pourra être apporté par la valorisation de tous les atouts des territoires, autant pour dynamiser le tourisme intérieur que pour attirer de nouveaux segments de la demande mondiale. Certes, le rapport de la Commission insiste sur le développement des infrastructures touristiques, l'encouragement des agences de tourisme en les orientant vers la publicité et le lancement notamment en ligne des sites touristiques afin d'attirer les touristes étrangers sans oublier de créer aussi une offre conforme aux désirs et aux loisirs des touristes nationaux.

5.3.4. L'investissement dans les ressources humaines (santé/éducation) et l'intégration de la femme dans le développement

Le nouveau modèle de développement est principalement axé sur l'humain. La Commission a mis l'accent sur un climat des affaires, en recommandant l'investissement de l'Etat dans les ressources humaines dans les secteurs de l'enseignement et de la santé publique exigeant la qualité de l'enseignement et la couverture médicale à tous les marocains.

Ainsi, la Commission préconise de renforcer l'offre des services publics sur l'ensemble des territoires et d'en assurer l'accès équitable, aux côtés d'un secteur privé, partenaire responsable et éthique, de mettre l'accent sur la qualité des services, telle que mesurée par les acquis des élèves, par le niveau de compétence des étudiants et leur employabilité et par une offre de soins qui rende effective la généralisation de la couverture santé.

Le nouveau plan de développement du Maroc vise à développer les soins de santé, soulignant que 38% des marocains n'ont *« aucune couverture médicale »*, ce qui conduit les ménages à payer des frais médicaux très élevés.

Dans une déclaration à la *MAP*, l'écrivain Fouad Laroui, membre de la CSMD, a d'ailleurs souligné qu'il s'agit de *« développer notre capital humain, d'abord par l'éducation et la santé, mais aussi par la culture »*.

Ainsi, le rapport appelle à la mise en place de programmes à grande échelle qui visent à bénéficier et à autonomiser les personnes vulnérables de la société marocaine et à promouvoir le développement durable au Maroc[267].

La CSMD recommande aussi un renforcement du personnel soignant sur l'ensemble du territoire afin d'atteindre 4,5 professionnels pour chaque 1.000 habitants en 2035, contre deux pour chaque 1.000 habitants actuellement. Ainsi, la réalisation de cet objectif repose sur la formation de 3.600 médecins et de 7.100 infirmiers annuellement, et ce, en augmentant les capacités des Centres hospitaliers universitaires (CHU) et des facultés (publiques et privées) et en assurant que toutes les régions disposent de centres de formation médicale (CHU ou Facultés).

La CSMD a également accordé une attention particulière à la pauvreté et aux inégalités endémiques au Maroc, décrivant la protection sociale comme étant *« encore à ses débuts »*. Le coût des soins de santé privés et de l'éducation est un fardeau pour la classe moyenne, tandis que la faible mobilité sociale et le manque d'inclusion constituent des obstacles pour les tranches les plus pauvres de la société.

---

[267] Nora Jaafar (2021), *« L'humain au cœur du nouveau modèle de développement marocain »*, Media le 27/05/2021

L'émancipation de la femme marocaine et la lutte contre les inégalités sociales

Le rapport indique que d'ici 2030, il faut investir davantage dans ce vecteur d'autonomisation (économique, social, culturel). Certes, le rapport souligne que la position des Marocaines *« reste très faible, avec deux tiers des élèves filles ne maîtrisant pas la lecture à la fin de l'école primaire et un taux d'abandon scolaire qui reste très élevé »*.

Le président de la CSMD a dans ce sens souligné l'importance de l'autonomisation des femmes marocaines en augmentant à 45% leur taux de participation à la main-d'œuvre ainsi qu'à l'éducation fondamentale et supérieure.

Il préconise également que l'Etat donne l'exemple en instaurant des mesures pour promouvoir la politique "genre" au sein de la fonction publique et qui encouragent les femmes à pourvoir des postes de responsabilité, notamment au sein d'instances dirigeantes dans les secteurs privés et publics.

La CSMD estime aussi qu'il faut instaurer une loi sur la parité des salaires, tout en incitant les entreprises à appliquer des procédures de ressources humaines favorables à l'évolution professionnelle des femmes. Elle insiste aussi sur l'encouragement de l'entrepreneuriat féminin, tant social que de proximité. Elle précise enfin qu'il est temps de s'appuyer une nouvelle fois sur l'Ijtihad dans l'Islam pour faire évoluer le débat sur certaines questions sociétales, comme le Ta'ssib dans l'héritage, l'avortement, le statut social des mères célibataires et la tutelle juridique des enfants.

Il résulte de tout ce qui précède que les recommandations émanant de la Commission pour le Nouveau Modèle de Développement ainsi que l'ensemble de ces chantiers proposés nécessitent une nouvelle gouvernance basée sur une nouvelle doctrine organisationnelle.

La gouvernance : Une nouvelle doctrine organisationnelle et le principe d'équilibre entre un Etat fort et une société forte

La Commission prône sur une nouvelle doctrine organisationnelle : celle de « la complémentarité entre un Etat fort et une société forte ». Ce principe d'équilibre entre un Etat fort et une société forte a des implications sur la place et le rôle des principaux acteurs : acteurs publics, privés ou tiers secteur. Il s'agit de créer un équilibre créatif entre les politiques nationales portées par l'Etat dans la durée et la dynamique régionale et locale offrant une plus grande marge d'action, d'expérimentation et d'innovation. Ce principe renforce la légitimité de ces acteurs et consacre leur représentativité. Il les responsabilise dans la mise en œuvre du nouveau modèle et favorise la synergie et la complémentarité entre les différentes parties prenantes. Il élargit leur champ d'intervention et de contribution à la création de richesses matérielle et immatérielle. Les éléments constitutifs de ce cadre sont : une justice renforcée, des lois claires, des règles transparentes et applicables à tous, la redevabilité des acteurs à travers l'évaluation régulière de leurs actions, et un respect strict des valeurs d'éthique et de moralité.

Pour la réalisation et l'exécution de l'ensemble des projets proposés par la Commission chargée de l'élaboration du Nouveau Modèle de Développement, le financement de ce modèle requiert la mobilisation de ressources financières conséquentes pour son amorçage et sa mise en œuvre et appelle à une stratégie de financement volontariste, abordant ces dépenses additionnelles comme des investissements en vue de créer une dynamique vertueuse inclusive garantissant la soutenabilité[268]. La stratégie de financement du NMD prend appui sur des leviers structurants, faisant appel au financement public et privé, qui visent à amorcer les grands chantiers et qui devront être actionnés de manière concomitante : politique budgétaire, politique monétaire, politique fiscale…

Dans ce sens, deux outils sont proposés par la Commission :

- Le premier est un Pacte national pour le développement qui scellerait des forces vives du pays autour d'un cap et d'un référentiel partagés par tous. Ce pacte pourrait être adopté de manière solennelle par les acteurs concernés et constituerait un engagement moral et politique fort devant le Roi et la nation tout entière.

- Le second outil est un mécanisme, sous l'autorité du Roi, dédié au suivi du NMD, à l'impulsion des chantiers stratégiques et à l'appui à la conduite du changement. Il aura comme missions de faire connaître le Nouveau Modèle de développement et en assurer la diffusion la plus large, et de veiller à la cohérence des stratégies et des réformes proposées pour la mise en œuvre du NMD avec le référentiel et le Pacte national pour le développement en amont de leur adoption par les autorités compétentes, au moyen de formulation d'avis et de recommandations[269].

---

[268] AyoubBouazzaoui (2021), « *Quel financement du nouveau modèle du développement ?* » 26/05/2021

[269] Commission sur le modèle de développement (2021), « Les principaux points du rapport de la Commission sur le modèle de développement (CSMD) », Médias 24 le 26/05/2021

Conclusion

La pandémie du « Covid-19 » aura constitué un tournant inédit dans l'histoire de l'Humanité et restera, de ce fait, dans les annales des pandémies qui ont ravagé le monde. Plusieurs observateurs pensent que cette situation inédite mènera vers une vague de récession mondiale qui touchera toutes les économies.

Par son ampleur, ses effets dévastateurs et ses conséquences incalculables tant sur les plans humain, social et politique que sur le plan économique, cette pandémie a révélé la fragilité des économies et a mis en évidence l'incapacité de la plupart des Etats et de la communauté internationale à juguler ce fléau et se trouvent devant l'obligation morale et juridique d'assurer une protection à leurs populations et de sacrifier l'économie pour épargner les vies humaines.

Tout laisse indiquer que cette épreuve ne manquera pas de préfigurer de profondes mutations tant sur le plan économique que sur le plan politique et social et pourrait se traduire par une redéfinition des priorités, tant au niveau national qu'international. Certes, cette crise a engendré des opportunités et des effets. Elle a remis en cause la mondialisation, le libéralisme et le modèle néolibéral fondé sur l'obsession de la croissance, la gouvernance mondiale du fait de l'effacement relatif des organisations internationales de régulation, l'économie de marché (l'économie doit être au service de l'homme et non l'homme au service de l'économie) et la réhabilitation de l'Etat national avec le retour en force de l'Etat protecteur prenant en considération de nouvelles priorités des politiques publiques et des modèles de développement.

Au Maroc, l'épidémie de « Covid-19 » a plongé le pays dans une grande crise et a révélé la fragilité et les défaillances du système économique et social marocain. Tous les indicateurs économiques sont en baisse. La suspension des frontières maritimes et aériennes, entreprises en arrêt d'activité, sécheresse... des signes qui prédisent la faillite du système économique. De plus, les principaux partenaires du Maroc (France, Espagne, Italie, la Chine...) sont fortement impactés, ce qui rend la relance de l'économie nationale encore plus compliquée.

Cependant, malgré les atouts du Maroc, l'après « Covid-19 » pourrait constituer une réelle opportunité pour, d'une part revoir son modèle de développement et ses priorités et, d'autre part, pour se repositionner, à l'échelle régionale et mondiale. Le Maroc ne pourrait relever ses multiples défis d'ordre social, financier et économique sans l'établissement d'une feuille de route politico-stratégique qui mettra à plats les différents facteurs de développement durable et d'inclusion sociale. De ce fait, le nouveau modèle de développement doit être basé sur de nouvelles stratégies.

Ainsi, avec cette pandémie, j'ai pu tirer divers enseignements tant au niveau mondial que national. Il est maintenant clair qu'une économie ne peut être séparée de la société, qu'elle est socialement ancrée.

La notion selon laquelle l'économie peut être analysée indépendamment des processus de santé publique, politiques ou sociaux est fondamentalement erronée. De plus, ce changement du contexte global a remis en question tous les modèles de développement à travers le monde basés sur des dogmes idéologiques, des politiques publiques ultralibérales incapables de répondre aux besoins des populations en ces temps de crise. L'individualisme et l'avidité effrénée n'ont pas lieu d'être alors que l'intérêt général est si gravement menacé.

Au Maroc, la politique publique en réponse à la pandémie fut rassurante. L'Etat a fait appel aux acteurs privés pour les encourager à fournir plus d'effort tant sur le plan économique que sur le plan social : éviter des actions qui pourraient avoir des effets néfastes sur la santé publique ou les résultats économiques, comme le licenciement des travailleurs. D'ailleurs, on pourrait remarquer que face à cette pandémie, le Maroc a donné l'exemple par rapport autres pays, même ceux les plus avancés qui ont été pris de court et sont aujourd'hui face à l'urgence de réinventer une nouvelle doctrine économique[269].

---

[269] -Le 25 janvier 2021 restera une date sombre dans l'histoire de l'Institut Pasteur…Dans la bataille mondiale contre le coronavirus où l'enjeu patriotique croise les intérêts industriels et financiers, l'échec de Pasteur sonnait comme un camouflet national. Que s'est-il passé ? Officiellement, les résultats des premiers tests étaient insuffisants. Devancé par ses rivaux américains, russes, chinois et britanniques, Pasteur ne voulait pas en dire plus. Emilie Lanez (2021), « Covid-19 », Vaccin Pasteur, Histoire secrète d'un fiasco », PARIS MATCH du 25 février au 3 mars 2021

-Olivier Raye et Claire Gatinois (2021),« *Macron veut penser le Covid sur le temps long* »« L'exécutif cherche un plan pour vivre avec le Covid », Le Monde du 26/02/2021

Le Maroc a déjà lancé de larges consultations qui ont impliqué toute sa classe politique, ses institutions démocratiques, ses acteurs économiques, et son tissu associatif. De ce fait, si on veut que le Maroc de demain soit à l'image de la grande mobilisation actuelle, il est nécessaire pour la classe politique marocaine de revoir ses priorités et la hiérarchie des valeurs qu'elle doit promouvoir et défendre et d'engager les forces vives de la société à une participation collective pour le bien-être futur du pays.

Il est évident qu'en appliquant des mesures ciblées et des réformes drastiques visant à pallier aux manquements chroniques dans les différents secteurs, à promouvoir le rôle du capital humain, de l'éducation, du partenariat public-privé, la bonne gouvernance, la participation de tous les acteurs économiques et sociaux au développement, limiter la dépendance extérieure, nécessité de l'intégration régionale…,on pourrait largement optimiser la production économique marocaine et rendre le tissu économique plus homogène, compétitif, et moins dépendant des perturbations des marchés extérieurs. Ainsi, le Maroc pourrait non seulement dépasser la crise, mais lancer l'économie vers un modèle de croissance soutenu et durable à l'image des trente glorieuses années qu'a connue l'Europe après la deuxième guerre mondiale.

Références bibliographiques

-Académie française (2020), « Le « Covid » ou la « Covid » ? L'Académie française tranche pour le féminin », www.bfmtv.com, le 12/05/2020

-Académie Hassan II des Sciences et Techniques « Pour une relance de la recherche scientifique et technique au service du développement économique ». www.academie.hassan2.sciences.ma, mars 2009

-Archambault Christophe(2020), « En France, « l'exemple marocain érigé en modèle pour canarder Macron », Le Canard enchaîné, le 15/04/2020

-ASMEX (2020), « Impacts du Covid-19 sur le commerce international » le 19/05/2020, www.ecoactu.ma

-Assemblées Annuelles FMI-BM « Benchaaboun présente le plan de relance économique du Maroc », 14/10/2020, Economie et Finance

-Atfi Salaheddine (2020), « HCP : L'activité économique en baisse de 5,5% au 4ème trimestre », les info.ma, le 06/10/2020

-Atfi Salaheddine (2020), « E-commerce : signature de conventions pour relancer le secteur de l'artisanat », les info.ma, www.lesinfo.ma, le 04/09/2020

-AFP (20020), « Transport aérien : après un été chagrin, l'hiver sera rude » Le 16/10/2020, www.lacroix.com

-A.E. (2019) « Nouveau modèle de développement : le Maroc à la croisée des chemins » Jeudi 05 Septembre 2019 - Par Finances News

-Agence Fitch Ratings (2020), « Récession au Maroc : Plus pessimiste que le FMI, Fitch table sur -4,5% en 2020 ». Les info.ma le 04/05/2020

- BAD (2020), « Le Maroc pourrait renouer avec une croissance à 4 % en 2021 », www.lesinfos.ma, le 08/07/2020

-Bank Al-Maghrib (2020), « Le Maroc tire 3 milliards de dollars sur la ligne de précaution et de liquidité ». Les info.ma le 08/04/2020

-Bank Al-Maghrib (2021), « Croissance économique / 2021, année de relance ? », Media le 24/03/2021

-Benjelloun Tahar (2020), « Non, l'homme ne changera pas après le Covid-19 », Chronique. Débats Les invités du Point, le 12/05/2020

-Bergère Marie-Claire (2007), « Capitalismes et capitaliste en Chine- Des origines à nos jours », Editions Perrin, 2007

-Berrada Mohammed (2020), « Il faut injecter massivement des fonds destinés à assurer la survie des entreprises », propos recueillis par F.Z.O. Finances News, fnh.ma le 17/05/2020

-Berrissoule Badra (2020), « Tourisme : Marrakech à l'agonie », L'économiste du 14/09/2020, www.leconomiste.com

-B. Khansaa (2020), « Covid-19 : 18MMDH de pertes pour le tourisme », publié le 23/09/2020, www.lebrief.ma

-Blasquez Arnaud (2021), « Le Covid-19 face au mur de l'argent », Lebrief.maAfrique

-Bohineust Armelle (2021), « Le déploiement des vaccins et le plan Biden sont les meilleurs atouts contre la crise selon l'OCDE », https://www.lefigaro.fr, le 09/03/2021

-Bouazzaoui Ayoub (2021), « Quel financement du nouveau modèle de développement ? », le 26/05/2021

-Bouchikhi Hamid (2019), « Si l'élite économique ne prend pas ses responsabilités, qui va le faire ? », www.fnh.ma, le 05/09/2019

-Bouhara Imane (2020), « Chômage, un véritable tsumani en gestation », 10/09/2020, www.ecoactu.ma

-Boumahrou Lamiae (2020), « Risque de relocalisation : ce que pense Larbi Jaidi » (entretien), www.ecoactu.ma, le 19 mai 2020

-Bourse News (2020) : « Coronavirus : Le Maroc devrait connaitre sa première récession depuis 20 ans », boursnews.ma, le 05/04/2020

-Boutafrout Fatima ezzahra (2020), Mohamed Benchaaboun : « L'impact de Covid-19 sur l'économie marocaine, 13/04/2020

-Boyer Robert, « Les capitalismes à l'épreuve de la pandémie, la Découverte le 27/07/2020, France culture.

-Boyer Robert (2020), « Rien à voir avec les crises du capitalisme », L'Histoire n°475, 03/09/2020,robertboyer.org

-Boyer Robert (2020), « Cette crise inédite adresse un redoutable avertissement aux économistes », le 27/03/2020, Tribune

-B.S. (2021), « La Commission Spéciale sur le Modèle de développement fait un bilan d'étape », La Nouvelle Tribune, le 19/03/2021

-Burchard Hans von der, Bariguazzi Jacopo et Oroshakoff Kalina (2019), « Voici le protectionnisme européen », publié le 31/12/2019, https://www.politico.eu/article/european-protectionism-trade-technology-defense-environment/

-CFG Bank (2020), « Impact du coronavirus. Le diagnostic de CFG Bank », note publiée le 14/03/2020 Challenge.ma https://www.challenge.ma/impact-du-coronavirus-le-dignostic-de-cfg-bank-132229/

-Chabar Hamid (2020), « Enseignements d'une crise et opportunités pour les pays émergents ». Tribune, Medias 24, le 19/05/2020

-Chahuneau Louis (2020), « Coronavirus : « Quelle est la différence entre le Covid-19 et le SARS-CoV-2 ? », le Parisien le 22/03/2020, www.leparisien.fr

-Chaou Badr (2020), L'ASMEX, « Impacts du Covid-19 sur le commerce international ». Finances News le 19/05/2020

-Chronique (2020), « Maroc : quelle politique économique après la pandémie du coronavirus ? » www.ecoactu.ma, Chronique du 14/05/2020

-Collectif (2021), « 2020, une année qui a changé le monde », Revue « Le Bilan du Monde », Edition 2021, Collectif, le Monde 13 Janvier 2021

-Coundi Fatima-Zahra (2020), « L'immobilier après le Covid-19 », les info.ma, le 21/05/2020

-Coundi Fatima-Zahra (2020), « les détails de la loi de finance rectificative 2020 », lesinfos.ma, le 08/07/2020

-Coundi Fatima-Zahra (2021), « Le HCP table sur un déficit budgétaire de 6,4% en 2021 », le 14/01/2021, lesinfo.ma

-Couvelaire Louise (2021), « Je me suis sentie humiliée. Des familles racontent comment la crise a fait basculer leur vie précaire », le Monde du 05/05/2021

-CSMD (2021), « Les principaux points du rapport de la Commission sur le modèle de développement (CSMD) », Média 24, le 19/05/2021

-Delusarche Céline (2020), « Les grandes pandémies qui ont marqué l'histoire », publié le 31/03/2020, https://www.futura-sciences.com/sciences/questions-reponses/histoire-grandes-pandémies-ont-marque-histoire-13440/pandemie-3838/

-De Vijlde William (directeur de la recherche économique) (2020), « Covid-19 : l'impact sur l'économie mondiale ». Paris 09.04.2020 https://group,bnpparibas/actualite/covid-19-impact-economie-mondiale

-Dia Ibrahima jr (2020), « Maroc, le tourisme continue sa descente aux enfers », 28/10/2020

-Discours de Sa Majesté le Roi Mohammed VI à l'occasion de la fête du trône le 29 juillet 2019 httpp://www.maroc.ma

-D.M. (2020), « Nouveau modèle de développement : La Commission Benmoussa fait le point sur les consultations », Finances News, le 08/02/2020

- Dongyu Q., Adhanom T ;Ghebreyesus et. Azevêdo R., Déclaration conjointe des directeurs généraux de la FAO, de l'OMS et de l'OMC, 31 mars 2020, https://www.wto.org/english/news_e/news20_e/igo_26mar20_e.htm

-Diwany Jamal, « Crise du Covid-19. La pensée économique sous pression », 19/04/2020, LesEco.ma

-Editorial du magazine hebdomadaire Telquel le 15 mai 2020.

-E. Hafid (2020), « Covid-19 : Le CVE au service des secteurs en crise » Media, www.lebrief.ma, le 05/10/2020

-E. Iliasse (2020), « Soutien au Tourisme : Les premières mesures en faveur des opérateurs ». Lebrief.ma, le 12/05/2020

-El ouazzani Thami (2020), « Pandémie du Coronavirus en Afrique : Les 5 leçons pour le Continent », Tribune, le 22/08/2020

-Es-Siari S. (2020), « Chômage, une bombe à retardement », 27/10/2020, Economie www.ecoactu.ma

-Ettazy Mouna (2020), « Peut-on se fier aux prévisions des analystes dans ce contexte de fortes incertitudes ? », leboursier.ma, le 15/10/2020

-Fizazi Mohamed (2019), « Le modèle de développement, maillon clé du discours royal », le 29/O7/2019, Leseco.ma Communication faite lors de la journée culturelle organisée par la Faculté des Sciences Juridiques, Economiques et Sociales de Meknès à l'occasion du trentième anniversaire de l'Université Moulay Ismail le 11 octobre 2019 sous le thème « Le nouveau modèle de développement au Maroc à la lumière du discours royal : Lecture sur les enjeux et les défis ».

-FMI : Perspectives de l'économie mondiale Avril 2020, www.inf.org, le 28/10/ 2020

-Fontain Sylvain (2013), « Robert BOYER : Théorie de la régulation », leconomiste.eu, le 06/09/2013

-Frimousse Soufyane, Perreri Jean-Marie, « Regards croisés. Les changements organisationnels induits par la crise de la Covid-19 » dans Questions de Management 2020/3 (n°29), Editeur : EMS Editions, Site : Sur CAIRN.INFO : Années 2012 à 2021, revue-qdm.com

-Garcin-Berson Wladimir (2020), « Le coronavirus met « l'économie mondiale en danger » (Rapport de l'OCDE), le 02/03/2020, le Figaro

- Gruszczynski Lukasz (2020), « Covid-19 et le commerce international : turbulences temporaires ou changement de paradigme ? », revue européenne de droit, l'observatoire géopolitique du covid-19, le 23/06/2020, https://legrandcontinent.eu/fr/2020/06/23/covid-19-et-commerce-international-turbulences-temporaires-ou-changement-de-paradigme/

-Guerraoui Filali Youssef (président du Centre Marocain de la Gouvernance et du Management) : « Axes du modèle développement socio-économique : Au-delà de l'institutionnel et de la primauté du droit » 1 mars 2019 https//www,ecoactu.ma/wp-content/uploads/2018/07Youssef-Guerraoui

-Hajji M. Ghassane (2020), Institut AMADEUS : « Le Maroc face à la crise : réinventer l'économique, renouveler le politique », 10/04/2020

-Handaoui Karim (2020), « TPME : nouvelle génération de programmes d'appui », www.challenge.ma, le 26/06/2020

-Hauguel Vanessa (2020), « Les plus grandes épidémies de l'histoire », www.sympatico.ca publié le 28/10/2020

-HCP : Note de Conjoncture N° 37, Octobre 2020

-HCP (2021), « Seuls 24,7% des actifs occupés bénéficient d'une couverture médicale », les info.ma, le 17/02/2021

-HCP (2021), « ONU Femmes. Analyse genre de l'impact du coronavirus sur la situation économique, sociale et psychologique des ménages », Février 2021

-HCP 2021), « La TVA, principale composante qui influence le secteur informel », lesinfo.ma, le 02/03/2021

-Hidane Adil et autres (2002) « Diagnostic de l'attractivité du Maroc pour les Investissements Directs Etrangers ». Ministère des Finances et de la Privatisation. Document de travail n° 82 Novembre 2002.

-H.L.B. (2020), « Impact socio-économique de la Covid-19 : La note stratégique du HCP, du SNUD et de la BM », Aujourd'hui le Maroc, le 18/08/2020

-H.L.B. (2020), « Mobilisation des compétences marocaines contre le Covid-19 », www.lebrief.ma, le 29/06/2020

-H.L.B. (2021), « Covid-19 : L'événementiel confronté à la pire crise de son histoire », le 16/02/2021, Média

-H.L.B. (2021), CVE : « bien, peut mieux faire », le 08/01/2021, Media

-H.L.B. (2021), « Rapport OMDH : Covid-19, mariage, mendicité des mineurs et libertés publiques », Media, le 29/03/2021

-H.L.B. (2021), « Rapport OMDH : Covid-19, mariage, mendicité des mineurs et libertés publiques », Media, le 29/03/2021

-IRES (2019), « Rapport stratégique sur les questions de la création de la valeur et de l'emploi et du modèle de développement ». https//www.leséco.ma. Maroc, 28/05/2019

-IRES (2020), « une contribution à la réflexion autour du nouveau modèle de développement au Maroc ». Les Inspirations Economiques le 02/07/2020

-Jaafar Nora (2021), « CESE : Comment réussir la relance du tourisme ? », Media, le 31/03/2021

-Jaafar Nora (2021), « Tourisme,le Maroc parmi les destinations de voyage les plus sûres », Media, le 23/03/2021

-Jaafar Nora (2021), « Rapport de la CNDH : 2020 a été une année tragique à tous les niveaux », Media, le 07/05/2021

-Jaafar Nora (2021), « L'humain au cœur du nouveau modèle de développement », Média, le 27/05/2021

-James Harold (2020), « A Pandemic of Deglobalization ? », Project Sundicate le 28/02/2020,https://www.project-syndicate.org/commentary/covid-19-deglobalization-pandemic-by-harold-james-2020-02/28_la=english$a_ d=5e58de3b29fcb333181b4a51a_m-a_a_click$a_s

-J.R.Y(2020), « Croissance : une performance décevante au premier trimestre ». Le 30/06/2020 Teaser Media. www.lebrief.ma

-J.R.Y(2020), « Baisse inédite du PIB au deuxième trimestre ». Le 06/07/2020. Media. www.lebrief.ma

-J.R.Y. (2020), « L'industrie tourne à 56% de ses capacités », le 03/07/2020. Media. www.lebrief.ma

-J.R.Y. (2020), « Le déficit budgétaire s'alourdit », le 14/09/2020, Lebrief.ma

- J.R.Y (2020)., « Economie : la reprise met du temps à se dessiner », www.lebrief.ma, le 28/09/2020

-J.R.Y (2020), « Emprunt extérieur : le déplafonnement défendu au parlement », www.lebrief.ma, le 04/05/2020

-J.R.Y. (2021), « Post-Covid-19 : Quelle stratégie touristique ? », Media, le 30/03/2021

-Kabbadj Omar, « La peur des importateurs marocains ». Telquel n° 901 du 17au 23 avril 2020

-Kabbaj Mohammed (2019), Conférence à la Fondation de la Maison du Maroc, Paris France le mercredi 10avril 2019 sous le thème « Enjeux économiques et modèle de développement ».

-Kabiri Kettani Mounia (2020), « L'impact du Covid-19 sur le secteur du commerce marocain vu par l'UE », le 28/03/2020. www.aghress.com

-Kaufman Martin et Leigh Daniel (2020), « Déséquilibres de l'économie mondiale et crise de la COVID-19 », le 04/08/2020, www.imf.org

-Kerdoudi Jawad (2020), « Epidémie de coronavirus : Alerte sur l'économie mondiale et marocaine ». L'Economiste.com édition N° : 5719 le 16/03/2020

-Kerdoudi Jaouad (2019), « Le nouveau modèle de développement du Maroc ». Libération https://mlibema. Le 21/02/2019

-Khansaa B. (2020), « Le CMC fait le point sur la crise et l'après- Covid », www.lebrief.ma, le 02/07/2020

-Khansaa B. (2021), « Publication du rapport d'analyse genre de l'impact de la pandémie », Media, le 24/02/2021

-Laabi Mohamed (2021), « Tourisme : comment le Maroc compte relancer la machine cet été ? », Media, le 23/04/2021

-Lanez Emilie (2021), « Covid-19 », Vaccin Pasteur, Histoire secrète d'un fiasco », PARIS MATCH du 25 février au 3 mars 2021

-Layton D. W., Zhang J.et Li H. (2020), « The Impact of COVID-19 on the US-China Trade Relationship », Mayer Brown, 13 mars 2020, https://bit.1y/39zCXE1.

-LESECO (2020), « PLF 2021 : les projections du gouvernement pour 2021 », Les Eco.ma, le 17/10/2020

-Les info.ma (2020), « Le Maroc tire 3 milliards de dollars sur la ligne de précaution et de liquidité ».www.les info.ma, le 08/04/2020

-L. Mohammed (2020), « Le nouveau modèle de développement vu par l'économiste Thomas Piketty », www.lebrief.ma, le 27/01/2020

-L. Mohamed (2020), Commission spéciale sur le modèle de développement« Modèle de développement : le rapport sera remis au Roi en janvier au plus tard », le 24/11/2020

-*L.* Mohammed (2020), « Le plan de relance de l'économie bientôt dévoilé », Le Matin, www.lebrief.ma, le 30/04/2020

-L. Mohammed (2020), « Le Comité de veille économique : des mesures attendues pour la relance économique », lebrief.ma le 04/05/2020

-L. Mohammed (2020) « Nouvelles stratégies industrielles », www.medias24.com, le 25/09/2020

-L. Mohammed (2020), « Le tourisme au centre du débat actuel », Lebrief.ma le 08/05/2020

-L. Mohammed (2020), « Les suggestions pour remettre l'économie sur de bons rails », Lebrief.ma le 05/05/2020

-L. Mohammed (2020), « *Tourisme entre relance et agonie », lebrief.ma, le* 14/09/2020

-L. Mohammed (2020), « Participation du Maroc à la 112ème session du Conseil exécutif de l'Organisation Mondiale du Tourisme (OMT) », le 17/09/2020, www. Medias24.com

-L. Mohammed (2020), « Covid-19 : la relance économique risque de s'éterniser », Media Lebrief.ma, le 15/05/2020

-L. Mohammed (2020), « Deux nouveaux programmes pour la relance des TPME industrielles », L'économiste, www.lebrief.ma, le 29/06/2020

-L. Mohammed (2020), « la machine économique se remettra en marche après l'Aid », Médias le 20/05/2020

-L. Mohammed (2020), « Dernières consultations avant l'adoption de la loi de finance rectificative », Telquel, le 30/06/2020

-L. Mohammed (2020), « Le secteur de la métallurgie, un autre malade de la Covid19 » *Les Inspirations Éco,* numéro du jeudi 08/10/ 2020

-L. Mohammed(2020), « Relance économique : le textile attend son tour », publié le 08/10/2020, www.lebrief.ma

-L. Mohammed (2020), « Les petites et moyennes entreprises en pleine souffrance », Aujourd'hui le Maroc, www.lebrief.ma, le 08/04/2020,

-L. Mohammed (2020), « Covid-19 : 5 points à retenir de la crise économique ». Médias 24 le 19/05/2020. www.lebrief.ma

-L. Mohammed (2020), « Deux nouveaux programmes pour la relance des TPME », Media le 29/06/2020, L'économiste, www.lebrief.ma

-L. Mohammed (2020), « La machine économique se remettra en marche après l'Aid », Médias le 20/05/2020. www.lebrief.ma

-L. Mohammed (2021), « Centres régionaux d'investissement : l'activité ''boostée'' par le digital », Media, le 21/01/2021,

-L. Mohammed (2021), « Conjoncture économique : un léger mieux à fin 2020 », Media, 21/01/2021

-L. Mohammed (2021), « Covid-19 : Le dernier secteur à se relever sera bel et bien le tourisme », Media, le 25/03/2021

-L. Mohammed (2021), « Pauvreté-Covid-19 : Les aides publiques ont permis d'amortir le choc, Media, le 25/03/2021

- L'observatoire de la RSE au Maroc (ORSEM) (2020), « Les mesures pour les entreprises », l'Economiste, www.leconomiste.com, le 05/05/2020

- Lumni (2016), « Les crises du XXème siècle » www.lumni.fr

-Macke Gaëlle (2020), « Coronavirus : pourquoi la crise de 2020 n'est pas celle de 1929 ». « La crise de 2020 : une crise inédite », le 03/05/2020. www.challenges.fr Economie

-Manyani Hassan (2020), « Coronavirus. L'impact économique et social sur le Maroc », publié le 06/04/2020, www.challenge.ma

-Mayer Nathali, publié le 17/05/2020 https://www.futura-sciences.com/sante/definitions/medecine-

-Mcgregor J. (2020), « Revised NAFTA Will Not Take Effect on june 1, as Trump Had Hoped », CBC, 31 mars 2020, https://www.cbc.ca/news/politics/tuesday-nafta-june-coming-into-effect-1.5516490

-Michal Mehdi (2020) « Crise du Covid 19. L'analyse de Michael Zaoui » dans un débat organisé par le Club marocain d'études en relations internationales le O6/05/2020 quid.ma

-Michbal Mehdi (2020), « Crise de Covid-19, l'analyse de Michael ZAOUI », ancien dirigeant de Morgan Stanley et membre de la Commission sur le modèle de développement lors d'un débat organisé, publié le 06/20/2020, www.leboursier.ma

-Micheaux Elsa Lafaye (2016) « La Malaisie, un modèle de développement souverain ? », Lyon, ENS Editions. Le 19/10/2016

-M.M. (2020), « Interrogations autour des 230 milliards alloués à l'investissement public en 2021 », www.medias24.com, le 15/10/2020

-Morvan Yves (1981) « A propos de la crise du XXème siècle ». Revue d'économie industrielle n°16 2ème trimestre 1981

-Mouhssine Najat (2020) « Note de la délégation de l'Union européenne : Covid-19 : quel impact sur l'activité économique nationale », publié le 28 mars 2020. LE MATIN.ma https://le matin.ma/2020/covid-19-quel-impact-…/334561.html

-Mousset Laura, « Quel impact du coronavirus sur l'environnement ? », le 23/03/2020

-Neveux Pierre (2020), « Covid-19 : une crise historique ? » publié le 12/05/2020 www.franceculture.fr

-Nguyen S. (2020), « coronavirus : Vietnam Stockpiles Rice as Outbreak Spreads and Food Security Concerns Grow », South China Morning Post, 28 mars 2020.

-OMC (2020), Services Trade Barometer, 11mars 2020-09-28

https://www.wto.org/english/news20_e/wtoi811mars20_e.pdf

-OMC (2020), « COVID-19 : Trade and Trade-Electated Measures », 29 mars 2020 https://www.wto;org/english/tratop_e/covid19_e/covid_measures_e,pdf.

-OMS (2019), Rapport de l'Institut Pasteur sur le Coronavirus, publié le 11/03/2019 https://www.who.int/fr/news-room/fact-sheets/detail/middle-east-respiratory-syndrome-coronavirus-(mers-cov)

-Ouardirhi Abdellah (2020), « Coronavirus : Quel impact sur l'économie marocaine ? », Hespres publié le 28/01/2020. https://fr.hespress.com/123943-coronavirus-quel-impact-sur-leconomie-marocaine.html

-Oudmane Meriem, Saoudi Hamza « Nos systèmes économiques face au COVID-19 : Faiblesses et opportunités », 16/04/2020, www.polycenter.ma

-Palmer D.and Bermingham F.(2019), « U.S. policymakers Worry about China Weaponizing Drug Exports », Politico, https://politi.co/2QXHIDX, 20/12/2019.

-PNUD (2021), « La Covid-19 est bien plus qu'une crise sanitaire », https://www.undp.org

-PNUD (2021), « Covid-19 : La pandémie, leadership et solidarité sont ce dont l'humanité a besoin pour vaincre Covid-19 », www.undp.org

-Ponsot Jean-François et Rocca Michel, « Le renouvellement de la pensée économique durant la crise des années 1930. Le découplage théorie économique/politique économique ». Revue de la régulation, Capitalisme, institutions, pouvoirs, Maison des Sciences de l'Homme-Paris Nord, le 01/09/2013

-PPS (2019), « Nouveau modèle de développement : les grandes lignes de la vision du PPS », www.medias24.com, le 26 mars 2019

-Quids (2021), « Le malheur des uns fait le bonheur de la Chine qui a exporté 28 fois le nombre de la population mondiale en masques », le 29/01/2021

-Rami Mohammed (2017) « Le projet d'émergence industrielle du Maroc en question » Economie politique du Maroc, Revue Marocaine des sciences politiques et Sociales. Avril 2017

-Rapport de la Banque mondiale, « Rapport de suivi de la situation économique du Maroc-Perspectives économiques et impact de la crise de COVID-19 », 15/07/2020

-Raouf Radouane (2020), « Coronavirus : l'économie marocaine à l'épreuve ». Eco-Business, le 01/04/2020. https://leseco.ma/coronavirus-leconomie-marocaine-a-lepreuve/

-Raye Olivier et Gatinois Claire (2021), « Macron veut penser le Covid sur le temps long »« L'exécutif cherche un plan pour vivre avec le Covid », Le Monde du 26/02/2021

-Reed J.R(2019), « President Trump Ordered US Firms to Ditch China, but Many Already Have and More Are on the Way », CNBC le 01/09/2019, https://www.cnbc.com/2019/09/01/trump-ordered-us-firms-to-ditch-china-but-many-already-have.html

-Reverchon Antoine (2020), Boyer robert « Le capitalisme sort considérablement renforcé par cette pandémie », le 02/10/2020, Tribune

-Rey-Lefebre Isabelle (2021), « Sans services publics, les précaires démunis », le Monde du 05/05/2021

-Rey-Lefebre Isabelle (2021), « Avec la crise, la pauvreté s'enracine », le Monde du 05/05/2021

-Samir Amin (2011) Maldevelopment : Anatomy of a Global Failure, Pambazurka Press, Oxford, 2011.

-Saoumai Najib (2021), « Ce que propose un économiste marocain pour intégrer l'informel », LESITEINFO, le 02/03/2021

-Sigrid Romier (2020), « La récession liée au Covid-19 : quelle comparaison avec 1929 et 2008 ? blog.wesharebonds.com, recession…le 28/04/2020

-Sigrid Romier (2020), « quelle comparaison 1929 et 2008 ? », le 28/04/2020

-S.N. (2020), « Coronavirus : Le Maroc pourrait perdre 5 millions de touristes »…publié le 12/03/2020, www.medias 24.com

-UNCTAD (2020), Impact of the Coronavirus Outbreak on Global FDI, mars 2020-09-28 https://unctad.org/en/PublicationsLibrary/diaeinf2020d2_en.pdf?user=1653

-Wladimir Garcin-Berson (2020), « Le coronavirus met « l'économie mondiale en danger » (Rapport de l'OCDE), le 02/03/2020, le Figaro.

-Y J.R (2020), « Economie mondiale : Les recettes du FMI pour surmonter la crise », publié le 08/10/2020. www.ebrief.ma

-Zaatit Hassan (2020), « Tourisme : Le secteur au-devant de profonds changements post-Covid ». La Tribune, le 12/05/2020

-« Les crises économiques du XXème siècle » publié le 11/09/2019. www.vie-publique.fr

-« Crise économique, dégradation brutale de la situation et des perspectives économiques ». fr.m.wikipédia.org

-https://www.pourleco.com//les-bases//le-dico-de-l-eco/grandes-crises-economiques-des-xx-et-xxie--siecles

Table des matières

Structures éditoriales du groupe L'Harmattan

L'Harmattan Italie
Via degli Artisti, 15
10124 Torino
harmattan.italia@gmail.com

L'Harmattan Hongrie
Kossuth l. u. 14-16.
1053 Budapest
harmattan@harmattan.hu

L'Harmattan Sénégal
10 VDN en face Mermoz
BP 45034 Dakar-Fann
senharmattan@gmail.com

L'Harmattan Cameroun
TSINGA/FECAFOOT
BP 11486 Yaoundé
inkoukam@gmail.com

L'Harmattan Burkina Faso
Achille Somé – tengnule@hotmail.fr

L'Harmattan Guinée
Almamya, rue KA 028 OKB Agency
BP 3470 Conakry
harmattanguinee@yahoo.fr

L'Harmattan RDC
185, avenue Nyangwe
Commune de Lingwala – Kinshasa
matangilamusadila@yahoo.fr

L'Harmattan Congo
67, boulevard Denis-Sassou-N'Guesso
BP 2874 Brazzaville
harmattan.congo@yahoo.fr

L'Harmattan Mali
ACI 2000 - Immeuble Mgr Jean Marie Cisse
Bureau 10
BP 145 Bamako-Mali
mali@harmattan.fr

L'Harmattan Togo
Djidjole – Lomé
Maison Amela
face EPP BATOME
ddamela@aol.com

L'Harmattan Côte d'Ivoire
Résidence Karl – Cité des Arts
Abidjan-Cocody
03 BP 1588 Abidjan
espace_harmattan.ci@hotmail.fr

Nos librairies en France

Librairie internationale
16, rue des Écoles
75005 Paris
librairie.internationale@harmattan.fr
01 40 46 79 11
www.librairieharmattan.com

Librairie des savoirs
21, rue des Écoles
75005 Paris
librairie.sh@harmattan.fr
01 46 34 13 71
www.librairieharmattansh.com

Librairie Le Lucernaire
53, rue Notre-Dame-des-Champs
75006 Paris
librairie@lucernaire.fr
01 42 22 67 13

www.ingramcontent.com/pod-product-compliance
Lightning Source LLC
LaVergne TN
LVHW011258061026
849535LV00005B/1301